글로벌시대를 위한
융합의 이해

글로벌시대를 위한 융합의 이해

이순배 | 공명숙

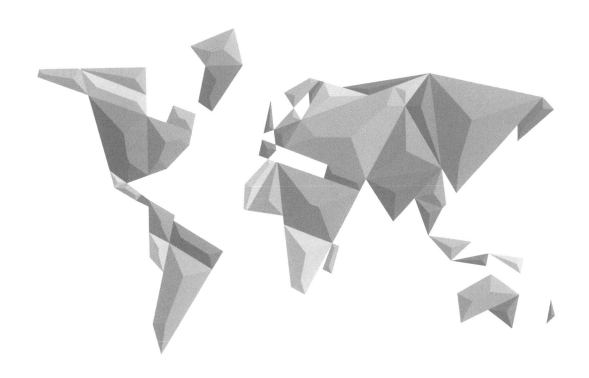

(주)교 문 사

머리말

　글로벌시대이자 지식정보화시대를 맞아 우리 사회의 복잡성과 불확실성이 높아지고 '융합과 소통'이 중요한 화두가 되었다. 농업사회와 산업사회를 거쳐 지식정보화시대로 이어진 문명의 발달과 분업화 · 전문화의 흐름 속에서 소통의 부재의 문제가 발생하고, 에너지 · 환경 · 기후변화 등 단일 학문과 특정 분야의 전문가들로는 해결하기 어려운 국가적 · 사회적 문제가 우리에게 남아 있다.

　앞으로의 사회에서는 융합학문이 주류를 형성할 것으로 전망된다. 고대사회는 지표학 Terrestialogy → 중세사회신학 Theology → 근대사회인문학 Humanities → 현대사회과학기술학 Technology으로 이어져 왔다. 미래사회는 융합학 Convergentology의 시대가 될 것이다. 근대사회가 인학 人學을 중시했다면, 현대사회는 과학 科學을 중시하고, 미래사회는 통학 通學을 강조하게 될 것이다. 과학기술과 인문사회는 과거포섭적 · 대립적 · 내포적 관계에서 화합적 Techno-culture 관계를 형성할 것으로 전망된다.

　이제 우리는 복잡성과 불확실성이 높은 미래사회를 대비하여 가장 근본적인 부분에서 문제를 해결하는 방안을 모색해야 할 것이다. 그 중심은 학문에서의 융합과 소통이 중심이 되는 학제 간 융합연구이다. 학제 간 융합연구는 우리에게 남겨진 복잡하고 불확실한 고난도의 문제해결과정에서 보다 창조적이고 발전적인 해결방안을 제시할 것이다.

이 책은 이러한 사회현상을 반영하여 총 3부로 구성되어 있다.

제1부는 융합의 패러다임 전환으로, 통합ㆍ융합ㆍ통섭을 통해 변화하는 패러다임의 전환에 관한 배경을 살펴본 후 미래 선진국의 사례를 제시했다. 제2부는 글로벌시대의 다학문적 융합에 관한 것으로, 정치적ㆍ경제적ㆍ사회적ㆍ문화적ㆍ교육적ㆍ지식정보기술적 융합에 관한 개념과 다양한 현상 및 이론을 살펴보았다. 제3부는 미래융합의 대응전략으로, 인류학적 융합과 갈등전략에 관해 탐색하였다. 또한 각 장이 끝나는 부분에 '탐구 주제'를 제시하여 미래사회와 융합학에 대한 탐구와 학문에 정진할 수 있는 여지를 남겨 두었다.

본서는 융합학을 연구하는 학생 그리고 이와 관련된 연구자들에게 다소나마 도움이 되고자 한다. 부족하고 아쉬운 점이 많지만, 향후 기탄없는 비판과 질책을 겸허히 수용하여 더욱 좋은 교재로 거듭날 것을 약속한다.

아낌없는 지원을 해 주신 (주)교문사 류제동 사장님, 양계성 전무님을 비롯한 편집 관계자 여러분께 감사드린다. 독자들이 이 교재를 통해 조금이나마 공부에 도움을 얻고 큰 결실을 획득하길 바란다.

2014년 9월
저자 일동

CONTENTS

머리말 · iv

Part 1 융합의 패러다임 전환

Chapter 1 **통합의 이해**

1 개념적 정의 | 2
2 통합의 발생동기 | 4
3 통합의 배경 | 5
4 통합에 대한 주요국의 의견 | 8
5 통합의 학문적 관점 | 12
6 통합의 사례 | 15
7 통합사회의 전망 | 16

Chapter 2 **융합의 이해**

1 개념적 정의 | 22
2 융합의 발생동기 | 26
3 융합의 배경 | 27
4 융합의 학문적 관점 | 29
5 융합시대의 패러다임 | 30
6 융합의 사례 | 34
7 융합사회의 전망 | 35

Chapter 3 **통섭의 이해**

1 개념적 정의 | 38
2 통섭의 발생동기 | 39
3 통섭의 배경 | 40
4 통섭의 학문적 관점 | 41
5 통섭시대의 패러다임 | 45

CONTENTS

6 통섭의 사례 | 47
7 통섭사회의 전망 | 48

Chapter 4 **주요국의 융합**

1 유럽 | 51
2 미국 | 53
3 일본 | 55

Part 2 글로벌시대의 다학문적 융합

Chapter 5 **정치적 융합**

1 개념적 정의 | 60
2 거번먼트 | 61
3 거버넌스 | 62
4 거번먼트와 거버넌스의 특성 | 69
5 정치경제의 융합 | 72
6 기술정치의 융합 | 76
7 미래사회의 정치적 융합의 전망 | 77

Chapter 6 **경제적 융합**

1 개념적 정의 | 79
2 경영경제 | 80
3 시장경제 | 84
4 세계경제 | 87
5 창조경제 | 91
6. 융합경제 | 102
7 미래사회의 경제적 융합의 전망 | 103

CONTENTS

Chapter 7 **사회적 융합**

1 개념적 정의 | 108
2 사회과학적 융합 | 109
3 사회와 문화의 융합 | 110
4 사회적 문제해결의 융합적 접근 | 111
5 인간사회와 문화산업의 패러다임 | 112
6 미래사회의 사회적 융합의 전망 | 113

Chapter 8 **문화적 융합**

1 개념적 정의 | 116
2 문화와 다문화 | 117
3 문화기술의 융합 | 124
4 교차문화 | 129
5 창조적 콘텐츠 | 132
6 미래사회의 문화적 융합의 전망 | 140

Chapter 9 **교육적 융합**

1 개념적 정의 | 144
2 통합교육과정 | 145
3 융합인재교육의 배경 | 156
4 국내의 융합인재교육 | 157
5 국외의 융합인재교육 | 162
6 창의적 융합인재교육 | 168
7 미래사회의 교육적 융합의 전망 | 173

Chapter 10 **지식정보기술적 융합**

1 개념적 정의 | 175
2 지식정보통신기술의 융합 | 176

CONTENTS

3 아날로그와 디지털의 융합 | 183

4 네트워크 융합 | 187

5 물리적 보안과 IT 정보보안의 융합 | 192

6 IT기술과 인문융합 | 193

7 미래사회의 지식정보기술적 융합의 전망 | 196

Part 3 미래 융합사회의 대응전략

Chapter 11 **인류학적 융합**

1 개념적 정의 | 202

2 과학적 인간 | 203

3 인간과 뇌 | 205

4 인공지능과 컴퓨터 | 212

5 가상공간 | 215

6 창의성과 뇌과학의 융합 | 217

Chapter 12 **융합의 갈등전략**

1 개념적 정의 | 230

2 인간관계와 갈등관리 | 231

3 환경과 사이버의 갈등 | 241

4 융합의 전략적 갈등 | 244

5 민족 · 종교 · 국가 간 갈등 | 245

6 미래 융합사회의 대응전략 전망 | 247

참고문헌 | 250

찾아보기 | 255

Part

1

Chapter 1_ 통합의 이해

Chapter 2_ 융합의 이해

Chapter 3_ 통섭의 이해

Chapter 4_ 주요국의 융합

융합의 패러다임 전환

Chapter ❶

통합의 **이해**

개인의 공통된 목적과 이해관계에 의해 구성된 사회는 구성원인 인간에 의해 진화하거나 퇴보 또는 소멸한다. 한때 몇몇 고대사회는 주변 국가를 정복하고 찬란한 문화를 자랑하며 번성했으나 현재는 소멸되어 기억 속에 남아 있을 뿐이다. 반면 열악한 환경과 조건에서도 꾸준히 진화하여 현존하는 사회를 들여다보면 한 사회의 구성원들이 사회 변화에 얼마나 잘 적응하고 사회구성원으로서의 의무와 책임을 다하느냐에 따라 사회의 존폐가 결정된다는 것을 추론할 수 있다. 선사시대의 원시인들이 사냥과 농사를 위해 도구를 발명하여 쓰기 시작한 '기능적 인간사회'에서 스마트폰과 SNS를 통해 빛의 속도로 정보를 주고받는 현대의 '지능적 인간사회'는 최첨단사회로 진화하면서 인간들의 인식 변화와 사회구조를 자연스럽게 변화시키고 있다. 이에 따라 인간의 산업개발과 학제연구가 이러한 요구 충족을 위한 필요조건이 되었다.

사회 변화에 따른 인간의 반응과 사회적 요구에 대한 통합, 융합 그리고 통섭에 대한 고찰을 위해서는 이러한 상관관계를 재조명하여 이것이 미래사회에 미치는 영향과 우리의 삶에 어떻게 적용되는지를 여러 관점에서 평가해야 할 것이다. 과거사회는 아날로그의 굴뚝산업, 흑백 TV, 종이신문, 카세트테이프 등과 같이 '느림과 산업개발'이라는 키워드로 대표되었으나, 미래사회는 디지털시대의 기술을 발판으로 하여 스마트기능을 최대화하고 국경과 민족 그리고 문화를 초월하는 '정보 유목민의 시대'가 될 것이다. 전 세계적으로 노동력, 상품, 서비스, 자본의 글로벌 이동이 빠르게 확대되고 있다. 세계시장의 통합 속도가 빨라지고 있으며 2024년에 세계단일통화가 나온다는 전망도 있다.

이러한 과도기에 살고 있는 우리는 시대적 변화와 흐름을 파악하여 불확실한 미래에 대비하는 태도를 갖추어야 할 것이다. 이에 따라 여러 연구결과를 토대로 하여, 통합의 개념과 학문적 관점 그리고 배경 등을 살펴보고자 한다.

 1 개념적 정의

사회학적 측면에서 통합이란 전체 시스템 내에서의 부분 결합을 의미하며 통합된 혹은 분리된 사회적 단위 간의 관계를 나타내는 개념이다. 즉 통합은 통일되어지는 전체를 구성하는 부분들의 합과 질적으로 다른 특성을 갖게 된다. 여기서 사회적 단위들이란 개별행위자, 집단이나 조직들과 같은 사회를 구성하는 요소들을 의미한다.

사회적 통합이란 개별요소들이 하나의 단위를 형성하는 것으로서 근본적으로 사회적 공통의 가치와 규범적 요소들을 통해 사회구성원들이 하나의 통합된 전체로 결합하는 과정을 의미한다. 통합의 과정에서 만약 하나의 통합체가 이미 존재한다면 통합이란 기존의 부분들을 차별하지 않고 새로운 부분을 수용하는 방식으로 이해될 수 있다(Powers, 1981). 통합의 상반적 개념은 분리segregation인데 이는 전체 시스템 내의 부분들이 서로 아무런 연관성이 없는 상태를 나타내기 때문에 하나의 전체 체계를 형성할 수 없는 상태를 의미한다.

통합과 분리는 모든 사회에서 나타나는 일반적인 성향이다. 이는 개인의 태도attitude와 국민성에 따라 다양한 결과로 나타난다. 글로벌시대에서 국가경쟁력을 향상하고 개인복지를 실현하기 위해서는 사회적 통합이 필요하다.

록우드Lockwood는 통합을 시스템 통합system integration과 사회적 통합socal integration의 두 가지로 분류하였다(Lockwood & David, 1969). 시스템 통합은 사회 시스템들의 결합을 의미하고, 사회적 통합은 이러한 사회 시스템들의 참여, 즉 시스템에 통합되어야 하는 다양한 집단들의 통합을 의미한다. 예를 들어, 요즘 같은 다문화시대에는 기존의 문화와 이주자들의 문화 간 충돌이 일어나 통합보다는 분리현상이 발생할 수 있으므로 사회학적 측면에서 이주자들이 새로운 문화에 적응하고 새로운 삶을 시작할 수 있는 사회적 배려와 통합의 기회를 제공해야 한다. 이러한 측면에서 사회적 통합은 일차원적인 통합과정이 아니라 이주자들이 새로운 삶을 시작할 수 있는 법적 보장, 언어능력배양을 위한 기회 제공, 다문화교육, 자발적인 정치 참여 같은 다차원적 과정으로 다음과 같이 정의할 수 있다.

- 문화적 통합cultural Integration : 이 과정을 통해 새로운 환경에 쉽게 적응하고 자신이 속해 있는 사회적 기술 skill을 쌓아 기존문화에 자연스럽게 동화되는 총체적 통합을 의미한다.
- 구조적 통합structural Integration : 이는 직업을 갖거나 법적으로 보호받기 위해 이주민이 그의 역할을 수행할 수 있도록 사회에 정착하는 것을 의미한다.
- 사회적 통합social Integration : 이주사회의 지식이나 상징에 대해 다양한 지향점을 가지는 것으로서 주로 이웃과 같은 사회적 관계를 형성하는 형태로 가시화된다.
- 정서적 동일시 과정Integrate emotional identification : 이는 사고와 정서적 관계가 이루

어지는 과정으로 이 과정 중에 개인적 행위는 집단을 지향하는 행위로 바뀌게 되고, 집단정체성이나 우리라는 감정이 형성된다(Lockwood & David, 1969).

이러한 의미로 볼 때 통합을 통해 사회가 하나 되는 응집된 힘의 경쟁력과 공동의 목표와 함께 구성원 모두가 한마음으로 목표를 달성하는 시너지효과를 기대할 수 있다. 만약 사회가 통합을 하지 못한다면 이기주의와 개인주의에서 기인한 분열현상으로 계층 간 불화와 사회결속력 저하 그리고 국가경쟁력 약화로 인해 개인뿐만 아니라 사회 전체가 위기에 빠지게 될 것이다.

 ## 통합의 발생동기

통합은 개인이 서로의 신념과 가치를 공유하며 얻는 이익 극대화이다. 정치적 · 경제적 · 사회적 통합을 통해 이익의 극대화를 추구하는 국가 간 노력의 대표적인 사례로는 유럽통합을 들 수 있다. 유럽은 통합을 통해 세계의 맹주인 미국과 생산 및 소비의 대국인 중국, 선진국에 비해 값싼 노동력과 다양한 시장을 구비한 아시아 국가들의 시장 경쟁에 효과적으로 대처한다. 또한 주변 국가들과 경제적 · 정치적 · 사회적 그리고 국방협력을 통해 독자생존보다 더 강한 힘을 응집시켜 거시적으로 외부세력과 대항하려는 유럽 국가들의 통합은 그 의미하는 바가 크다.

문화와 언어가 전혀 다른 여러 국가들은 마치 한 국가처럼 정책을 세우고 유로화를 통일하여 비유럽 국가들에 통일된 정책으로 대응하므로 유럽통합의 회원국들은 통합 전에 비해 안정되고 영향력 있는 경쟁력을 갖게 되었다. 이러한 노력은 글로벌시대에 들어서면서 주변 국가의 문제가 더 이상 한 국가의 지엽적인 문제가 아닌 주변 전체에 영향을 줄 수 있다는 사실을 인식하면서 생긴 경험적 효과에 기인한 것이라 볼 수 있다.

이제 각국은 혼자서 독자생존하거나 통합 내지 자체분열을 통해 역사 속으로 사라질 수 있는 위험을 감수해야 한다. 이러한 조건은 선진국이나 개발도상국 모두에게 공평하게 적용된다. 그 이유는 글로벌시대에 들어서면서 각국이 이전과는 다르게 정치적 · 경제적 · 외교적으로 밀접하게 연결되어 있기 때문이며, 주변 국가의 문제가 곧 자신의 문제라는 것을 인식했기 때문이다. 예를 들어 재정운영과 무리한 유로 단일통화권 진입, 무리한 복지정책으로 2009년 발생한 '그리스 재정위기'는 유로존Eurozone 44개국을 위기에 처하게 함은 물론 우리나라 경제에도 지대한 영향을 미쳤다.

글로벌시대에는 한 국가의 문제가 주변국뿐만 아니라 전 세계에 영향을 미칠 수 있다. 따라서 세계는 물리적 통합으로 급변하는 사회 흐름에 민첩하게 대응해야 한다.

통합의 배경

인간은 근본적으로 삶의 과정 속에서 통합을 지향하거나 변화를 시도하려는 환경 속에서 통합지향성을 지니며, 자아 속 경험을 하나로 통합하여 전체에 연결시키고자 하는 속성을 지닌다.

이미 통합이라는 용어 자체는 사회적 요구와 시대적 흐름에 따라 매우 복잡하고 다양하게 논의되기 시작하였다. 1960년대 후반에 논의된 환경의 주류화mainsteaming인 통합은 1980년대 들어서면서 분리와 비분리의 벽을 허물어야 한다는 개념으로 전개되었다. integration과 inclusion은 우리나라에서 모두 통합이라는 용어로 번역되었다. 우리는 보편적으로 통합integration을 하나의 프로그램에 체계적으로 포함시킬 필요가 있다. 이러한 전체적인 관점을 유럽통합의 배경을 중심으로 살펴보자.

유럽통합European integration의 계기는 제2차 세계대전으로 피폐해진 각국의 경제를 재건하기 위해서였다. 또한 미국과 소련이라는 초강대국의 압도적인 헤게모니 아래 유럽의 영향력을 키우기 위하여 역내 국가들의 갈등을 조정하고 상호협력의 실마리를 찾을 필요성이 있기 때문이었다. 아울러 두 차례에 걸친 세계대전의 원인이 다양한 형태로 왜곡된 민족주의와 불가분의 관계가 있다는 사고와, 이러한 국가 간 무한경쟁을 유발한 민족주의에 대한 광범위한 반감이 유럽통합을 촉진시키는 유력한 이념적·사회심리적 기초로서 작용하였다. 다시 말해, 제2차 세계대전 이전의 유럽통합 제기가 주로 비제도적인 평화주의자나 체제비판적인 사회주의자에 의한 것이었다면, 제2차 세계대전 이후의 유럽통합을 위한 움직임은 유럽의 지배층과 자본 주도 아래 이루어지기 시작한 것으로 단순한 이상ideal이 아니라 구체적이고 현실적인 힘을 가진 것이었다.

탈냉전과 데탕트 및 유럽경제의 안정적 성장이라는 유럽통합과정은 이 시기에 대단한 진척을 보여주었다. 그러나 유럽통합이 처음부터 순조롭게 진행되었던 것은 아니다. 각국 간 이해관계를 조정하고 통일된 목소리를 내기 위해서 많은 시행착오와 시간이 필요했으며, 정치적 통합과 유럽단일화를 이루는 통합이 얼마나 힘든 과정인지 세계의 모든 사람들이 깨닫도록 만들었다. 특히나 정치적 통합은 각국 경제의 불균형한 발전과 각국 유럽정책의 '민족주의적' 성격 등으로 말미암아 크게 진척되지 못했다. 1965년에 '각료회의' 결정방식을 전원합의제에서 다수결제로 하자는 안에 프랑스가 반대한 것처럼, 보호주의적 정책을 견지하려는 프랑스와 무역자유화 등을 적극 추진한 서독 간의 정치적 갈등 역시 유럽통합 과정을 지체시켰다.

유럽연합EU; European Union은 20세기의 산물이다. 비록 그 출발은 제2차 세계대전 후에 시작되었지만 이미 18~19세기에 유럽의 많은 지식인들이 유럽통합사상에 관해 설파했다. 그 예로 철학자 임마누엘 칸트 Immanuel Kant, 1724~1804[1]의 《영구평화론》을 보면 제1차 세계대전 직후에도 산발적이나마 범유럽공동체에 관해 거론했던 것을 알 수 있다. 제2차 세계대전 중에도 나치정권에 저항하는 세력들은 유럽통합을 갈망하며 유럽의 평화를 꿈꾸었다. 이러한 점에서 유럽통합은 평화 속의 유럽, 강한 유럽을 열망하던 많은 유럽인들이 가꾼 이상향이라고 할 수 있다. 그러나 제2차 세계대전 후, 유럽 각국이 자국의 피해복구와 경제재건에 몰두하면서 유럽통합이란 아이디어가 비현실적인 꿈으로 멀어졌다. 이 꿈이 다시 유럽에서 가능성으로 나타나기 시작한 것은 역설적으로 유럽 내에서 정치적인 힘을 행사하기 시작한 미국의 정책노선에 의해서였다.

제2차 세계대전을 연합국의 승리로 이끈 미국은 그때까지 고수했던 독자노선을 더이상 유지할 수 없게 되었다. 경제적으로 약해진 영국, 프랑스, 패전국인 독일로 인해 유럽 내 힘의 공백이 생겼고, 세계 강국으로 등장한 소련의 위협은 미국의 대 유럽정치의 방향을 바꾸게 할 수밖에 없었다. 유럽 내에서 완전히 고립된 독일을 그대로 두면 소련의 권력 속에 편입되어 공산화되는 것은 시간문제였다. 이때 허약해진 서유럽 국가들은 강력한 경제력과 정치적인 영향력을 소유한 미국에 의존할 수밖에 없었다.

미국은 유럽의 공산화를 막기 위해 독일의 고립을 청산할 유럽통합을 적극 추진하였고, 유럽경제에 대한 원조를 통해 자신의 영향력을 구축해 나갔다. 미국은 트루먼 독트

---

1 독일의 철학자. 논리학 및 형이상학 교수로 철학연구에 몰두하고 《순수이성비판(Kritik der Reinen Vernunft)》(1781)을 집필하였다.

린Truman Doctrine[2]을 통해 유럽에 정치적으로 개입할 것을 선언했고, 경제적으로는 마샬플랜Marshall Plan, 1948[3]을 통해 전후 유럽재건을 실질적으로 지원했다. 미국이 마샬플랜을 위해 서유럽 국가들에게 내건 조건은 각국의 상이한 역사, 현 조건 및 이해관계를 극복·단결하여 공동기구를 설립하는 것이었다. 그 결과 1948년 17개의 회원국을 가진 유럽경제협력기구 OEEC; Organization for European Economic Cooperation[4]가 창설되었다. 유럽경제협력기구는 미국의 원조를 회원국들에게 효율적으로 배분하는 기구에 불과했으나, 유럽이 한 가지 목적으로 인해 모였다는 점에서 유럽통합사의 한 부분으로 볼 수 있다.

유럽연합에 중요한 역할을 한 사람으로는 유럽통합의 아버지라 불리는 프랑스의 경제학자이자 외교관이었던 장 모네Jean Monnet[5]를 들 수 있다. 최초의 유럽통합 조직자라 할 수 있는 그는 제2차 세계대전 중 미국의 군수물자 계획 및 조달청에 전임, 미국 대외정책에서 수뇌급 인물과 함께 전후 유럽의 모습을 그리며 유럽통합을 계획하였다. 그는 1946년에 프랑스로 귀국하여 프랑스 계획청장을 역임하며 국가의 철도와 도로재건을 계획하는 과정에서 유럽통합의 계획을 프랑스 여론을 통해 의식화시키기 시작했다. 프랑스 외무부 장관이었던 로베르 슈망Robert Schuman은 적국이었던 독일에 대한 친독일정책을 주장하면서까지 통합된 유럽을 위해 노력하여 유럽통합을 내용으로 하는 슈망플랜Schman Plan[6]을 발표하였다.

이 같은 배경을 통해 유럽은 통합되어 안정을 유지할 수 있었다. 역외 국가와의 경쟁에서 승리할 수 있다는 이유로 통합 자체에 반대하는 국가는 없었으나, 통합의 방법에 대해서는 각국의 입장 및 이익에 따라 견해차가 있었다. 이러한 국가 간 문제로 인

---

2 1947년에 미국의 대통령 트루먼이 선언한 대외정책의 일반 원칙. 이 정책은 유럽부흥계획·북대서양조약기구의 창설로 발전하였다.

3 정식 이름은 유럽부흥계획(European Recovery Program)으로 미국의 후원 아래 제2차 세계대전 후의 서·남유럽 경제를 재건하여, 민주주의 국가들이 살아남을 수 있는 안정된 조건을 만들고자 하였다(1948~1952).

4 1948년 4월 파리 협정에 의해 설치된 유럽의 경제조직. 유럽 부흥계획, 즉 마샬플랜에 따라 각국의 노력을 조정하여 유럽경제를 복구하기 위해 설치되었다.

5 프랑스의 경제학자이자 외교관. 두 차례에 걸친 세계대전 후 프랑스 재건을 위해 중요한 역할 수행. 샤를 드골의 민족주의적 경향에 맞서 세계주의자로서의 역할을 자처하였다. 유럽공동체를 설계하여 유럽공동체의 아버지로 불린다.

6 경제협력을 통한 평화체제의 모범사례로 EU식 평화경제의 모체. 1950년 5월 9일 프랑스 외무장관인 슈망이 '독일·프랑스의 해묵은 자원전쟁터였던 루르(Ruhr)·자르(Saar) 지방의 석탄·철강생산을 공동으로 고위당국 권한의 규제 아래에 놓자.'는 '슈망플랜'을 발표한다.

해 1993년에 효력이 발생한 마스트리히트 조약Treaty of Maastricht[7]에서는 국경, 이민, 관세, 치안, 공동방위 등에 관한 문제를 해결하였다. 회원국의 국민은 자신이 속한 국가의 국민인 동시에 유럽통합의 시민이 되었다. 전혀 다른 문화와 국가 정체성에도 불구하고 통합의 필요성을 인식하는 유럽 국가들의 노력으로 통합은 지금까지 많은 시행착오를 겪으면서 '통합진화형'으로 발전하고 있다. 그들은 문제가 발생할 때마다 회원국끼리 문제점을 해결하려는 노력을 하고 있다. 이는 자국이 혼자 문제를 해결하는 것보다 통합이 더욱 낫다는 것을 의미하는 한 예이다.

 ## 4 통합에 대한 주요국의 의견

유럽의 정치통합에는 두 가지 시각이 상존한다. 첫째는 현재의 공동체적 성격을 유지하면서 국가주권연합의 형태를 형성하려는 소극적 입장과 둘째는 유럽연방을 실현하려는 적극적인 입장이다.

개별 국가보다 여러 국가의 연합 또는 연방형태는 국가 이익의 확대라는 측면에서 훨씬 긍정적이다. 특히 탈냉전의 국제질서가 블록화로 나아가는 상황에서 통합은 바람직한 일일 것이다. 그러나 동시에 부정적인 측면을 살펴보면 이로 인해 유럽이 폐쇄된 통상지역으로 발전될 가능성이 있으며, '하나의 유럽'으로 분장한 '제어 불능의 초국가' 출현이 우려된다. 또한 통합참여 국가들의 경제적 입장에서 성급한 경제통합이 개별국 경제 안정을 해칠 가능성이 있고, 안보적 측면에서 독자적인 유럽방위정책의 NATO와의 양립문제가 갈등의 원인이 된다.

1) 영국의 의견

영국은 정치통합에 가장 부정적인 국가이다. 그들은 국가 주권의 이양 및 국가고유성 상실을 우려하며, 특히 독일과 프랑스의 주도권 장악에 불만을 나타낸다. 이들의 반

---

7   1992년 2월 7일 유럽공동체(European Communities)가 만들어질 당시 12개 회원국 간 체결된 유럽연합(European Union) 창설에 관한 조약. 1993년 11월 1일에 발효되었다.

대논리는 첫째, 마스트리히트 조약은 많은 권력을 개별 정부로부터 중앙집권화된 유럽 관료체제로 넘겨 반민주적이다. 둘째, 단일통화의 규정으로 개별 정부와 국회의 통화 공급조정권을 없앤 점이 문제이다. 셋째, 유럽 안보에서 NATO의 역할의 약화시켰다. 넷째, 통합 이후의 보호주의 경향 강화가 자유교역의 증진을 저해할 가능성이 크다. 다행히 영국은 마스트리히트 회담에서 화폐통합과 사회보장헌장에의 참여 여부를 추후에 선택할 수 있는 예외권을 인정받았기 때문에 반대의 견해를 가지고서도 지속적으로 통합에 참여하고 있다.

2) 덴마크의 의견

덴마크도 정치통합은 주권통합이 아닌 회원국 간 정치협력관계의 심화에 중점을 두어야 한다는 입장이다. 독일, 프랑스 등 강대국이 주도권을 갖는 유럽통합에 반대하며, 유럽연합의 민주적 운영을 강조하고 있다.

3) 미국의 의견

미국은 NATO와 분리되고 향후 프랑스의 영향을 받을 가능성이 있는 독자적 유럽 중심 방위정책을 우려하며, 유럽통합을 지지하지 않고 있다. 유럽을 포함한 국제경제에서 주도권을 가진 US달러가 EURO로 대치되고, 유럽 안보의 중점이 NATO에서 WEU로 대치되는 구도에 깊은 우려를 나타내고 있다.

4) 독일의 의견

독일은 유럽통합의 핵심목표가 정치통합이며, 독일과 프랑스가 주도적 역할을 해야 한다는 입장이다. 유럽통합은 유럽연합의 확장을 기초로 하여 동유럽 및 중근동 인근 국가와 함께 공동운명체제로 발전해야 한다는 인식을 갖는다. 일부 독일 국민은 유럽통합으로 인해 독일의 마르크화가 소멸하는 데 불안심리를 갖고 있다. 독일은 유럽통합에 주도적 역할을 할 수 있기 때문에 적극적으로 참여할 것으로 예상된다.

5) 프랑스의 의견

프랑스는 유럽이사회(정상회담)의 역할강화 등 독일과 함께 유럽의 조기 정치통합을 적극 주도하고 있다. 의사결정제도에서 다수결제의 도입을 확대하고, 유럽의회를 이원화하여 회원국 국회의원으로 구성되는 상원의 설치를 요망한다. 동시에 프랑스 내 일부 통합반대세력은 여건을 갖추지 않은 상태에서 통합을 추진하지 말고, 동유럽까지 포용하면서 보다 완만한 '유럽연합' 형태의 통합을 하자고 주장한다.

6) 국내 통합 반대론자의 의견

국내 통합 반대론자들의 의견은 다음과 같다.

- 첫째, 1997년부터 시작된 단일통화적용은 현실을 무시한 환상이다.
- 둘째, 동유럽과 유럽자유무역연합EFTA 회원국을 배제한 유럽통합은 '반쪽통합'일 뿐이다.
- 셋째, 이 같은 통합은 유럽연합 내 빈부국 간 남북갈등만 증폭시킬 것이다.

프랑스의 경우 내부에는 통합반대세력이 존재하나, 정부는 통합에 대하여 적극적인 입장을 취하고 있다.

7) 유럽통합 반대론자의 의견

유럽연합 내 빈국에 속하는 스페인 · 포르투갈 · 그리스 등은 독일 · 프랑스 · 영국 등 강국들의 전황에 대한 우려를 가지나 경제지원을 기대하기에, 통합에 대한 지지도가 비교적 높은 편이다. 유럽통합 반대론자들의 주장은 다음과 같다.

- 첫째, 유럽통합은 유럽 각국의 민주제도를 파괴하고 경제적 블록화를 추진, 국제경제의 부정적 결과를 가져온다. 즉 유럽통합으로 인해 유럽 국가 간의 기술혁신, 질 향상, 시장개혁을 등한시하게 된다.
- 둘째, 유럽연합이 통합되면 유럽 국가 간 경쟁력을 약화시켜 유럽이 세계의 낙오자가 된다.

- 셋째, 통합론자들은 외적으로 자유무역을 주장하나 내적으로는 보호주의를 내세워 대외무역장벽과의 마찰이 생긴다.
- 넷째, 언어·문화·역사와 민족이 다른 이질 국가를 인위적으로 묶어 놓음으로써 인류와 국가가 자연스럽게 발전하는 역사를 부정한다.
- 다섯째, 유럽통합은 너무나 작위적이기 때문에 깨지고 말 것이며, 그때는 지금보다 훨씬 더 심한 갈등과 충돌을 면하기 어렵다.
- 여섯째, 통합작업이 일반 국민의 공감이 부족한 상태에서 정치인 중심으로 이루어져 근본적인 지지를 받지 못하고 있다.

이러한 통합의 시련은 덴마크 국민의 투표결과인 마스트리히트 조약 비준 부결로 나타났다. 조약이 발효되면 덴마크가 거대한 유럽연방에 압도되어 주권을 잃게 될 것이라는 이유에서였다. 좀 더 구체적으로는 독일의 주도에 대한 두려움과 세계적인 경쟁력을 보유한 낙농업의 악화에 대한 우려 때문이었다. 대신 정치통합은 주권통합이 아닌 회원국 간의 정치협력관계 심화에 중점을 두어야 하고, 독일·프랑스 등 강대국이 주도권을 가지는 유럽통합에 반대하여 유럽연합의 민주적 운영을 강조하였다.

8) 유럽통합이 동아시아에게 주는 시사점

제2차 세계대전은 유럽뿐만 아니라 동아시아의 대부분 국가에도 지대한 영향을 미쳤다. 전쟁 후 각국은 냉전시대의 이념적 다툼과 경제회복이라는 두 가지 문제를 동시에 해결해야 했다. 중국은 제2차 국공내전에서 국민당이 공산당에게 패하여 대만으로 철수하였고, 일본은 패전 후 중립국으로, 한국은 공산주의 국가인 북한과 민주주의 국가인 남한으로 나누어졌다. 당시 세계는 미국을 주축으로 하는 민주주의 진영과 소련을 중심으로 하는 공산주의의 두 이념의 대립하는 냉전시기로, 동아시아의 국가는 국방과 안보를 우선으로 하고 경제나 외교가 제한된 틀 안에서 이루어졌다. 이러한 소모적인 이념적 대립은 결국 동독의 베를린장벽이 무너지고 소련이 붕괴되면서 끝나게 되었다. 세계는 대립의 공간이 아닌 공존의 공간으로 바뀌었고, 동아시아 국가들이 경제에 관심을 갖기 시작하면서 선진국과 경쟁을 하기 위해 산업개발과 경제부흥에 전력을 다하게 되었다.

유럽 국가들과 달리 동아시아 국가들은 문화와 정치뿐만 아니라 경제적 격차로 인해 통합의 구심점과 공동목표를 찾지 못했지만 경제적·정치적 통합의 중요성을 인식하여 아시아태평양경제협력체 APEC; Asia-Pacific Economic Cooperation를 창설하고, 동남아시아국가연합 ASEAN, Association of SouthEast Asian Nations에 가입하여 아시아유럽정상회의 Asia-Europe Meeting를 통해 유럽과 정치적·경제적·사회적·문화적 교류를 하게 되었다.

이와 같이 유럽통합에 영향을 받은 동아시아 국가들은 주변국뿐 아니라 연관된 모든 국가들과 공동체를 맺음으로써 위기상황에서는 공동의 노력으로 문제를 해결하고, 안정된 사회건설을 위한 국가정책적 차원의 노력을 하고 있다. 동아시아의 통합은 지리적 단점과 특정국에 편중되어 있는 경제문제를 해결하는 기회가 되었으며, 글로벌시대에 요구되는 국제문제에 적극적으로 참여하게 하는 책임의식을 갖게 만들었다. 이로 말미암아 오늘날의 대한민국은 한반도에 위치하는 대한민국이 아닌 지구촌의 대한민국으로서 위상을 갖게 되었다.

 통합의 학문적 관점

1) 사회적 관점

사회적 측면에서 보면 미래사회는 현재 우리의 노력과 열정으로 만들어가는 '가능성의 사회'이다. 과거사회는 역사 속에서 화석화되어 현재의 우리가 추억 회상 또는 피드백을 통해 미래사회를 설계하기 위한 자료로 사용하는 그림자와 같은 역할을 할 뿐이다. 현재는 과거사회와 미래사회를 연결하는 가교역할을 한다. 즉 과거는 우리가 앞으로 살아가고 이룩해야 할 사회상을 경험적으로 체험하는 기회를 제공하고, 현재는 원하는 미래사회를 이루기 위한 실제적인 인간의 노력을 제공하여 원하는 시점에 미래사회를 세울 수 있게 한다.

사회적 관점에서 통합은 과거에 얽매이지 않으며 미래지향적인 목표를 가지고 상호협력을 통해 과거보다 나은 미래를 창출하려는 노력이라고 할 수 있다. 이리 하여 사회구성원 모두가 참여하고 누릴 수 있는 목표와 균등한 기회를 제공하는 것이 성공의 관건인 것이다. 이러한 목적을 이루기 위해서는 사회복지, 지역 간 갈등해소, 수평적 관계와 계층 간의 갈등해소가 우선시되어야 한다.

2) 과학적 관점

정보통신기술 발달은 우리의 삶을 편안하고 편리하게 만들었다. 이제 세계인들은 네트워크network와 소셜네트워크SNS로 연결된 '국경 없는 사회'에서 '네티즌'이라는 신분으로 살아가고 있다. 지금의 이 시기는 인간 삶의 패턴과 가치관을 바뀌는 중요한 시기라고 할 수 있다.

3) 정책적 관점

정책적 측면에서 바라본 통합이란 한 사회가 다른 사회에 지대한 영향을 미치고 민족과 문화를 넘어 한 가족처럼 지내는 '글로벌사회'가 되어 정기적으로 G8이나 G20 같은 정상회담을 여는 것이다. 여기서 세계경제, 정치, 금융 및 환경 같은 문제들을 의논하고 새로운 규범을 만들기도 한다. 이제 우리가 사는 사회의 정의는 고전적 또는 사전적 의미의 '사회'가 아닌 지구촌global village이라는 업데이트된 새로운 의미를 갖기 때문에 우리도 이에 맞는 사회적 가치관을 갖고 삶의 태도를 변화시켜야 한다. 외국으로 이민을 가게 되면 그에 맞는 언어, 생각, 식습관 그리고 삶의 방식을 바꾸는 것처럼, 글로벌시대에는 그에 맞는 세계적인universal 생각과 사회적 가치관을 가져야 한다.

이러한 통합은 개인 차원이 아닌 국가 차원에서 이루어져야 하며, 각국의 정부는 정책적으로 국민적 통합 및 국가적 통합을 위해 노력해야 한다. 또한 서로 다른 문화와 성향을 가진 사회와 통합을 하기 위한 구성원의 노력이 필요하며 통합을 위한 목적의식을 고취시키고 목적지향적 동기를 부여하는 정부의 일관된 정책이 필요하다.

4) 경제적 관점

경제적 측면에서 바라본 통합은 경제활동을 통해 상호이익을 추구하려는 시도로 해석된다. 내수시장의 소비한계와 자원의 한계로 인해 세계는 상대의 필요성을 인식하고 있으며 문화와 국경을 넘어 새로운 시장 창출을 위해 모든 가능성에 도전하고 있다. 경제적 통합은 블록경제 bloc economy의 형식으로 나타나기도 하는데 이는 자신에게 이익이 되는 몇몇 국가 간에 자본, 노동력, 무역을 자유경쟁을 위해 통합하는 것을 의미한다. 우리나라도 IMF 이후 경제협력에 대한 중요성을 깨닫고 주변 국가들과 경제통합을 하였다.

미래사회의 경제적 통합은 선택이 아닌 필수이다. 다른 국가들과 경제적 통합을 하지 못하면 가입된 회원국가와의 경제활동 하는 데 불리하기 때문이다. 이와 같이 사회통합과 관련된 문헌을 살펴보면 그 내용이 온통 반시장적이고 반자유주의적이다. 사회적으로 통합을 위해 내세우는 이슈의 예로는 복지확대, 대기업규제, 노동시장규제, 각종 경제규제, 중소기업, 학생보호, 그리고 약자보호 등을 위한 지원정책이 있다. 그들의 사회통합은 독일의 사회적 시장경제, 공동체주의, 불교사회철학 및 사회통합과 관련된 간섭주의라는 점에서 동일하다. 그러나 통합을 위한 정부의 간섭은 오히려 통합을 해치고 사회를 갈등구조로 만든다는 것, 경제자유가 사회통합의 원천이라는 것을 보여 줄 필요가 있다. 자유시장은 사회통합과 수많은 사람의 상이한 이해관계를 자생적으로 통합하여 평화로운 질서에 따라 재분배나 간섭을 통해 사회통합을 해친다.

IT 기술이 등장하면서 한때 이것보다 멋진 세상은 없는 것처럼 느껴지던 시절도 있었다. 소위 신경제라 불리는 뉴이코노미 new economy 열풍이 불던 시절에는 정보통신과 여타 산업의 만남이 경제적 가치의 효율을 높이고 다양화하는 데에 최고라고 여겨지기도 했다. 많은 사람이 사회통합은 공생적 사회질서의 전제조건으로 국가와 사회의 지속적인 발전에 필수적이라고 생각한다. 사회통합은 개인이 자신이 속한 국가와 사회에 대해 소속감을 갖고 국가와 사회발전에 필요한 에너지를 발휘할 수 있도록 동기를 부여하므로 사회갈등이 높은 사회와 국가는 발전의 원동력을 상실할 수밖에 없다. 민주화와 정보화, 세계화가 급속도로 진전되는 현대사회는 통합보다 분열과 갈등의 요소를 더 많이 가지고 있다. 이러한 상황에서 산업화와 민주화가 초래한 우리 사회의 분열과 갈등을 치유할 수 있는 사회통합의 원리를 모색하는 것은 중요한 역사적 의미를 지닌다(신중섭, 2012).

지금까지 사회통합이란 이슈를 이끈 주체는 주로 정부였다. 그러나 정부가 중심이 된 사회통합은 대개 민간경제에 대한 개입을 전제로 한 정책개발에 치중하는 경향이 있었다. 즉, 우리 사회를 극단적인 소득불평등 상태로 진단하고, 소득의 격차를 완화하는 정책개발 중심으로 사회통합이 이루어진 것이다. 부자에게 세금을 더 거두어 빈자에게 복지를 제공한다는 구조 말이다. 그러나 국민적인 공감을 수반하지 않는 강제적 세금과 노동회피적 복지구조로는 절대 사회통합을 이룰 수 없고 오히려 '사회분열'을 가중시킬 뿐이다. 따라서 '강제적 세금과 복지'에서 '자발적 세금과 복지'로 패러다임을 전환해야 한다. '자발적 세금'이란 가진 자들의 기부와 자선을 의미한다. 정부정책 중심의 사회통합은 민간부문의 자발적 참여를 효과적으로 유도하는 데 한계가 있다. 이제 정부와 함께 민간부문에서도 사회통합에 대한 공감대를 형성하고 참여를 확대함으로써 사회통합을 좀 더 효과적으로 달성할 수 있는 방안을 논의할 때이다(현진권, 2012).

6 통합의 사례

과학, 정보, 교통, 산업 등의 다변화로 인해 전 세계가 일일 생활권에 들어선지 오래되고, 한 국가에서 발생하는 일이 다른 국가에 지대한 영향을 미치면서 각국이 상대의 필요성을 인식하게 되었다. 이는 글로벌거버넌스global governance라는 새로운 형식의 '국가 간 공동관리체계시스템'을 활성화시켰고, 그 결과 더 이상 국가라는 폐쇄적인 공간 안에서 독선적self-righteous 태도와 배타적closed 사고로 독자생존할 수 없게 되면서 국가 간, 민족 간, 문화 간 수평적 통합과 금융·경제 그리고 정치의 블록화block, 예를 들면 유럽연합을 통해 세계가 하나 되고 있다. 초기에는 국가 간의 물리적·하드웨어적 통합이 이루어졌다면 미래에는 현재의 화학적 융합을 발전의 발판platform으로 하여 다양한 학문의 벽을 무너뜨리고 통일된 하나의 이론으로 구축하는 통섭의 시대가 올 것이다. 사상의 변환기 또는 과도기에 사는 우리들은 이러한 사회 변화에 주목하여 다양한 현상 발생의 배경과 함께 구체적인 사례를 통해 불확실한 미래를 준비하고 시대를 앞서가는 21세기의 '깨어 있는 선각자pioneer'가 되어야 한다.

이제 우리는 통합을 통해 사회적 결속을 하고 기존의 틀에서 벗어나 새로운 도약과 함께 구축의 기회를 가질 수 있다. 예를 들어, 기존 교육제도의 혜택을 받지 못하는 장애인들을 위해 비장애인과 함께 교육을 받게 하는 통합교육은 장애인에 대한 잘못된 편견을 바로잡고 사회적 약자의 인권을 보장하기 위한 사회적 노력이다.

- 사례 1: 인천계양중학교는 학생들에게 장애학생이 자신과 틀리기보다는 다른 모습을 하고 있다는 인식을 갖고 더불어 지내는 태도를 기르며 장애학생들을 통하

여 자기 자신을 돌아볼 수 있는 기회를 제공하고, 장애학생들에게는 일반학교 문화에 적응할 수 있도록 돕고 동일 연령의 또래 집단과 상호작용할 수 있는 기회를 갖게 하고자 인천인혜학교와의 통합수업을 실시했다.

- **사례 2**: 최근 여당의원들이 도지사로 당선된 후 자신의 경쟁자였던 야당 후보자들에게 도정에 동참할 것을 제의하여 정계에 신선한 충격을 주었다. 이러한 정치통합은 이벤트가 아닌 앞으로 우리 정치가 나갈 방향을 상징적으로 보여 주는 좋은 예라고 할 수 있다.
- **사례 3**: 박근혜 대통령은 취임 1주년 연설을 통해 사회통합의 중요성을 강조하고 지역 간, 계층 간의 이념적 갈등해결을 위한 국가적 노력을 천명하면서 대통령 직속의 '사회통합위원회'를 출범시켰다. 포용과 협력 그리고 상호존중을 위한 이러한 통합적 노력은 미래사회를 위한 디딤돌이 될 것이다.

통합사회의 전망

21세기의 통합을 통해 사회가 추구하는 기본적인 목적은 사회구성원 간 사회적 박탈감과 괴리감을 최소화하고 사회적 안정을 최대화하는 것이다. 과학이 발달하고 인간의 생활태도와 인식이 변화되면서 사회구조가 바뀌고 구성원들의 생활방식과 사회적 가치관도 바뀌고 있으므로 이에 맞는 사회적 노력이 필요하다. 예를 들면 1960년도 국민의 의식수준과 가치관이 2014년의 수준과 같을 수는 없다. 시간이 갈수록 국민의 사회적·문화적 욕구와 개인의 의식수준이 올라가기 때문에 건강한 사회는 욕구를 스스로 충족시키면서 미래를 향해 나갈 수 있는 발판과 동등한 기회를 제공해야 한다. 이러한 목적을 달성하기 위해서는 다음과 같은 사회적 이슈를 해결해야 한다.

1) 계층 간 격차와 갈등해소를 위한 통합

1960년대에 박정희 대통령의 경제개발 5개년 계획이 시행되면서 급격한 경제성장과 함께 소위 '가진 자'와 '못 가진 자'의 사회적 차이가 시작되었다. 그러나 1997년 IMF 위기와 글로벌 금융위기를 겪으면서 '가진 자'와 '못 가진 자'의 사회적 힘의 분배 차이가

격화되면서 계층 간 문제가 단순한 개인 간의 문제가 아닌 사회적 갈등으로 커지면서 정책적 통합이 필요해졌다. 스마트폰과 SNS를 통해 정보가 곧 능력이자 경쟁력인 현재에는 최첨단 정보를 누가 얼마나 빨리 취득하느냐가 승부의 열쇠이다. 때문에 인도에서는 국민들에게 3만 5천 원짜리 보급형 컴퓨터를 제공(이데일리, 2014. 5. 14)하여 정보격차를 줄이려 했으며, UN에서는 빈민국에 저렴한 컴퓨터를 제공하기도 했다. 하버드, 옥스퍼드, 스탠포드 등을 포함하는 세계 유명 대학 100여 곳에서도 무료 온라인교육 프로그램openware course을 개설하여 누구든 강의를 수강할 수 있도록 하였다.

대가족 제도에서 부동산이나 제품 판매를 주종으로 하는 사업에 의존했던 아날로그시대의 계층 간 문제는 '돈'이 원인이었다. 반면, 핵가족 제도에서 휴대전화와 인터넷시대의 서막을 알리던 디지털시대에는 '문화적 격차'가 나타났고, 결혼보다 자신의 삶을 우선시하는 스마트로 무장한 싱글족시대에는 '정보의 우선점유'가 계층의 기준이 되었다.

하드웨어적 계층 간의 갈등인 '빈부의 차이'는 개인의 노력과 자신이 속해 있는 사회 그리고 글로벌 환경에 의해 결정되지만, 소프트웨어적 계층 간의 갈등인 '정보의 격차'는 최소한의 경제적 여유와 개인의 노력으로 해소될 수 있다. 사람이 사는 사회는 구성원들의 경쟁을 통해 생산적으로 발달하기 때문에 계층 간 갈등은 자연스러운 결과라고 할 수 있다. 갈등해결은 개인의 노력이 아닌 사회적 통합에 의해 가능하다. 이를 위해서는 사회구성원들의 의무와 책임이 매우 크다.

2) 지역양극화의 해소를 위한 통합

지역주의라고도 불리는 지역양극화polarization는 고질적인 한국병이면서 하루 빨리 극복해야 할 문제이다. 특히 선거 때마다 등장하는 지역적 감정대립은 사회를 분열시키고 응집된 경쟁력을 약화시키며, 객관성이 결여된 혈연과 지연에 우선하는 경향을 불러와 기본적인 사회질서를 깨기도 한다. 삼면이 바다로 둘러싸여 있고 제한된 자원을 가지고 있어 자체적인 경쟁력이 떨어지는 우리나라에서 지역주의는 단순히 경제성장을 저해하는 요인일 뿐 아니라 국민의 단합을 저해하고 내부 성장결속력을 막는 원인cause이기도 하다. 자신과 연관되지 않은 것에 배타적 생각을 갖고 단순히 연고에 의해 비합리적인 행동과 결정을 내린다면 우리 사회는 심각한 위기에 봉착할 것이다.

다양한 문화와 민족이 어울려 상호협동하며 공동의 목표를 달성하기 위해서는 구성원의 자발적 참여가 필요하다. 즉, 공동운명체인 사회의 미래를 위해 우리 사회는 통합해야 한다. 지역사회의 통합은 단순히 지역적 문제가 아닌 범사회적 문제이다. 통합의 여파는 사회 전체에 영향을 미치게 될 것이다.

3) 이념적 극단화를 해결하기 위한 통합

언제부터인가 매스컴에 좌파·우파라는 말이 자연스럽게 등장하고 선거나 특정 사건이 발생하면 편을 갈라 논쟁을 하거나 상대가 잘못된 것이라고 주장하는 사례를 쉽게 찾아볼 수 있다.

이러한 이념적 극단화 현상은 1945년 광복이 되면서 신탁통치에 대한 의견이 상이하게 대립하며 시작되었다. 우리나라 국민은 민주주의와 공산주의에 대한 이념적 다름을 인식하였다. 그리고 6·25 전쟁을 통해 공산주의의 실체를 경험하면서 이념적 대립이 실제적 대립으로 발전하게 되었다. 전쟁으로 가족과 이웃을 잃은 사람들은 공산주의에 대한 고정관념을 갖게 되었다. 이후 세월이 지나 민주주의와 공산주의 대립이 아닌 보수성향이 있는 우파와 진보성향이 있는 좌파의 대립이 나타나면서 우리 사회는 이분화되어 사회적 통합을 이루지 못하고 있다.

미래지향적이고 목적지향적인 미래사회를 건설하기 위해서는 소모적인 이념논쟁에서 벗어나 건설적·생산적 대화를 통해 상생의 길을 찾아야 한다. 글로벌시대가 요구하는 국가경쟁력이란 내부결속과 외부자극에 일치된 반응을 보이는 응집력을 필요로 하므로, 이념적 통합은 물리적 통합이 아닌 내면적 정신의 통합이 되어야 할 것이다.

전쟁과 통합

유럽을 통합해야 한다는 생각을 자극한 것은 '전쟁'이었다. 지금의 알사스 로렌지방에 해당하는 곳에는 군수물자의 주원료가 되는 석탄과 철강이 대량으로 묻혀 있다. 이곳에서 나오는 상당수의 석탄과 철강은 세계대전을 치르는 데 투입되었다. 세계대전은 때로 내전으로 이해되기도 하지만, 국가 간 패권을 둘러싼 전쟁임에 틀림없다. 세력균형의 원리를 무너뜨리고 유럽에서 헤게모니를 장악하려는 강대국들의 욕심으로 인해 유럽은 전쟁의 소용돌이로 빨려 들어갔다. 유럽을 연구하는 학자들은 패권전쟁의 역사를 샤를마뉴시대로 거슬러 올라가기도 한다. 그 역시 전쟁으로 유럽의 패권을 장악하고자 했던 지배자였다. 전쟁을 통해 패권을 손에 쥐려 했던 지배자로 치면 나폴레옹도 마찬가지였다. 유럽 땅에서 일어난 전쟁의 역사는 유럽인들로 하여금 '평화'에 대한 그리움을 교훈으로 남겨 주었다.

또한 세계대전 중 일어난 나치의 인종 학살은 '인권'의 존엄성을 일깨워 주었다. 오늘날 인권과 평화에 관한 국제조약들이 그 뿌리를 유럽 땅에 두고 있는 것도 모두 이러한 전쟁의 역사가 묻혀 있는 곳이 유럽이기 때문이다. 전쟁을 통해 평화와 인권의 소중함을 깨달은 유럽인들은 하나둘씩 유럽 땅에 평화체제를 구축하기 위한 구체적인 방안을 논의하기 시작하였다. 통합 논의는 장 모네와 로베르 슈망이라는 두 프랑스인의 손에 이끌렸다. 그리고 그 결정체로 석탄과 철강을 공동으로 관리하여 전쟁을 방지한다는 취지에서 '유럽석탄철강공동체'를 결성하였고 이것이 오늘날 유럽연합의 전신이 되었다.

유럽통합과 로마조약

유럽통합의 실질적인 역사는 대체로 1957년 로마조약이 체결된 시점을 기준으로 한다. 생산요소인 노동(이는 후일 사람으로 바뀐다)과 자본 그리고 교역대상인 상품과 서비스의 자유이동이라는 소위 '네 개의 손가락'을 중심 개념으로 로마조약은 유럽통합의 역사를 자유방임주의의 원리로 시작하였다. 하지만 로마조약의 본래 취지는 충분히 실현되지 못했다. 세계대전이 끝나고 1940년대, 1950년대 그리고 1960년대 기간 동안 경찰국가의 역할을 수행한 미국의 패권 아래 대부분의 국가들은 경제성장을 도모하는 '영광의 30년' 시절을 향유하였다. 유럽통합의 역사를 알리는 로마조약은 그 중심에 위치하고 있었다. 이때 유럽통합의 방식을 결정한 것은 '기능주의'였다. 기능주의는 기술이나 경제부문과 같이 정치적으로 덜 민감한 영역에서 우선 국가 간 협력관계를 체결할 것을 주장한다. 이렇게 처음 협력관계를 맺게 되면 시간이 지나 협력 파트너 간에 협력하고자 하는 의지가 저절로 생겨 다음 단계에서는 정치적으로 민감한 사안영역에서도 협력관계를 맺게 된다는 순진한 논리를 사모한다.

데이빗 미트라니라는 학자가 주장한 기능주의는 이렇게 사안영역 간에 협력하고자 하는 의지가 저절로 생겨 계속 이어진다는 믿음을 종교로 받아들이고 있었다. 당시 영광의 30년

▶계속

시절을 생각하면 이런 생각을 갖는 것도 무리는 아니었다. 세계대공황과 1970년대를 강타한 두 차례의 오일쇼크를 예상치 못했다. 1960년대 말부터 평화를 외치며 공동체를 건설하고자 했던 유럽인들은 경제적 어려움에 직면하자 그만 협력관계를 잊고 자기 나라의 경제 안보에 온 정신을 쏟았다. 유럽인들은 협력하고자 하는 의지가 자동으로 생겨 서로 다른 사안영역으로 타고 넘어가는 것이 아님을 똑똑히 지켜보았다. 오히려 협력하고자 하는 새로운 '정치적 의지'가 필요했다. 어쨌든 경제적 어려움은 유럽통합을 지향하는 의지의 발목을 잡았고 경제회복기가 돌아올 때까지 유럽통합은 멈춰섰다. 유럽연합의 10대는 이렇게 얼룩졌다.

자료: 민중의 소리(2007. 7. 20 기사) 발췌 재구성.

▶ 인권의 존엄성과 세계평화의 통합을 위해 글로벌 리더십의 비전을 제시해 보자.

▶ 기능주의를 활용하여 경제적 안보의 통합에 대해 서술해 보자.

Chapter ❷

융합의 **이해**

경쟁시대에 남보다 우위에 서기 위해서는 상대보다 뛰어난 기술력이나 실력이 있어야 한다. 오늘날 '혁신경제'나 '창조경제' 같은 신조어가 등장하면서 사람들은 상대와 차별화된 전략과 경쟁력을 쌓기 위해 치열한 노력을 하고 있다. 이러한 요구를 충족을 위해서는 기존의 방식으로는 한계가 있으므로 각국은 통합, 융합 그리고 통섭이라는 방법을 통해 새로운 이론과 방법을 창출하려고 노력 중이다. 그 결과 기존의 관념으로는 생각하지 못했던 다양한 제품과 전략을 개발하여 시장에서 우위를 차지하는 기업이 늘고 있다. 예전에 전화는 주로 통화와 메시지를 주고받는 것이 주 기능이었다. 하지만 오늘날에는 전화를 가지고 음악감상이나 영화감상은 물론 촬영, 인터넷 서핑, 실시간 대화를 할 수 있다. 이제 사람들은 개인이 만든 다양한 애플리케이션(application)을 손쉽게 이용할 수 있다. 플랫폼(platform) 기능을 하는 새로운 형태의 커뮤니케이션 세계가 탄생한 것이다. 이러한 변화는 단순한 기술 혁신이 아니라, 사회구조와 사람들의 인식을 바꾸는 실제적(practical)이고 융합적인 세계의 서막이다.

기존의 방식대로라면 기업은 제품과 그에 맞는 모든 프로그램을 제공해야 한다. 하지만 오늘날의 기업은 전통적인 제조방식에서 탈피하여 하드웨어(제품)에 앱을 실행시킬 수 있는 마스터 프로그램을 장착하여 시장에 내놓는다. 그러면 사용자(user)는 자신이 필요한 프로그램을 스스로 만들거나 아주 저렴한 가격으로 기업에서 인증한 단체를 통해 목적에 맞는 프로그램을 구입하여 사용한다. 제조와 소비시장의 벽이 무너진 것이다.

경제학적 측면에서 보면, 소비자가 직접 자신에게 필요한 제품을 제작하는 셀프메이커(self-maker)의 시대를 지나 생산된 물건을 구입하여 사용하는 소비자(consumer)의 시대를 거쳐, 제품생산에 관여하는 프로슈머(producer+consumer)의 시대를 넘어, 기업의 역할을 대신할 만한 제품을 스스로 설계 · 제작하여 시장에 선보이는 크리슈머(creative+consumer)의 시대가 도래한 것이다. 기업과 사용자의 관계는 이제 판매자와 소비자라는 수직관계가 아니다. 이제 기업과 사용자는 하드웨어와 소프트웨어의 만남이라는 수평관계를 형성하고 있다. 기업은 막대한 경비와 연구가 필요한 거시적인 제품생산을 하고, 소비자인 개인은 이러한 기업의 제품을 활용할 수 있는 미시적 프로그램을 제공함으로써 소비와 생산의 경계가 무너지고 새로운 시장질서와 유통구조가 자리잡게 되었다.

소비자 측면에서 보면 소비와 생산이 물리적인 통합을 통해 이루어진 '소비자' 중심의 시장이 이제는 화학적인 융합을 통해 '크리슈머'라는 새로운 소비의 개념으로 탄생되었다. 기업적 측면에서 보면 이전까지 부품과 디자인의 통합을 통해 '제품'이라는 상품을 만들었다면 이제는 자신들이 보

▶계속

유하고 있는 기술적 능력과 소비자의 감성과 개인의 욕구(desire)를 융합하여 소비자 스스로 자신의 욕구를 자의(스스로 앱 연구) 또는 타의에 의해(앱 구입) 실현시킬 수 있는 '플랫폼'을 '제공'하는 시대가 된 것이다. 이런 과도기에 살고 있는 우리는 시대적 변화와 사회 흐름을 전반적으로 이해하려는 노력을 해야 할 것이다.

치열한 무한경쟁시대에 차별화는 필수적 무기이다. 아이디어, 제품, 서비스 모든 것에서 남과 차별화되는 경쟁력이 있어야 진정한 가치를 인정받기 때문이다. 따라서 오늘도 개인이나 조직은 차별적인 가치창출을 위하여 많은 노력을 하며 혁신적인 변화를 거듭하고 있다.

융합은 '거대과학'이라고 강조되기도 한다. 거대과학이란 수많은 인재들이 한곳에 모여 연구하는 것으로 유럽에 짓는 국제핵융합로(ITER; International Thermonuclear Experimental Reactor), '신의 입자'라 불리는 힉스입자를 찾기 위한 유럽입자물리연구소의 강입자가속기, 미국의 달 탐사, 인간게놈지도프로젝트와 같은 거대과학프로젝트를 일컫는다. 이처럼 문제가 복잡하고 정교할수록 다양한 분야에 있는 여러 전문가의 노력이 필요하다.

이제는 스스로 필요한 지식을 개발해야 하는 시대이다. 기초과학과 응용과학은 융합되어야 한다(cesweb.org). 융합의 중요성은 우리 모두가 잘 알고 있다. 이제 서로 마음을 열고 소통하며 융합의 틀을 세우기 위하여 '학문 간 융합'을 바탕으로 살펴보자.

1 개념적 정의

먼저 융합과 관련하여 복합 · 통합 · 융합 · 통섭의 개념을 살펴보자. 학제 간 융합과 복합, 통합과 통섭에는 여러 가지 경우의 수가 존재한다. '학제 간'이 단순히 잠시 모였다가 흩어지는 것이라면 '융합'은 굉장히 강한 화학적 결합이라고 할 수 있다. '복합'은 결합의 정도가 융합만큼은 아니지만 그 구성요소가 복잡하다. 한편 '통합'은 여러 가지 구성요소가 유기적 체계를 이루며, '통섭'은 쉽게 말해서 '함께하는 도약Jumping together' 이라고 할 수 있다. 다양한 융합과 관련된 학술적 측면academical view의 연구를 살펴보면 **그림 2–1**과 같다.

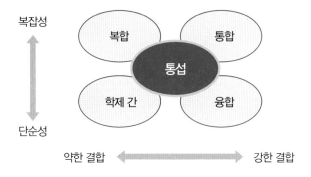

그림 2-1 복합 · 통합 · 융합 · 통섭의 개념

자료: 심광현(2009). 학문 간 융합분과포럼 발표자료.

- 학제 간 협동연구: 여러 전공분야를 가진 사람들이 자신의 전문분야를 유지하면서 제시된 특정 주제와 과제의 해결을 위해 한시적으로 모여 연구하는 방식으로, 하나의 주제를 각 전공의 측면을 분할하여 연구한 후 하나로 꿰는 것이다.
- 융합연구: 각각의 전공분야를 가진 사람들이 특정한 형태의 주제와 과제를 해결하기 위해 하나의 연구로 수렴되는 방식으로, 이 경우 기존의 분과적 전공은 사라지고 여러 전공들이 삼투되어 새로운 복합적 형태의 전공이 창출될 수 있다.
- 복합연구: 각각의 전공분야가 하나로 융합되지 않고 각 전공의 특성이 복합적인 전체의 구성성분으로 유지되는 방식의 연구이다.
- 통합연구: 복합연구가 전체적으로 유기적 통일체를 이루는 경우이다.
- 통섭연구: 여러 전공영역이 모여 상호 연결되는 방식으로 출발하지만 상호연결의 과정에서 어떤 결과로 귀착될지 알 수 없는 연구방식이다. 그 결과는 학제 간 연구 또는 특정 주제로의 융합적 연구 또는 복합적으로 네트워크화된 지식을 통한 새로운 복합 학문분야의 형성 또는 예기치 못한 새로운 연구주제와 과제의 창발적 출현 등으로 다양하게 나타날 수 있다.

어원적 측면etymological view에서 보면 융합convergence의 어원은 후기 라틴어 동사 'convergere'에서 유래한다. 이는 함께together라는 뜻의 'con'과 '어떤 방향 또는 상태로 향하다bend 또는 기울어지다incline'라는 뜻의 'vergere'가 합쳐진 명사로, 그 의미는 어느 한 점이나 다른 점으로 다 같이 향하고 움직이는 것to tend or move toward one point or one another, come together, 함께 어떤 공동의 이익이나 집중에 참여하고 통합하는 것to come together and unite in a common interest or focus, 수많은 수단들의 각각의 한계에 접근하여 궁극적으로 그 한계를 없애고 각각의 수단들의 기능을 증가시키는 것to approach a limit as the number of terms increases without limit, 따라서 그전에는 별개였던 제품들의 기능을 다 같이 통합하여 디지털기술을 가능케 하는 것Unification of functions-the coming together previously distinct products that employ digital technologies, 모든 것이 연결되어 연결의 경제나 디지털경제를 이룩하는 것Everything to be Connected such as connected/digital economy, 그렇게 됨으로써 시장이나 산업의 경계가 사라지는 것Dissolving the boundaries such as boundaryless markets/industries, 그러므로 언제 어디서 누구나 유비쿼터스적으로 사용이 가능케 하는 융합기술Ubiquitous usage by converged technologies로 사전에 정의(www.m-w.com)되어 있다(한국산업기술진흥원, 2010).

의미론적인 측면에서 보면 융합을 뜻하는 단어 'convergence'는 한 점으로 모인다는 '수렴'의 뜻을 지닌다. 여기서 유추할 수 있는 것은 융합이 방향성을 가진다는 것이다. 여러 가지 요소가 하나의 지향점을 향한다는 의미의 컨버전스와는 달리 '융합融合'의 한자어를 살펴보면 녹아서 합쳐진다는 비슷하지만 조금은 다른 의미를 갖고 있다. 한자어에 따르면 융합이란 개별적 요소의 성격을 잃고 완전히 새로운 형태의 무엇인가를 만들기 위해 서로 다른 요소가 어우러져 새로운 것을 탄생시킨다는 의미이다. 이처럼 '융합'은 여러 가지 요소들이 모여 하나의 지향점을 향해 나아가면서 새로운 것을 탄생시킨다는 의미로 받아들이는 것이 옳을 것이다(www.e-journal.co.kr).

기술적 측면에서 보면technological view 융합이란 단어는 기존의 제품 또는 성능을 향상시키기 위해 다양한 기술을 재사용 또는 결합하는 과정을 의미한다. 개념적으로 융합이란 컴퓨터, 소프트웨어, 저장장치 등과 같은 IP 기반의 네트워크를 사용하는 기술들과 모터, 스위치, 기타 컨트롤 장치 등 동력기반 장치들의 병행 발전에서 유래되었다. 융합의 의미와 융합기술을 정리하면 이전의 개별적인 학문분야나 기술로는 해결할 수 없는 에너지, 환경, 인권, 질병 등 전 지구적 문제를 해결하고 새로운 시장을 창출하기 위해 융합연구를 하는 것이라고 할 수 있다.

학문적 측면에서 융합融合과 수렴收斂을 비교하여 정의하면 '융합'이란 다른 종류의 것이 녹아서 서로 구별이 없게 하나로 합해지는 일, 생물학에서는 합체, 심리학에서는 둘 이상의 요소가 합쳐져 하나의 통일된 감각을 일으키는 일이라고 정의한다. 물리학에서는 수렴을 광선, 유체, 전류 따위가 한점에 모이는 것이라 정의하며, 생물학에서는 동식물의 계통이 다른 군群이 같은 환경에 적응한 결과 닮은 형질을 나타내며 진화하는 일이라고 정의하고 있다. 쉽게 말해 수소와 산소가 섞여 물이 되듯 서로 다른 것이 모여 어우러지고 융합되는 것을 convergence라 하며 이를 통해 또 다른 제품산업이나 문화학제 등이 만들어지는 것을 의미한다(김영석, 2007). 한국정보통신기술협회에서는 융합을 '색 일치' 즉, 브라운관이나 삼원색 프로젝터에서 빨강, 파랑, 녹색의 빛을 동일 지점에 모을 수 있는 능력 또는 방송과 통신의 융합을 나타내는 용어로 설명하는데 이것은 우리말로 어울림, 융합 또는 수렴이라고 번역할 수 있다. 융합은 통합이나 정합의 개념과는 다르다. 융합은 액체와 같다. 여러 기술이 서로 완전히 녹아들어서 어떠한 분야를 결코 떼어낼 수 없을 만큼 여러 기술이 화학적으로 결합하는 것을 우리는 융합이라고 한다.

사전적 의미의 융합은 서로 다른 방향으로부터 같은 지점으로 접근하거나 서로 교차하는 것을 의미하고, 융합화란 연합 및 공통적 결론을 향한 움직임을 의미한다. 이 용어가 커뮤니케이션 분야에 적용될 때에는 서로 다른 미디어시스템이나 조직이 서로 결합하고 교차하는 것을 의미한다(Pavlik, J. V et al., 1993). 표준국어대사전에서는 '어울림'을 두 가지 이상의 것이 서로 잘 조화되는 것이라고 설명하고 있다. 이를 통해 알 수 있는 융합 · 통섭의 의미를 살펴보면 **그림 2-2**와 같다.

이와 같이 융합은 기술적 차원뿐만 아니라 정치적 · 사회적 · 경제적 · 문화적 차원에서 구조적 융합관계를 내포한다. 또한 단계별로 기술의 융합technology convergence에서 콘텐츠 또는 서비스의 융합contents or service convergence으로, 그 결과 산업의 융합

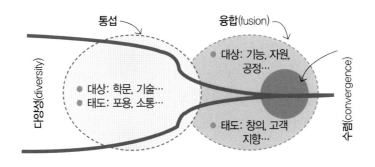

그림 2-2 융합 · 통섭의 의미

자료: Weekly Insight(2013), Deloitte, 제5호, p. 3.

industry convergence뿐만 아니라 더 나아가 '사회의 융합society convergence'에 이르기까지 상승적 융합구조를 이룬다.

 ## 융합의 발생동기

　과학이 발달하고 사람들의 인식이 변하면서 더욱 편하고 안락한 삶을 원하는 소비풍토에 맞추어 기업들이 새로운 제품을 연구하면서 기존의 기술을 뛰어넘는 새로운 기술이 필요해졌다. 기존의 이론과 지식을 바탕으로 새로운 기술을 창출하려는 노력은 융합을 통해 이루어졌다. 특히 인문학과 과학기술의 융합은 삶에 많은 변화를 가져왔다. 기존의 노동집약적 산업이나 제조 중심의 산업이 기술집약적 산업과 소비자가 생산에 참여하는 형식으로 바뀌면서 소비자가 곧 생산자가 되는 새로운 시장질서가 생겨났다. 이러한 변화는 다양한 분야에서 실험적으로 이루어졌고 이제는 전반적인 산업과 학문 분야에서 이론적·기술적 차원에서 이루어지고 있다. 융합은 사회적 필요성과 함께 시대적 요구에 맞춰 자연발생적으로 나타나는 현상이다.

　이제 융합은 학술적이고 이론적인 상태에서 벗어나 우리의 실생활과 밀접하게 연관된 전 부분에서 쉽게 찾아볼 수 있다. 예를 들어, 애플이 생산하는 아이팟iPod은 단순히 음악을 듣는 하드웨어적 미디어플레이어로 시작하여 동영상 촬영 및 재생은 물론 SNS 접속, 사진 촬영, 메일 전송까지 할 수 있는 기계로 진화하면서 기존에 있던 전화에 대한 정의와 기능적 한계를 부수었고 아이폰iPhone과 아이패드iPad가 등장하면서 사람들의 생활방식과 태도가 스마트화되었다. 마치 생물이 환경에 맞춰 진화하듯 융합기술 역시 발전하여 개인의 사고방식과 생활태도는 물론 전반적인 사회흐름에 막대한 영향을 미치고 우리는 더욱 진화된 융합기술의 등장을 기대하게 되었다. 이러한 시장의 기대에 부응하기 위해 막대한 자금과 마케팅력을 보유한 기업들은 우리의 꿈을 실현시킬 수 있는 기술을 연구하여 '제품products'이라는 결과를 생산하면서 융합기술은 지속적으로 진화하고 있다.

　이러한 사회적 욕구는 가상의 세계인 웹web에서 제공하는 정보, 데이터 및 서비스를 융합한 매시업mash-up이라는 새로운 서비스를 선보였고 이 서비스는 시장 개척, 부동산, 방송 등 다양한 분야에서 사용되고 있다.

매시업을 기존의 통합이나 융합과 비교하면, 통합integration이란 어떤 하나에 다른 무언가를 추가하는 것이고, 융합convergence는 두 개 이상의 동일한 비중을 갖고 있는 것들이 합쳐지는 것이다. 이에 반해 매시업은 무수히 많은 여러 가지 다른 요소들이 하나로 합쳐지면서 완전히 새로운 것을 창조하는 것을 지칭한다. 인티그레이션은 '1+1=2', 컨버전스는 '1+1=2+α', 매시업은 여기서 더 확장된 것을 의미한다. 매시업에서의 '1+1'은 무엇이든 될 수 있는 가능성을 의미한다. 학문과 기술 또는 기술과 기술의 융합이 아닌 콘텐츠의 생산자와 소비자가 통합되며, 미디어들이 서로 결합하여 새로운 미디어를 창조해 나가는 매시업은 미래사회가 어떤 모습을 갖추게 될지 알리는 바로미터의 역할을 한다. 예를 들면, 예전에는 직접 맛집을 찾아가거나 파워블로그를 통해 2D 수준의 정보를 얻었다면 이제는 구글맵과 적발된 불량음식점의 명단 그리고 맛 칼럼리스트의 평가표를 합쳐 3D 수준의 정보를 얻을 수가 있다. 매시업은 자본력과 기술력이 뒷받침되는 선진국에서 발달되어 있다.

닐슨조사회사A.C. Nielsen Company[8]의 보고서(Nielsen, 2012)에 따르면, 60%에 육박하는 미국의 TV 시청자들은 최소 한 달에 한 번 꼴로 TV를 보면서 웹을 이용한다. TV 시청 및 인터넷, 스마트폰 사용을 분석한 결과, 미국인들은 전년 동기와 대비하여 TV와 인터넷을 동시에 사용한 시간의 총량이 35% 정도 증가한 것으로 나타났다. 미국인들은 현재 매월 평균적으로 3.5시간씩 인터넷을 이용하면서 동시에 TV를 시청한다. 또한 TV 시청에 주당 35시간을 할애하며, 검색이나 비디오 녹화 등 '타임 쉬프트time shift' 기능을 이용해 TV를 시청하는 시간 역시 2시간 정도 되는 것으로 나타났다. DVR을 소지한 미국인 가정은 약 35% 정도로, 해당 기능을 주로 사용하는 연령대는 25~34세로 나타났다(Bir Research Group, 2011).

 융합의 배경

융합은 현재 기술, 경영, 문화, 사회 등 수많은 분야에서 내재된 모순과 한계를 극복

8　1923년에 창립된 국제적 규모의 미국 조사정보회사. 한국, 캐나다, 호주, 벨기에, 서독, 이탈리아, 오스트리아 등 세계 22개국에 계열 기업을 가지고 있다. 본사는 시카고에 있으며 종업원 수는 약 1만 9,000명이다. TV 시청률조사로 알려져 있다.

하는 방법으로 각광받고 있다. 융합의 영향력이 특히 두드러지는 분야는 기술과 경영이다. IT 기술과 의료, 나노, 바이오, 인지과학 등의 다양한 기술이 IT를 중심으로 융합되면서 새로운 가치를 만들어 내고 있다. 이는 바로 IT, 그리고 디지털기술이 가져오는 효율성과 속도로 인한 것이다.

사실 기술융합은 기술의 발전과정에서 항상 존재해 왔던 방법론이다. 기술은 자연현상과 주변의 생물 등을 관찰함으로써 발전해 왔으며, 현재도 서로 다른 영역의 기술과 개념을 소화시켜 한계를 극복하고 한 단계 더 나아갈 수 있는 길을 제시하고 있다.

IT 기술이 중심이 되어 다른 산업과 융합을 시도하는 것은 디지털 또는 스마트시대라는 명칭에서 보듯 사회의 모든 시스템이 IT 기술에 기반을 두고 구축되어 있으며 특히 네트워크와 SNS는 존재하지 않는 가상세계와 현실세계를 연결하는 중요한 역할을 하기 때문에 IT 기술의 융합은 과학의 발달이 아닌 문화의 변화 측면에서 이해해야 한다. 즉, 이런 식의 융합을 통해 사회구조와 체계 및 생활방식이 바뀌고 이것을 통해 사람들의 인식이 바뀜은 물론 새로운 욕구에 의한 혁신적이고 창조적인 기술을 필요로 하게 되는 것이다.

예를 들어, 미국의 스마트폰 3분기 시장현황을 살펴보면 43%의 스마트폰 시장 중 애플의 아이폰iPhone이 28%, 블랙베리Blackberry가 18%, 안드로이드Android가 43%, 윈도우 모바일Windows Mobile이 7%를 기록하고 있다.

제조업체 중 1등은 애플이며, 운영체제로는 iSO가 안드로이드에 이어 2등이다. 닐슨은 소매유통조사 및 소비자마케팅, 패널, 미디어조사, 리서치 등 시장조사업체로 전 세계 80여 개국 이상의 나라에서 업무를 수행하고 있다. 그들에 따르면 스마트폰 사용자 중 62%가 25~34세이다. 닐슨조사회사의 미국 스마트폰 점유율 분포도는 **그림 2-3**과 같다. 이를 통해 알 수 있듯 미래사회는 융합과 통섭을 뛰어넘는 새로운 기술을 필요로 할 것이다.

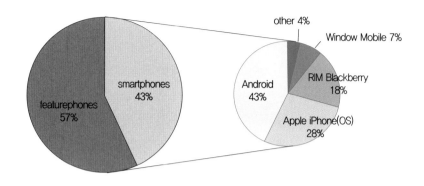

그림 2-3 미국 스마트폰 점유율 분포

자료: 닐슨(2011). 미국 스마트폰 점유율 및 연령별 분포.

4 융합의 학문적 관점

융합의 학문적 의미를 살펴보려면 일본의 고다마(Kodama, 1995)가 최초로 언급한 기술
융합technology fusion이라는 용어를 알아볼 필요가 있다. 그는 기술혁신에는 두 가지가
있는데 하나는 기존 기술의 혁신breakthrough이고, 다른 하나는 여러 기술의 혁신이 동
시에 일어나면서 융합fusion하는 것이라고 주장했다.

1) 기술혁신적 관점

고다마Kodama는 융합형 기술혁신이 점점 더 많은 비중을 차지한다고 주장하였다. 그
는 기계기술과 전자기술의 융합으로부터 생성된 수많은 메카트로닉스mechatronics 제품
을 통해 이러한 인식을 갖게 되었다.

2) 기술융합적 관점

고다마보다 앞서 로젠버그Rosenberg, 1963는 기술융합technological convergence이란 용어

를 사용하였다. 그는 기술융합을 다양한 산업이 각자의 기술적 문제를 해결하는 과정에서 일어나는 '공동기술혁신현상'이라 정의하였다. 산업에서 융합convergence이란 단어를 최초로 사용한 기업은 월드뱅크World Bank이다.

월드뱅크의 본드Bond, 1997는 디지털정보혁명에 의해 가격은 급격히 떨어지고 컴퓨팅의 파워가 기하급수적으로 늘어나면서 과거의 아날로그적인 통신 IT, 미디어 산업이 '0'과 '1'이라는 비트bit 산업으로 융합되어, 그 결과 음성voice, 이미지image, 비디오video, 컴퓨터 데이터가 바이너리binary 형태로 융합되고 있다고 하면서, 이러한 융합을 통해 정보인프라산업이 변화될 것이라 예측하였다(Bond, James & Suzanne Smith, 1997).

5 융합시대의 패러다임

융합의 패러다임은 현상에 대한 보다 좋은 이해와 설명을 가능하게 한다. 그리고 현상에 접근하는 구체적인 탐색방법을 제안하며 많은 설명을 제공받지 않고도 대상에 대한 추론과 이해를 할 수 있게 한다. 예를 들어, 마음을 컴퓨터로 유추하면 우리는 많은 내용을 일일이 설명하지 않고도 컴퓨터의 특성과 관련지어 마음의 특성을 이해할 수 있게 된다.

패러다임이란 마음을 연구하는 학문에만 존재하지 않는다. 원자·분자를 다루는 물리학에도 패러다임은 있다. 그 틀 frame은 뉴턴의 역학에서부터 아인슈타인의 상대성원리까지 계속해서 변화·발전하고 있다. 이 밖에도 생물학, 기상학, 의학 등 여러 과학분야에도 패러다임이 존재한다(이정모, 2012).

패러다임은 콘텐츠 부문에서도 변화를 촉진시키고 있다. 융합콘텐츠는 미디어를 활용하여 재창출된 다양한 내용물로서의 양방향성을 가지며 개인이 정보이용자이면서 동시에 정보제공자가 되기도 한다. 또한 정보의 습득과정이 비순차적이기 때문에 시공간의 제약 없이 업데이트가 가능하고 해당 비용이 저렴하다는 특징이 있다. 이러한 추세는 미디어 간 융합과 함께 이에 대응하는 미디어-콘텐츠 간 융합으로 진전될 것으로 전망된다.

1) 융합의 패러다임

미국의 과학사학자이자 과학철학자인 토마스 쿤 Thomas Kuhn, 1922~1996은 《과학혁명의 구조 The Structure of Scientific Revolutions》(1962)를 통해 과학혁명과 정상과학, 그리고 패러다임 paradigm[9]이라는 개념을 선보였다. 그는 패러다임을 한 시대의 사회 전체가 공유하는 이론이나 방법, 문제의식 등의 체계라고 말했다. 또한 패러다임은 절대적 진리가 아닌, 시대의 변화에 따라 변화할 수 있는 가치기준이며, 이러한 패러다임의 근본적 변화과정이 바로 과학혁명의 과정이라는 것이다. 하지만 이는 단지 과학혁명에만 해당하는 말은 아니다. 모두가 천동설을 믿을 때 코페르니쿠스가 지동설을 주장함으로써 패러다임의 전환을 이끌었듯, 프랑스의 시민혁명은 정치권력이 자본계급과 대중에게로 넘어가는 사회구조의 패러다임 전환을 촉발했다. 마찬가지로 미국의 남북전쟁, 산업혁명 등은 모두 기술과 사회적 패러다임 전환의 예라고 할 수 있다.

이 시대의 패러다임을 현재로서는 융합이라고 말할 수 있으며, 이러한 패러다임을 이끄는 것은 인터넷과 모바일과 같은 IT 기술이다. 물론 이전에도 융합 혹은 통합이나 통섭, 하이브리드, 퓨전, 크로스오버, 매시업, 복합 등과 같은 무수히 많은 유사개념이 우리 곁에 있었다. 이들은 약간씩 다른 뜻으로 혹은 완전히 동일한 의미로 서로 다른 분야에 사용되었다. 다음 표 2-1은 융합 및 유사개념의 의미를 나타낸 것이다.

지금 이 시점에서 융합이 하나의 패러다임으로 떠오르는 이유는 IT 기술의 발전, 이를 통한 초연결 hyperconnectivity시대의 개막이 정보와 정보, 사람과 사람, 그리고 정보와 사람 간의 연결을 통해 개방과 공유라는 가치의 비중이 높아지고 있기 때문이다.

산업혁명 이후 과학과 기술, 문화의 급격한 발전은 전문가의 시대, 다이버전스 divergence의 시대를 여는 계기가 되었다. 세분화되고 복잡해진 학문과 기술은 예전과 같이 한 사람의 천재가 다방면에 걸친 업적을 쌓는 것이 거의 불가능한 상황을 만들고 있으며, 이러한 경향은 최근까지 계속되고 있다. 하지만 각각의 분야별로 개별적인 방향의 발전은 사람들의 사고를 자신의 영역에만 한정시키게 하는 제한을 가져왔다.

이러한 특정 분야에 치우친 발전양상은 현실문제의 복잡성이 증가하고, 기업 및 국

---

9 과학에서 기본이 되는 이론과 법칙, 기본적 법칙을 다양한 상황에 적용하는 표준적인 방법, 도구적인 기술, 형이상학적인 원리, 이론의 선택, 평가, 비판과 관계된 원리 등의 총체, 특정 공동체의 구성원들이 공유하고 있는 신념, 가치, 기술 등의 총체를 지칭하는 개념이다.

표 2-1 융합 및 유사개념의 의미

구분	의미
융합	서로 다른 개념들이 하나로 합쳐져 새로운 개념을 만들어 내는 것
통합	서로 다른 개념들을 합쳐 단순화하는 것
통섭	자연과학과 인문학의 통합을 통한 지식의 통합
하이브리드	서로 상반된 두 개 이상의 개념을 합친 것
크로스오버	하나의 분야에 다른 분야의 개념을 교차시킨 것으로 주로 음악분야에서 사용하는 것
퓨전	서로 다른 개념을 합쳐 새로운 개념을 만들어 내는 것으로 주로 요리나 음악분야에서 사용하는 것
매시업	서로 다른 요소를 연결하여 새로운 것을 만들어 내는 것으로 주로 인터넷 서비스분야에서 사용하는 것
복합	여러 가지 기능을 하나로 합쳐 다기능을 제공하는 것

자료: E-저널(http://www.e-journal.co.kr).

가 간 경쟁이 심화되고, 기술의 발전이 한계에 다다르면서 사람들은 새로운 돌파구를 찾아 나서고 있다. 이에 대한 해결책으로 등장한 것이 바로 융합이다. 이제 융합은 창의성의 발현을 위한 기반이자 문제해결을 위한 돌파구의 역할을 하며 기술과 문화, 사회, 경영에서 가치를 더한다. 융합이 다른 학문이나 기술과 다른 특징 중 하나는 목표가 아닌 목표를 향해 나가기 위한 방법론이라는 점이다. 융합을 추진하는 데 있어 중요한 것은 융합을 이루기 위한 기본적인 요소들을 갖추고, 융합의 기본 방향이 진화가능성evolvability을 높일 수 있도록 유연성을 확보하는 일이다.

융합을 추진하기 위해서는 적극적인 통제보다는 방향성만을 제시하고 다양한 사람들과 요소들의 참여를 이끌 수 있는 방법을 마련하는 것이 유리하다. 보다 개방된 환경과 열린 구조, 그리고 창의성을 북돋울 수 있는 환경의 구성이 융합을 위한 가장 기본적인 필수요소라는 점을 명심하고 융합이 가져오는 새로운 패러다임에 대비해야 한다.

2) 융합에 대한 오해

우리 사회·산업계·학계 모두에서 융합이 화두이지만, 융합에 대한 잘못된 이해나 오해가 만연한 것도 사실이다. 그러한 오해는 다음과 같이 몇 가지로 정리할 수 있다.

첫째, 흔히 융합을 혼합이라고 생각하면서 단순한 합침 혹은 물리적 결합으로 간주하는 경향이다. 융합은 단순한 통합을 넘어서 유기적 화학결합을 통해 기존에 없던 가치를 창출하는 것이다. 최근 대학에서는 융합학과를 새로이 만들면서 서로 다른 학과의 교수들은 차출하고 있다. 중요한 것은 서로 다른 배경의 교수들의 학과 소속을 물리적으로 옮기는 것보다 행정적 소속에 관계없이 실제로 어떤 융합연구를 수행하느냐의 문제다. 다시 말해 융합은 형식적 형태가 아니라 의미 있는 솔루션solution을 만드는 것이다. 즉, 형식의 문제인 신택스syntax(구조)가 아니라 의미 있는 시맨틱semantic(의미론적)의 문제인 것이다. 흔히 물리적 결합 자체를 목적이라고 생각하는 경향이 있는데, 융합은 일정한 상태가 아니라 과정이다. 융합은 그 자체로 의미가 있다기보다는 특정 문제의 효과적 해결을 위한 하나의 방법론이다. 융합을 바라보는 흔한 시각에는 수단과 목적이 전도된 경향이 있다.

둘째, 융합의 현실적 문제에 대한 무지이다. 융합이 정치·사회·경제·문화의 화두로 떠오르면서 이것의 중요성에 대한 공감대가 널리 형성되어 있다. 그러나 융합의 당위성이 널리 알려진 것과 반대로 실제로는 융합을 어떻게 하는지, 어떤 과정과 경로를 통해서 하는지, 또 그러한 과정의 결과를 사회에서 어떻게 활용하는지에 대한 문제에 명쾌한 답을 내리지 못하고 있다. 모두는 융합에 대한 낭만주의적 담론과 그것이 가져다줄 장밋빛 전망에 취해 있는 것 같다. 따라서 융합에 대한 수사학적 미사여구보다는 융합의 핵심사안에 대한 전략적이고 현실적인 계획이 중요하다.

셋째, 융합을 잡다한 것의 합으로 여겨 전문영역이나 전문지식을 경시하는 것이라고 생각하는 경향이다. 융합학과를 졸업한 학생들은 입사 후 어떠한 부서에 배치받아야 하는지를 알기 어렵다. 이상적 융합은 전문영역 없이 여러 분야에 관해 잡다하게 아는 것이 아니라, 자신의 전문영역을 갖고 그것과 다른 분야와 연결고리를 창의적으로 찾아내는 것이다. 흔히 T자형 인재라 표현되는 융합인재는 자신의 전문 영역을 중심으로 다른 분야를 넓게 섭렵하면서 새로운 블루오션을 개척하는 사람이다. 이렇듯 전문성과 통섭성을 혼동하는 것은 융합을 전문성과 상대적인 개념으로 오해하기 때문이다. 융합과 전문성은 동시에 이루어져야 한다. 물론 이것이 한 분야를 잘하는 전문가와 융합연구를 잘하는 사람이 각각 필요하다는 뜻은 아니다. 융합과 전문성은 각 개인이 확보해야 하는 문제이기는 하나 융합연구를 하는 그룹 전체의 확보 역시 중요하다. 누가 융합을 해야 하는지를 해결했다면, 융합을 왜 해야 하는지에 대한 이해와 공감이 필요하다.

복잡한 현대사회의 문제를 해결하려면 문제와 관련된 전문성이 필요하다. 지식의 융합을 통해 전문성을 찾고 창의성을 확보해야 한다. 따로 떨어져 있던 지식과 경험이 만날 때, 서로를 연관시키는 창의성이 발휘되고 문제를 보는 새로운 시각이 펼쳐진다. 융합에서 풀어야 할 문제는 한 가지 유형이 아니다. 여러 분야의 사람이 힘을 합쳐야 하는 것은 맞으나, 문제에 대한 답을 당장 찾기보다는 문제에 대한 전반적인 지식수준을 높여야 하는 경우도 있다. 여러 분야의 사람들이 합심하여 연구하는 가운데 확보된 지식이 여태껏 존재하지 않았던 새로운 학문이나 응용의 가능성을 여는 경우도 있다(신동희, 2014).

6 융합의 사례

- **사례 1**: 현재 주변에서 찾을 수 있는 융합의 대표적인 예는 스마트폰이다. 스마트폰은 컴퓨터와 휴대폰의 결합, 각종 센서와 카메라 등을 통합하여 역사상 가장 대중적이고 파괴적인 혁신의 아이콘이 되었다. 스마트폰은 사람들의 사고방식, 문화, 삶의 형태, 기술과 경영·경제에까지 커다란 족적을 남긴 융합의 대표적 사례이다.

- **사례 2**: 최근 트렌드로 떠오르는 해커빌리티hackability 역시 이러한 융합을 이끌어내는 방법의 예이다. 해커빌리티는 상품을 개조하고 다양한 용도로 활용할 수 있도록 개방성을 강조한 디자인방식을 일컫는다. 이를 통해 상품의 구매자, 혹은 서드파티업체들이 마음대로 제품을 개조하여 새로운 상품으로 탄생시키거나, 혹은 관련된 애드온 등을 판매할 수 있는 방법을 제공한다. 예를 들어, 오우야OUYA는 안드로이드 기반의 게임콘솔이지만, 이를 사용자나 서드파티업체가 마음대로 개조하여 원하는 형태로 재창조할 수 있도록 되어 있다. 융합을 위해 새로운 조합을 시도할 수 있는 플랫폼을 제공하는 것이다.

- **사례 3**: 아이팟iPod은 아이튠즈iTunes의 음원서비스, 아이폰iPhone은 앱스토어App store와 스마트폰, 아이패드iPad는 미디어태블릿 PC와 퍼스널 클라우드의 시장 활성화를 촉발하고 있다. 융합의 현재진행형은 바로 매시업mash-up이다. 매시업은 인터넷상에서 제공되는 다양한 서비스와 기능을 합쳐서 새로운 서비스 또는 응용한 것으로 만드는 것을 의미한다. 원래는 이 용어는 힙합의 용어로 여러 음악을 섞어 리믹스하는 테크닉을 뜻한다. 이러한 결합 혹은 통합은 진정한 메타트렌드

metatrends 중 하나이다. 매시업은 시간의 흐름에 따라 조금씩 달라지는 양상을 보인다. 오늘날 이러한 현상은 기술, 디자인, 라이프스타일 등 수많은 분야에서 지속적으로 이루어지고 있다.

융합사회의 전망

세계가 점점 다극화 · 다원화되면서 융합사회의 진전이 전망되고 있다. 정보통신기술의 발달에 따라 자유무역협정FTA의 체결이 증가하는 등 글로벌 경제시대를 맞이하여 우리 사회 역시 융합을 향해 나아가야 할 것이다.

국가별 주력산업이 차별화되고 근로자의 노동 이동이 증대하면서 노동시장의 구조적인 형태가 변하고 있다. 이로 인해 국제적 상호의존성이 증대하여 본격적인 글로벌 거버넌스global governance가 제기되고 있으므로 정보통신기술의 발달 및 세계화를 인식해야 할 것이다.

최근 자유무역협정의 추세에 의하여 세계시장의 융합을 여러 측면에서 확연하게 알 수 있다. 이를 통해 세계는 점진적으로 궁극적인 하나의 거대시장으로 수렴해야 될 것을 예측할 수 있다.

지식의 융합현상은 다양한 방면에서 논의되어 왔다. 초기의 논의가 주로 기술과 시장, 제도에서 나타나는 융합현상에 초점을 맞추었다면, 최근의 논의는 경계의 소멸현상과 플랫폼을 넘나드는 콘텐츠에 주목하고 있다. 이처럼 융합에 대한 주된 논의는 산업, 기술, 서비스 측면에서 접근하는 것이다. 그러나 융합은 과거 IT가 그랬던 것처럼 우리 생활 전반에 걸친 변화의 주된 기반이 될 것이다. 이러한 시각에 가장 근접한 정의는 젠킨스(Jenkins, 2001)의 것으로, 그는 융합을 '다양한 미디어의 기능들이 하나의 기기에 융합되는 기술적 과정일 뿐만 아니라 소비자로 하여금 새로운 정보를 찾아내고 서로 흩어진 미디어 콘텐츠 간의 연결을 만들어내도록 촉진하는 문화적 변화'라고 이용자의 측면에서 정의했다. 융합이 단순히 기술적 변화가 아니라 기술, 산업, 시장, 수용자, 나아가 장르 간의 상호관계에 영향을 주며, 그 자체가 최종의 목표점이 아니라 과정이라고 주장한 것이다.

정보통신정책연구원은 디지털컨버전스 기반 미래연구를 수행하면서 융합에 대한 기존의 기술적·기능적 정의가 우리의 의식세계 및 정치, 경제, 사회, 문화 전반의 변화상을 담기에 한계가 있음을 지적하고 융합의 개념에 대한 확장된 이해에 기반한 새로운 개념체계를 제시하였다. '디지털컨버전스의 개념체계'는 아래 그림과 같이 ① 디지털컨버전스에 대한 공통의 이해를 정리한 '기저적 정의', ② 정치·경제·사회·문화의 영역별 특성을 반영한 '영역별 정의', ③ 인식론·존재론적 의미를 정리한 '철학적 정의'가 유기적으로 연결된 피라미드 형태이다.

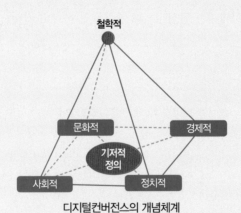

디지털컨버전스의 개념체계

기저적 정의는 융합을 '디지털기술로 인한 미디어 환경과 소통양식의 변화로 정보·콘텐츠가 다른 영역을 넘나들어 부문 간 경계가 약화됨으로써, 기존의 이질적 요소들이 모이고(수렴), 섞이고(혼합), 바뀌고(변형), 나뉘고(분화), 거듭나거나(재구성) 새로운 것으로 태어나는(창발) 현상'으로 본다.

▶계속

철학적 정의는 융합을 '존재하는 모든 것들이 디지털로 수렴됨으로 인해 사물·인간·생명, 그리고 가상과 현실이 기존의 존재론적 경계를 상실하고 상호침투하고 혼합되거나 창발하는 현상'으로 존재의 관점에서 포괄적으로 정리한다. 기저적 정의와 철학적 정의가 보다 넓은 의미에서 융합을 정의한다면, 정치·경제·사회·문화의 개별영역에서는 각 영역에 부합하도록 융합을 이해한다. 사회영역에서는 융합을 소통에 주목하여 '디지털기술에 기반한 탈(脫)제약적 의사소통으로 미시적 인간관계에서 거시적 사회구조, 외적 생활환경에서 내적의식세계, 실제 현실에서 가상세계에 이르는 사회적 행위공간 전역에서 복합적으로 전개되는 일련의 이합집산적 현상'으로 이해한다.

이러한 사회문화적 관점에서 융합의 개념을 정의하는 것은 융합기술을 단순히 기술 자체의 발전논리에 국한된 문제로 인식하여 도구적 차원에서 접근하는 것이 아니라, 한 사회의 성격을 규정하고 변화를 이끌 수 있는 사회적 차원의 기술 변화로 이해하기에 적합하기 때문이다.

자료: 정보통신정책연구원(2009). 융합미디어를 활용한 공공-민간 상호작용 확대방안연구.

▶ 융합의 개념에 대해서 생각해 보고 자기의 의견을 제시해 보자.
▶ 융합의 사례를 사회 각 분야에서 찾아 보자.

Chapter ❸

통섭의 **이해**

20세기의 아날로그 매스미디어시대에 이어 21세기에는 다양한 미디어가 공존하는 통섭(consilience)이 화두이다. 사회생물학자 에드워드 윌슨(Edward Wilson, 1929~)이 주장했던 '통섭'이라는 용어가 유행하고 있다. 세계가 인문학과 과학이 만나는 것의 필요성을 절감하고 있는 것이다. 오늘날에는 인문학과 과학, 사회과학과 자연과학 사이에 일어나는 어느 정도의 융합적 통섭이 강조되고 있다.

1 개념적 정의

통섭consilience, 統攝이란 서로 다른 요소와 지식이 모여 새로운 단위로 거듭나는 것을 의미한다. 사회생물학자 에드워드 윌슨이 부활시키고 1840년에 윌리엄 휘웰William Whewell, 1794~1866이 주장한 통섭의 개념은 라틴어 'consiliere'에서 유래되었을 것으로 추측된다. 여기서 'con'은 영어로 'with', 즉 '함께'라는 뜻을 갖는다. 'salire'는 'to leap', 즉 '뛰어오르다' 또는 '뛰어넘다'라는 뜻을 지닌다. 'consilience'는 한마디로 'jumping together', 즉 '더불어 넘나듦'이라고 정의할 수 있다. 휘웰은 우리에게 과학자scientist라는 용어를 선사한 사람이기도 하다.

통섭은 나라마다 다르게 번역된다. 일본에서는 통합, 대만에서는 융통, 중국에서는 융통, 일치성, 계합이라고 번역된다. 우리나라는 이를 통섭으로 번역하여 '큰 줄기를 잡는다.'는 의미를 부여하면서 '사물에 널리 통하는 원리로 학문의 큰 줄기를 잡다.'라는 의미에서 'consilience' 개념을 사용한 윌슨 교수의 본래 의도와도 부합한다. 그러나 우리는 통섭의 '통'에 담긴 '큰 줄기'와 '실마리'라는 뜻을 동시에 강조하여 '섭'의 의미를 '쥐다', '잡다'라는 뜻보다는 '끌어당기다'라고 해석하여 '여러 실마리들을 함께 끌어당겨 큰 줄기를 이루다'라는 의미로 재해석한다. 이러한 해석은 윌슨의 환원주의적 통섭

reductive consilience보다는 여러 갈래의 지류가 모여 큰 강을 이룬다는 휘웰의 가법적 통섭addictive consilience과 더욱 가까운 개념이다.

휘웰이 주장한 통섭의 개념은 비환원주의적이고 합류점마다 이른바 창발성의 가능성을 열어놓은 것이 장점이나 실은 비겁하게 뭉뚱그리는 개념에 지나지 않는다고 비판받기도 한다. 하지만 우리는 휘웰이 주장한 통섭의 개념이 오늘날의 복잡한 과학의 관점에 더욱 부합한다고 본다. 환원주의와 통섭은 태생적으로 상반되는 개념이다. 따라서 모든 통섭적 연구는 다환원주의적으로 이루어질 수 없다. 휘웰은 '강의 비유'를 '돌아오지 않는 강'이라는 의미에서 거부하고, 대신 '나무의 비유'를 들어 뿌리와 가지를 연결하는 줄기가 통섭의 현장이라고 주장한다. 줄기를 타고 오르락내리락 하는 물관과 체관은 '돌아오지 않는 강'이 아니라 상호영향적이므로 분석과 종합을 모두 포괄하는 통섭에 적합한 비유라는 것이다(최재천, 2008).

 ## 2 통섭의 발생동기

현 시대가 요구하는 통섭을 위해서는 각종 지식의 통합을 조화롭게 융화시킬 수 있는 창조적 사고가 필요하다. 실제로 통섭은 '1+1=2'란 융합적 관념에서 탈피하여 무한한 가능성을 보여 준다. 우리나라 역시 통섭에 주목하기 시작하면서 창의적인 인재 육성을 위해 대학에서도 관련 내용을 가르치게 되었다. 통섭을 전제로 한 학문에는 식품생명공학이 있다. 식품생명공학은 식품산업의 하이테크화는 물론 의약·약학·분자생물학 등 생명과학을 접목한 것이다.

통섭은 우주의 본질적 질서를 논리적 성찰을 통해 이해하고자 하는 고대 그리스 사상에 뿌리를 두고 있다. 자연과학과 인문학의 두 가지 관점은 그리스시대에는 하나였으나, 르네상스시대 이후부터 점차 분화되어 현재에 이르렀다. 그리하여 오늘날 통섭 이론의 연구 방향은 전체를 각각의 부분으로 나누어 연구하는 환원주의로 발전하였다.

통섭의 배경

　현대적 관점으로 볼 때 통섭을 요하는 지식연구분야는 모두 무언가를 이해하고자 하는 학문들이다. 원자물리학은 화학과 관계성이 높으며, 화학은 생물학과 관련이 깊고, 물리학을 공부하기 위해서는 신경과학이나 사회학·경제학을 이해해야 한다. 이와 같이 다양한 학문의 연구는 각 분야를 넘나들며 이루어져 왔다.

　통섭이라는 용어는 20세기 말까지는 널리 알려지지 않았으나 1840년 영국의 자연철학자 휘웰Whewell이 《귀납적 과학The Philosophy of the Inductive Sciences》에서 처음 소개하면서 알려지게 되었다. 이것은 '지식의 통합'이라고도 불리며 자연과학과 인문학을 연결하는 통합학문이론으로 우주의 본질적 질서를 논리적 성찰을 통해 이해하고자 했던 고대 그리스의 사상에서 그 근원을 찾을 수 있다. 즉 설명의 공통기반을 만들기 위해 분야를 가로지르는 사실들과 사실에 기반한 이론을 연결함으로써 지식을 통합했던 것이다. 그는 "통섭의 귀납적 결론은 사실들로 이루어진 하나의 분야를 통한 결론에 의해 얻어진 귀납적 결론이 또 다른 분야에 의해 얻어진 결과와 일치할 때 얻을 수 있다. 그러므로 통섭은 어떤 것에 대해 발생한 사실을 해석하는 이론들을 검증하는 것을 말한다."라고 하였다. 여기서 귀납적 결론이란 과학적 방법론을 통해야 통섭으로 받아들일 수 있다는 의미이다.

　그 후 에드워드 윌슨Edward Wilson, 1929~[10]은 《통섭, 지식의 대통합Consilience, The Unity of Knowledge》(1998)을 통해 과학과 인문학, 예술은 하나의 공통된 목적을 갖고 있다고 주장하면서 통섭이 다시 알려지기 시작했다. 그는 《사회생물학》(1975)을 저술한 인본주의적 생물학자로 인문학과 자연과학 사이의 간격을 메우고자 노력하고 있다. 이러한 내용은 스노우의 《두 문화와 과학혁명》(1959)에서도 다룬 바 있다. 윌슨은 과학과 인문학, 예술이 사실 하나의 공통된 목적을 갖고 있다고 말한다. 그것은 분리된 각 학문의 세세한 부분을 체계화시키는 데에만 목적을 두지 않는다. 모든 탐구자에게 보여지는 상태뿐만이 아니라 깊이 숨겨진 세상의 질서를 발견하고 그것을 간단한 자연의 법칙들

10　개미에 관한 연구로 앨라배마대학교에서 생물학 학사 및 석사 학위를 받고, 하버드대학교에서 생물학 박사 학위를 받은 개미 연구의 세계적인 권위자. 20여 권의 과학 명저를 저술한 과학저술가로서 《인간 본성에 대하여(On Human Nature)》와 《개미(The Ants)》로 퓰리처상을 받았다.

로 설명하고자 하는 시도이다. 이러한 점에서는 반대방향으로 연구하지만 오히려 환원주의에서 추구하는 것과 유사한 점을 발견할 수 있다.

국내에서는 윌슨Wilson의 제자인 최재천 교수가 이 연구에 몰입하고 있다. 그는 통섭을 한마디로 "다양한 학문분야들을 가로지르며 사실과 그 사실에 기초한 이론들을 한데 묶어 공통된 하나의 설명체계를 이끌어내는 것"이라 주장했다. 또한 인재의 중요성을 언급하며 "문·이과의 장벽을 허물고 폭넓게 학문을 섭렵할 수 있도록 교육을 개혁해야 하며, 21세기 학문 중 어느 것도 다른 학문의 도움 없이는 홀로 존재할 수 없으며 지식의 통섭으로 학문 간 좋은 담을 만들어 상호교류와 융합을 이어나가야 한다(전북일보, 전북환경운동연합, 2011)."라고 말했다. 이외에도 원래 윌슨의 개념은 인문학이 자연과학에 흡수되는 통합을 의미한 것이라고 비판하였다.

결국 통섭은 두 학문의 만남으로 시너지효과를 내는 것이다. 이러한 사례는 정보학과 경제학의 결합에서도 찾아볼 수 있다. 경제는 데이터를 다루는 학문이다. 데이터를 구체화·세분화할수록 연구결과는 극대화된다. 정보화시대에 '인터넷 쇼핑몰'은 데이터 활용을 효과적으로 할 수 있다는 점에서 경제활동을 하기에 가장 훌륭한 시장이다. 쇼핑몰 운영회사는 회원들의 검색어를 분석하여 그들의 행동패턴을 파악하고, 마케팅과 프로모션에 이용하게 된다.

통섭은 학문과 학문이 융합하는 것을 넘어 실생활 곳곳에 스며들어 작용하고 있다. 통섭이란 거대한 나무기둥은 상상력을 원천으로 하여 다른 모든 나뭇가지를 지탱하면서 성장 중이다.

 4 통섭의 학문적 관점

1) 인류학적 관점

피터 갤리슨Peter Galison의 트레이딩존trading zone 이론을 살펴보면 인문학과 과학기술 간에도 통섭은 이루어졌다. 남태평양에 사는 서로 다른 언어 사용자들이 모여 교역을 시작할 때, 처음에 그들은 손짓 발짓으로 의사소통을 하다가 이러한 손짓 발짓을 몇 가지로 분류하여 새로운 언어를 탄생시켰다. 이처럼 통섭에는 어떠한 프로세스가 필요하다.

2) 예술적 관점

예술은 앞선 감각이며 기술은 감각을 연장시키는 데 필요하다. 기술융합에서 중요한 것은 수요자의 입장에서 어떻게 감각을 미리 생성할 것이냐 하는 문제이다. 이를 위해서는 오감과 관련된 상상력을 구축해야 한다. 최근 경영자들이 예술이나 인문학 등 인접학문에 관심을 갖는 이유는 이들을 창의성의 원천으로 여기기 때문이다. 또한 세상이 복잡해지면서 개인이나 개별 학문이 문제를 해결할 수 없다고 생각하기 때문이다. 예술은 본질을 보며 자신의 생각과 감정을 표현하고 종합적으로 보는 능력을 키워 주므로 경영자들은 지식의 과잉상태에서 예술을 통해 자신만의 표현력과 통찰력을 기르고자 이에 관심을 갖는 경향이 있다.

예술적 측면에서 창의성·감각성·감수성(감성)의 원천과 인문학에서 사회성·문화성·심리성의 원천을 빌려와 과학기술과 융·복합하고 통섭할 때 비로소 감각과 기능이 만나는 기능성 감각의 융합제품(예: 스마트폰)을 창조할 수 있다. 따라서 예술·인문학·과학기술 간의 통섭을 원활하게 유도할 수 있는 제도적·학문적 시스템의 개발과 지원이 필요하다. 또한 예술의 속성을 산업에 적용하고arts to technology, 산업의 기술을 예술에 적용하여technology to arts 융·복합 및 통섭할 수 있는 융합기술정책과 프로그램의 개발이 절실하게 요구된다. 이들을 바탕으로 하면 우리 사회가 새로운 성장동력 산업을 창출할 수 있을 것이다(한국산업기술진흥원, 2010).

3) 학문적 관점

학문 간 통섭의 시대적 배경을 살펴보면 통섭을 통한 신학문의 대두가 사실 지난 몇백년간 학문 세계에서 진행되었음을 알 수 있다. 《국부론》(1776)의 저자 애덤 스미스Adam Smith는 자연과학의 방법론과 도덕철학의 인간 이해 등을 통합해서 근대적 정치경제학의 출발점이 된 융합적 방법의 새 학문을 등장시켰다.

4) 철학적 관점

철학자 존 로크John Locke도 자연과학과 철학의 융합을 통해 근대 정치학의 초석을 내놓았다. 토마스 홉스Thomas Hobbes의 정치학 역시 기하학적 방법과 국가통치학을 융합한 이론이다. 나름대로 통섭을 실천했던 뉴턴은 과학자이자 철학자였으며, 데카르트는 철학자이자 과학자, 수학자였다. 웬델 베리Wendell Berry는 그의 책《삶은 기적이다 Life is a Miracle》에서 윌슨의 책《통섭》이 기계적 환원주의에 근거하여 세계를 파악하는 오류를 범했다고 지적했다(최재천, 2011). 우리는 이처럼 다양한 학문의 역사 속에서 통섭형 인재를 살펴볼 수 있다.

통섭형 인재 중 대표격으로는 우리가 잘 알고 있는 예술가 레오나르도 다빈치를 꼽을 수 있다. 그는 예술가이자 인체의 비율을 탐구한 수학자였다. 그는 원근법과 자연으로 과학적인 접근을 시도하고, 신체의 해부학적 구조나 이에 따른 수학적 비율 등을 완성했다. 통섭과 관련된 대표적인 미술작품으로는 〈암굴의 성모〉, 〈모나리자〉가 있다. 그는 빛의 산란 현상을 이용해 대기원근법, 즉 스푸마토기법을 예술작품에 이용하였다. 이를 통해 〈암굴의 성모〉의 신비로움과 〈모나리자〉의 미묘한 표정을 표현했다.

그다음으로 기술과 인문을 통섭하여 테크놀로지의 혁신을 선도한 스티브 잡스Steve Jobs를 들 수 있다. 그는 아이맥iMac과 아이폰iPhone 등으로 기술 혁신을 선도했는데, 이

암굴의 성모

모나리자

그림 3-1 통섭과 관련된 미술작품

러한 과정에 과학기술과 인문학을 접목하였다. 명령어 없이 아이콘 클릭만으로 프로그램을 실행시킬 수 있는 그래픽사용자인터페이스GUI를 애플의 컴퓨터에서 선보인 것과 게임, 교육, 소셜네트워크 등 이용자가 원하는 애플리케이션을 다운받고 쓸 수 있도록 한 앱스토어App Store를 만든 점에서 그것을 알 수 있다.

한국의 통섭형 인재로는 조선시대 최고 실학자이자 개혁가인 다산 정약용이 있다. 그는 다양한 분야를 연구하여 이를 바탕으로 조선의 문제점과 나아갈 길을 제시했다. 대표적인 사례로는 도르래와 서양의 기술을 결합하여 거중기를 발명한 것을 들 수 있다. 거중기는 정약용이 왕명에 따라 독일인 선교사 슈레크Schreck가 지은 《기기도설》(1672)에 실린 그림을 보고 고안한 운반도구로, 밧줄과 도르래를 이용하여 물건을 들어올리는 기계이다. 그는 이러한 발명과 함께 화성 축조 시 서양기술을 적극적으로 수용하고 우리의 전통 축조기술까지 융합시켰다. 이렇게 지어진 화성은 유네스코의 세계문화유산으로 등재되는 등 한국건축사에서 가장 위대하고 창조적인 건축물로 평가받고 있다.

백성을 위하여 문자를 만든 세종대왕도 빠뜨릴 수 없는 한국의 통섭형 인재이다. 조선의 제4대 왕인 그는 수학, 음운학, 음악, 천문학 등 수많은 학문에 열정과 재능이 있었고 재위 기간 동안 국방과 과학, 경제, 예술, 문화 등 모든 분야에 훌륭한 업적을 남겼다. 그는 뛰어난 언어학자이자 과학자, 예술가였다. 이러한 점은 특히 한글 창제과정에서 잘 드러난다. 한글은 문자로 된 과학이다. 세종은 언어학, 천문과학, 음악, 수학, 역학, 그리고 인문학의 통섭과 융합과정을 통해 한글을 창제했다. 한글은 음율문자, 상형문자, 상징문자, 모아음절문자 등으로도 표현할 수 있다. 한글 창제는 다양한 학문분야를 이용한 통섭적 접근이 필요한 일이었다(아하경제, 2013. 10. 25).

지식경영의 대가인 노나카Nonaka와 태쿼치Takeuchi는 지식을 암묵지tacit knowledge와 형식지explicit knowledge로 나누고 지식의 통합 또는 통섭과정을 사회화 · 외부화 · 종합화 · 내면화라는 SECI 모델로 제안하면서 이들 지식이 나선형처럼 돌고 도는 과정이라고 **그림 3-2**와 같이 설명했다(차원용, 2009).

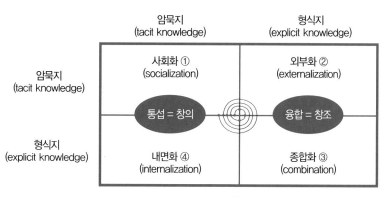

그림 3–2 통섭은 창의, 융합은 창조

자료: Nonaka & Takeuchi(1995). The Knowledge−Creating Company.

통섭시대의 패러다임

통섭은 4차원 두뇌의 생물학적 · 신경학적 · 시냅스적 지식에 의한 창의이고, 복합은 2차원 기능보강이며, 통합은 3차원의 기능연결이고, 융합은 3차원의 화학적 · 생물학적 창조라고 정리할 수 있다. 산업적 관점에서 보면 통섭은 지식의 창조로 이를 바탕으로 지식재산IP이 형성되고, 나아가 복합적인 제품과 서비스가 창출되며 그다음으로 통합적인 제품과 서비스가 창출되고 나아가 새로운 창조제품과 서비스가 창출되므로 통섭, 복합, 통합, 융합이라는 가치사슬과 가치제안이 형성된다. 예를 들어 휴대폰은 기능보강성의 복합제품에 해당되고, 하이브리드 3차원 반도체칩은 기능연결의 통합제품에 해당되며, 비빔밥은 융합제품에 해당된다. 따라서 산업 · 기술 · 제품과 서비스에 따라 복합전략을 사용할 것인지 통합전략을 사용할 것인지 융합전략을 사용할 것인지를 선택해야 한다. 이는 반드시 융합이 항상 좋은 것만은 아니라는 사실을 알려 준다. 고객의 니즈needs에 따른 복합, 통합, 융합의 균형전략이 중요한 것이다.

현대과학은 근대에서 현대로 넘어오면서 융합되기 시작하여 21세기에 본격적으로 학문 간 통합이 이루어졌다. 서로 다른 학문들 간에 공통법칙이 존재한다는 사실이 발견되어 학문 간 연계가 시작된 것이다. 이후 과학과 기술 간 융합으로 현대과학이 발달하

표 3-1 산업기술의 관점에서 보는 융·복합의 개념 및 가치제안

구분	통섭 (consilience)	복합 (compositeness)	통합 (integration)	융합 (convergence)
일반적 정의	새로운 지식의 창의	수평적 또는 수직적 기능 보강	수평적 또는 수직적 기능 연결	새로운 창조
지식의 표현	idea, creative	ABCD	A-B-C-D	A+B+C+D=a
과정 (process)	4D Brain's Biological, Neurological, Synaptic	2D Physical Addition to Horizontal to Vertical	3D Physical Connection to Horizontal to Vertical	3D Chemical, Biological, Syncretic, Fusion
학융연구 패턴	초 학문적 / 초 학제적 (transdisciplinary)	약한 다학문적 / 다학 제적 / 복수학제(weak multidisciplinary)	강한 다학문적 / 다학 제적 / 복수학제(strong multidisciplinary)	학제 간 / 학제적 / 학문 융합(interdisciplinary)
Open Inn. 패턴	집합지능/지성 (collective Intelligence)	C&D (Connect & Development)	A&D (Acquisition & Development)	M&A (Mergers & Acquisitions)
가치 제안	Low	L-Medium	H-Medium	High

자료: 차원용(2009).

여 새로운 학문이 등장하였다. 디지털 컴퓨터와 인공지능의 출현, 인지과학분야의 형성, 디지털문화의 급격한 성장, 마이크로와 나노수준의 물질세계연구, 이들은 유전자연구 및 생명과학, 로보틱스 등의 복잡한 이론과 함께 발전하여 융합을 거듭하였다. 그림 3-3은 통섭의 전략을 설명한 것이다.

이러한 추세는 세계 각국의 과학기술 정책을 변화시키고 과학재단의 변화를 불러왔다. 미국국립재단은 나노과학자들을 중심으로 미래 과학기술의 틀을 모색할 초기단계에서 융합의 개념에 도달하였다. 미국에서는 일차적으로 GRIN이라 하여 유전학 Genetic, 로보틱스 Robotics, 정보과학 Information Science, 나노공학 Nano technology의 틀을 제시하였다. 이후 2001년 말에는 유전학이 생명공학으로 그 범위를 확장하였고 로보틱스가 정보과학에 포함되었다. 그 후 인지과학이 추가되어 마침내 2002년에는 NBIC라고 불리며 나노공학 Nano technology, 생명공학 Biotechnology, 정보과학 Information Science, 인지과학 Cognitive Science으로 대표되는 융합과학기술의 틀이 완성되었다.

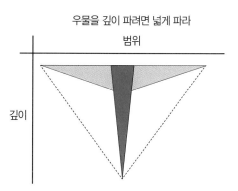

우물을 깊이 파려면 넓게 파라

그림 3-3 통섭의 전략

자료: 최재천(2012). 21세기를 위한 통섭형 인재.

 6 **통섭의 사례**

통섭의 사례는 우리 주변 곳곳에서 만나볼 수 있다. 결과적으로 통섭은 학문과 인간 사이의 윤활유 역할을 하는 복잡하고 어려운 다양한 인문학과 만나 외부효과를 경제적 유인으로 해결하고자 하는 것이다.

- **사례 1:** 하얼빈과 같이 추운 곳에서 눈꽃축제가 열리고, 모래사장에 멋진 빌딩들을 세운 두바이가 세계인이 가장 가고 싶은 도시로 꼽혔다. 불리한 기후 여건을 가진 도시를 이처럼 혁신적인 도시로 만들 수 있었던 것은 통섭의 힘이다.
- **사례 2:** 서울대학교에서는 음대와 미대 교수들이 공대로 옮기고, 의대 교수가 사회대 교수로 활동하는 등 통섭이 학문융합의 주요철학으로 받아들여지고 있다. 인문학과 과학의 만남의 필요성을 절감하고 있는 것이다. 이렇듯 최근에는 인문학과 과학, 사회과학과 자연과학 사이의 융합적 통섭의 강조되고 있다(신희철, 2008).
- **사례 3:** 2006년 3월의 〈타임〉 특집기사를 보면 "우리는 창의와 혁신이 극대화된 시대Age of greatest creativity and innovation에 살고 있다."는 내용이 나온다. 통섭을

체계적인 전략과 창의적 아이디어를 절묘하게 결합하는 광고업과 잘 들어맞는 개념이라고 여긴 것이다. 통섭은 서로 다르다고 치부하거나, 영향력이 없다고 판단했던 분야를 결합하여 새로운 아이디어와 창조물을 얻어내는 것을 의미한다. 미디어의 통섭 역시 마찬가지이다. 창조를 위한 도구에 불과했던 미디어는 그 자체로서 효과적인 창조의 방법이 되어 새로운 형식과 내용을 갖추어 소비자와의 접점을 재창조하고 있다.

통섭사회의 전망

초기에 융합이 국가 간의 물리적·하드웨어적 통합이었다면, 미래에는 미래화학적 융합을 기반으로 하는 생물학적 통섭의 시대가 될 것이다. 미래사회의 세계시장은 인적자원의 이동 증가에 따라 글로벌하게 심화되어 전진할 것이다.

휘웰의 나무에 관한 비유는 한 갈래에서 위아래로 계속해서 분화하는 하나의 몸통이 존재한다는 것을 의미한다. 강의 비유는 여러 지류들이 큰 강물과 더 넓은 바다를 거쳐 다시 그러나 처음과는 다른 지류로 되돌아 순환하는 흐름을 보여 준다는 것을 의미한다. 이를 통해 '차이와 반복'의 무궁무진한 진화과정을 알 수 있다는 것이다. 앞으로의 통섭사회에서는 기존 학문과 학문 사이의 경계를 허물고, 더욱 발전된 융합학문으로서 창조적인 혁신을 이루어내야 할 것이다.

신경정신학, 인지과학, 뇌과학, 진화심리학, 진화미학 등 학문 간 통섭은 이미 일어나고 있다. 이를 통해 새로운 신학문 연구의 가능성을 열어야 할 것이다.

학문분야에서는 '통섭(consilience)'이라는 개념이 새롭게 제기되고 있다. 통섭은 '서로 다른 현상들로부터 도출되는 귀납들이 서로 일치하거나 정연한 일관성을 보이는 상태'를 뜻한다. 사회생물학의 창시자 에드워드 윌슨이 자신의 책을 통해 주창한 개념이다. 윌슨은 퓰리처상을 두 번이나 받을 만큼 뛰어난 글쓰기 실력을 지녔던 과학자이다. 개미연구에서 시작된 그의 연구는 사회생물학을 탄생시켰고, 사회생물학에서 학문 간 연합이론을 연장하여 이 개념을 창안하였다. 그는 생물학을 비롯한 자연과학과 인문학, 나아가 사회과학, 윤리와 예술까지도 통합하려는 필요성을 느끼고 이를 이론화하였다. 윌슨의 '통섭'은 모든 지식을 총괄하자는 의미이다. 최재천 교수는 이를 '큰 줄기'라는 뜻의 통(統)과 '잡다'라는 뜻의 섭(攝)을 합쳐 통섭이라고 옮겨 소개했다.

국민의 정부, 참여정부를 거치면서 IT, BT, NT 등 6T 기술이 미래전략기술로 제기되고 있다. 최근에는 융합과 소통이라는 가치에 걸맞게 관계기술(RT; Relation Technology)의 필요성이 새롭게 제시되고 있다. 이어령 교수가 만든 RT는 '기술 위주로 발전하는 정보기술(IT)에 나와 너, 사람과 사람 등 문화, 인문학 등의 논리 위주의 관계기술(RT)이 접목되어야 한다.'는 점을 강조한다. 미래에는 관계기술(RT)이 NT, BT, IT만큼 힘을 발휘하게 될 것이다. 그리고 소설, 시, 디자인, 사회과학이 관계기술을 엮는 일을 하게 될 것이다.

자료: 과학기술정책연구원(2010). 미래 그린 휴머니즘 사회 도래와 대응전략.

▶ 과학기술과 인문사회 · 문화예술의 만남과 소통 · 융합의 사례를 찾아보고, 융합활동을 통해 과학문화의 저변을 확대하기 위한 방안을 생각해 보자.

Chapter ❹

주요국의 **융합**

융합은 시대적 요구를 충족시킬 만한 여러 대안 중 하나이지만 활용하는 방법과 분야에는 국가마다 차이가 날 수 있다. 각국이 보유한 기술력과 사회적 요구의 정도, 국민적 관심사, 국가적 정책이 다르기 때문이다. 산업혁명 이후 소위 '굴뚝산업'이라 불렸던 제조업 중심의 산업체제는 소비와 생산이라는 이원적 시장구조와 느림의 철학에 기반을 둔 아날로그시대를 중심으로 하였다. 대량생산, 값싼 물건, 정적인 관계 그리고 수직관계(상하복종관계) 중심의 사회구조는 21세기의 산업혁명이라 부를 수 있는 컴퓨터와 인터넷의 개발로 달라졌고 기존의 산업방식과 소비패턴 역시 양보다 질을 찾게 되었다. 우리는 빛의 속도로 정보를 주고받는 '정보의 시대'에 살고 있으며 '디지털시대'와 '스마트시대'를 맞이하고 있다. 국경과 문화를 뛰어넘는 치열한 경쟁시대에 살아남기 위한 각국의 노력은 기술력과 국가경쟁력을 향상에 초점을 맞추었다. 선진국들은 이러한 목적을 실현하기 위해 일찍부터 학문과 기업의 벽을 허물고 이론과 제조(produce)가 함께하는 산학협동교육과 미래의 주도산업을 이끌 과학기술 발전에 정책적 지원을 아끼지 않고 있다.

융합이 전 세계의 화두가 되었지만 주요국의 융합현상과 정책에는 다소 차이가 있다. 융합현상은 표준화되어 천편일률적으로 일어나는 것이 아니라 특정 맥락에 따라 달라지고 그에 따른 정책이나 전략 등도 다르다. 융합은 상대적이고 맥락적인 현상이다.

원시시대에 인류가 사용한 도구를 기준으로 구분된 지난 수천 년간의 인류 문명의 발달과정을 통해 알 수 있는 것과 같이, 과학기술은 인류의 발전에 그 어떤 요소보다 절대적 영향을 끼쳤다. 또한, 세계 각국의 무수한 역사가 증명하듯 과학기술력은 국가의 흥망성쇠를 좌우하며, 현재에도 국가경쟁력에 미치는 영향이 매우 크다. 전쟁 후 폐허가 되었던 독일과 일본을 지금의 선진국으로 끌어올린 원동력도 뛰어난 과학기술이었고, 우리나라가 지난 60여 년간 눈부신 경제성장을 통해 지금의 위치에 오르게 만든 것도 과학기술에 기반한 제조업의 기여였음을 누구도 부인하지 못할 것이다. 이와 같이 인류가 지구에서 문명을 발전시키고 사회를 이루며 살아온 이래, 사회의 필요성에 의하여 과학기술은 발전해 왔다. 과학기술의 발전은 반대로 사회를 변화시켜 왔다. 변화된 사회는 다시 새로운 과학기술의 혁신을 이끌고, 새로운 과학기술은 또 다시 사회를 바꾸어 놓는 상호관계가 수천 년간 반복되어 왔다.

이러한 과학기술의 중요성을 인식한 미국 등 주요 선진국들은 기초과학의 기반인 이공계교육과정을 혁신하고 경쟁력 있는 세계 수준의 대학 육성을 위하여 인력 양성분야에 예산을 집중적으로 투자하고 있다. 이러한 주요 국가들의 융합현황을 통해 융합의 진화과정을 살펴보자.

유럽

1) 필요성

유럽의 융합기술 연구는 초기 단계부터 신기술 융합의 긍정적 측면뿐만 아니라 부정적인 파급효과를 동시에 지적해 왔다. 융합기술은 생산적이면서 동시에 기술의 한계나 염려 등 위험성을 내포하므로 발전에 따른 윤리와 사회적 책임이 중요한 사항으로 지적된다. 또한 윤리적 원칙과 실행 가능한 규제 준비를 위해 건강, 안전, 환경 위험에 대한 연구의 필요성을 강조하고 있다. 특히 유럽은 보건, 바이오, 정보통신기술, 나노·소재, 에너지, 환경·기후 변화, 운송·항공기술, 사회경제학·인문학, 우주·보안기술 등 9개 중점분야에 대한 연구를 진행하면서, 융합기술의 윤리적·사회적 연구의 필요성에 중점을 두었다.

2) 계기

유럽이 적극적으로 융합기술 연구에 돌입한 것은 미국이 융합 관련 신산업정책을 발표한 이후, 유럽연합의 최고집행기구인 유럽위원회EC; European Commission가 2003년 12월에 신기술 예측을 위한 고위 전문가 그룹인 미래기술예측그룹의 연구 프로젝트의 일환으로 미래기술예측위원회FNTW; Foresighting the New Technology Wave를 결성한 이후부터이다. 이듬해 2004년 9월에는 '지식사회 건설을 위한 융합기술CTEKS; Convergent Technology for European Knowledge Society' 전략을 수립했다. CTEKS는 "유럽을 세계에서 가장 역동적이고 경쟁력 있는 지식 기반 경제로 만들자."라는 슬로건 아래, 융합을 2020년까지 중장기적으로 해결해야 할 공통의 목표를 달성하기 위한 서로에게 가능성을 주는 구현기술enabling technology과 지식체계knowledge system라고 정의했다. 미래기술예측위원회에서 정의한 CTEKS의 융합 대상 범위는 미국의 NBIC(나노기술, 바이오기술, 정보기술, 인지과학)보다 폭넓은 범위로 사회학, 인류학, 철학, 지리학, 경제학 등의 인문사회과학을 포함하고 있다. 따라서 유럽연합의 기술융합정책은 미국의 NBIC 정책에 대한 비판에서 출발했다고 볼 수 있다.

2008년 융합과학기술보고서에 의하면, 그들은 기존의 프레임과 더불어 다문화·다

국가인 유럽사회가 지니는 문화의 특성을 고려하여, 사회적 협동과 그에 대응하는 사회적 테크놀로지 개발에 중점을 두고 있다. 유럽공동체 융합과학기술의 틀은 자연과학적·공학적 연구 지원에 멈추지 않으며 사회과학적 연결로 사회적 기술social technologies이라는 영역을 개척하였다.

3) 유럽의 융합기술 발전 전략

유럽연합은 융합기술 발전의 전략으로 2004년 7월에 〈융합기술발전 전략 보고서〉를 발간하고 환경과학, 사회과학, 인문학에 윤리적 규제장치를 포함하는 전략을 발표했다.

유럽의 전략이 미국의 것과 다른 점은 융합을 IT, NT, BT의 가능성을 여는 기술과 지식체계로 정의하고 인지과학, 환경과학, 시스템 이론, 사회과학, 인문학까지 포함하는 융합기술로 정의했다는 것이다. 또한 융합기술을 통해 산업 경쟁력을 강화하고 유럽사회와 국민의 요구를 충족시키는 한편, 융합기술이 가져올 파괴력에 대한 윤리적·사회적 규제를 강조한다. 융합의 영역을 건강, 교육, 정보통신, 환경, 에너지 등의 다섯 가지로 설정하고 기술개발, 연구환경 조성, 사회적·윤리적 책임의 강화 등 융합기술 발전을 위한 가이드라인을 제시한 것이다.

> 유럽연합의 융합전략이 인문사회과학을 포함한 다학제적 입장에서 인간 개개인의 퍼포먼스 향상이라는 소프트적, 인간 중심의 목표를 추구하는 반면, 한국은 견고한 하드기기의 생산을 융합의 목표로 삼고 있다. 한국의 하드웨어 기술력은 세계 최고 수준인 반면 사용자 친화적이고 공유·개방적이며 핵심적 특징을 갖도록 만드는 독창적 철학을 갖는 소프트 파워는 부족하다.
>
> 자료: 디지털타임스(2013. 3. 31).

 미국

1) 필요성

　미국 등 주요 선진국에서는 이공계 교육과정을 혁신하고 경쟁력 있는 세계적인 대학 육성을 위하여 인력 양성분야에 예산을 집중적으로 투자하고 있다. 또한 에너지·자원문제가 글로벌 이슈로 부각됨에 따라 중국 등 신흥국들도 국가 차원에서 녹색성장을 중요한 이슈로 채택하고 녹색분야의 인력 양성을 위해 그 필요성을 강조하고 있다.

2) 계기

　미국국립과학재단NSF의 주도로 추진된 융합신산업발전정책NNI은 국립항공우주국 NASA; National Aeronautics and Space Administration, 국방부DOD; Department of Defence, 국립보건원NIH; National Institute of Health 등을 중심으로 이루어졌다.

　2002년 미국국립과학재단은 NT, BI, IT와 CS Cognitive Science를 포함하는 일명 NBIC[11] 융합전략을 발표하였다. 이것은 네 가지 기술 간에 이루어지는 상승적 결합을 통해 시너지를 창출하는 것으로, 처음에는 기술의 범위를 한정했으나 최근에는 재료, 에너지, 환경 등으로 그 범위를 넓히고 있다.

　이 보고서는 실질적으로 2000년대의 융합 촉발의 계기가 되었으며 미국뿐 아니라 전 세계의 융합전략과 정책에 영향을 끼쳤다. 16세기 르네상스가 가능했던 요인 중 하나로 레오나르도 다빈치를 꼽듯, 이 보고서는 현대의 융합이 어떻게 이루어지고 있는지와 융합 촉진을 위한 방법을 담고 있다.

　또한 보고서는 20세기의 전통적 관점인 물질과 기계 중심의 하드웨어적 과학기술의 개념과 연구를 넘어서서, 인간의 뇌와 심리적 특성 그리고 문화·사회적인 특성을 함께 고려한 융합과학기술을 추구해야만이 창의적·효율적 발전을 이룰 수 있다고 지적한다. 그런 연유에서 미국국립재단의 융합과학기술 개발이 지향하는 바는 "인간의 퍼포먼스 증진을 위한 융합과학기술Converging Technologies for Improving Human Performance"

11　나노(Nano), 바이오(Bio), 정보(Info), 인지(Cogno)를 의미한다.

이며, 이것을 통합목표로 제시한다. 이것은 기존에 있는 융합의 관점, 즉 기술 중심의 관점이 인간의 삶을 중심으로 하는 사회적 측면의 패러다임으로 전이됨을 보여 준다.

3) 미국 융합정책에 대한 비판

한때는 미국의 NBIC에 대한 비판의 목소리가 컸다. 이념적 측면에서 NBIC 융합은 공학적 융합이기 때문에 학문 자체가 이미 도구주의적이며 몰가치적이라는 한계가 있다는 점에서였다. 미국의 융합 프로그램에는 군사적 목적과 동기가 반영되어 있었다. 또한 가시적 성과가 부족하다는 비판과 함께 현실화가 될 수 있을지에 대한 의구심도 있었다.

일각에서는 NBIC 융합에 융합 양상의 다양성에 대한 인식이 결여되어 있으며 '새로운 르네상스'라는 개념은 지나치게 낙관적이며 효율과 성과를 극대화하려는 목적에 치중해 있다고 비판하였다.

4) 미국의 융합기술 발전 전략

융합은 진리 발견을 위한 융합, 기술적·산업적 활용을 위한 융합, 공공적 활용을 위한 융합, 문화 발전을 위한 융합으로 그 목적을 구별해야 한다. 융합은 목적에 따라 융합의 범위, 방법론, 수준 등이 달라진다.

융합기술 전략에 대한 유럽의 접근은 좀 더 구체적이며 인문·사회과학의 문제들을 고려하고 있다는 점에서 가치지향적이며 문제지향적problem-oriented이라는 평가를 받고 있으며 다양한 학문의 영역과 기술이 함께 참여하는 상향식bottom-up으로 진행되고 있다. 반면 미국의 경우에는 NBIC라는 비교적 소수의 핵심기술을 중심으로 인간의 능력을 획기적으로 향상하는 것에 초점이 맞추는 일종의 하향식top-down 진행을 하고 있다. 접근 역시 대상지향적object-oriented으로 융합의 기술 발전을 목표로 하고 있다.

3 일본

1) 필요성

 융합의 대두 배경은 어느 나라나 비슷하다. 일본 역시 기술 발전을 위해서는 전문지식과 학문 간 교류가 필요하다고 느꼈다. 그들은 문리융합文理融合이라는 용어를 사용하는데, 이는 학문을 대할 때 문·이과 양쪽 모두의 입장에서 사고하는 태도를 일컫는다. 그들은 학제interdisciplinary라는 단어를 사용하기도 하는데, 이는 각기 다른 학문분야 간 상호관계, 연구대상이 여러 학문 영역에 걸쳐 있는 것을 의미한다. 복잡한 사회, 발전된 기술연구에서는 한 가지 관점만으로 해결하기 힘든 문제가 발생하므로 다양한 분야의 학자들이 여러 학문 영역을 함께 연구하여 시너지효과를 내야 한다는 것이다.

2) 계기

 일본은 1990년대 말, 핵연료 제조시설 사고와 로켓 발사 실패로 과학기술에 대한 불신이 증가했다. 과학기술 관련 안전사고가 사회적 이슈로 부각되면서 2000년에는 제2차 과학기술 기본계획에 이러한 문제의식을 반영했다. 그들은 "과학기술은 사회가 수용해야만 의미를 지니는 것으로, 사회가 과학기술을 어떻게 파악하고 판단하며 수용하고 있는가가 중요한 열쇠가 된다."고 하면서 과학기술과 사회의 관계 구축을 강조했다. 또한 《과학기술백서》(2001)에서 "일반 시민에 대해 과학기술에 대한 수용자로서 관심을 환기할 뿐만 아니라 전문가와 함께 협동하는 생산자로서 참가의식을 환기할 것도 중요해지고 있다."라며 과학에 대한 지식뿐 아니라 사회학이나 다른 분야에 대한 지식의 폭을 넓혀 과학기술에 대한 신뢰를 회복해야 한다고 주장했다.
 2008년 6월, 일본의 문부과학성은 산하의 과학기술진흥기구JST 회의를 통해 융합기술이 해결해야 할 문제가 무엇인지 논의한 바 있다. 이 회의에는 문부과학성 관계자 외 수학, 물리학, 화학, 생물학, 정보과학, 공학, 심리학, 경제학, 사회학 등 전문가들이 참석하고 '현대사회가 직면한 문제의 대부분이 복잡시스템complex system에 기인한다.'는 가설을 전제로 회의를 진행했다. 정부 관계자와 전문가들은 현대사회의 복잡한 시스템을 구체화하여 융합기술이 해결해야 할 10가지의 어려운 문제를 설정하고, 이후 이러한 문제를 해결하기 위한 구체적 융합분야를 도출했다.

3) 일본의 융합기술발전 전략

일본에서는 그린 IT 이니셔티브Green IT Initiative 등 녹색성장과 관련한 IT 활용의 기술융합이 나타나고 있는 추세이다. 재생에너지, 청정에너지 등 환경친화적 자원 활용 기술을 의미하는 전통적 녹색기술에서 IT, BT, NT 등 신기술 간 또는 기존의 제품 및 산업 간 융합을 지향하는 융합녹색기술로도 영역을 확장 중이다. 일본의 기업들은 융합기술 관련 시장 선점을 위해 다각적인 융합기술 개발에 전력을 다하고 있다.

일본 정부의 융합기술 발전의 연구 지원책으로는 대학이 협력하여 새로운 학문을 발전시키고 인재를 육성하는 '대학의 연대'가 있다. 도쿄·교토·게이오·와세다대학의 학장은 2007년 말, 대학원생의 상호교류 도모에 협의했다. '대학의 연대'는 대학의 경쟁력 강화 외에도 소자녀화나 정부 보조금 삭감 등 악화일로惡化一路를 걷는 상황에 대처하는 새로운 전략이다.

문부과학성은 2008년 8월, 처음으로 54개 대학에서 연대 교육 프로그램을 재정·지원하기로 결정했다. 이외에도 2002년부터 대학의 연구수준을 향상하고 세계수준의 연구교육 지원을 위해 21세기 COE Centers of Excellence 프로그램을 실행하고 있다. 또한 여러 대학의 경쟁력 있는 교육 프로그램에 대한 재정 지원도 하고 있다(신동희, 2011).

4) 한계점

일본의 경우 학제 간 연구의 성과와 중요성이 크다는 것을 인식하고 있기는 하지만, 이를 실행하기가 쉽지만은 않은 실정이다. 아직 학제 간 연구가 활발하지 않은 탓에 이러한 식의 접근을 통한 연구가 이루어져도 이를 평가할 수 있는 전문가가 없기 때문이다.

2001년 12월 미국과학재단이 발표한 융합기술(CT) 정책문서에 따르면 4대 핵심기술인 나노기술, 생명공학기술, 정보기술, 인지과학이 상호의존적으로 결합되어 10~20년 뒤의 사회를 바꿀 것이라고 전망하고 있다.

2020년까지 인간활동의 향상을 위해 특별히 중요한 융합기술 분야로는 다음 네 가지가 선정되었다. 우선 제조 · 건설 · 교통 · 의학 · 과학연구에서 사용되는 완전히 새로운 범주의 물질 · 장치 · 시스템이다. 둘째, 나노 규모에서 동작하는 부품과 공정의 시스템을 가진 물질 중에서 가장 복잡한 것으로 알려진 생물의 세포분야이다. 셋째, 유비쿼터스 및 글로벌 네트워크로 다양한 요소를 통합하는 컴퓨터 및 통신시스템의 기본 원리분야이다. 마지막으로 사람 뇌의 구조와 기능에 관련된 부분이다. 이 정책문서는 4대 핵심기술의 상호관계를 다음과 같이 표현했다. "만일 인지과학자가 무엇인가를 생각한다면, 나노기술자가 조립하고, 생명공학기술자가 완성하며, 정보기술자가 조정 및 관리한다." 이 보고서는 2020년까지 융합기술이 생산성과 독립성을 향상시키면 "인류 전체가 하나의 분산되고 상호연결된 뇌처럼 될 것"이라고 전망하면서, 융합기술이 인류사회에 새로운 르네상스시대를 열어 줄 것을 희망했다.

자료: 이인식(2013).

▶ 선진국에서 준비하고 있는 융합지식과 국력과의 연관성을 생각해 보자.

Part
2

Chapter 5_ 정치적 융합

Chapter 6_ 경제적 융합

Chapter 7_ 사회적 융합

Chapter 8_ 문화적 융합

Chapter 9_ 교육적 융합

Chapter 10_ 지식정보기술적 융합

글로벌시대의
다학문적 융합

Chapter ❺

정치적 **융합**

정당정치는 한계와 저력을 동시에 가지고 있다. 따라서 국민사회와 야권은 경선과정을 통해 기존의 정당과 국민사회, 무(無)당층 유권자들을 어떤 방식으로 결합할 수 있을까 모색하여 가능성을 열고 정당과 국민사회가 함께 경쟁하며 협력할 수 있는 장을 마련해야 한다. 여기에 많은 국민이 자발적으로 참여하여 힘으로 상대방을 배척하거나 흡수하려 하지 말고 서로 인정하면서 치열하게 경쟁하면서도 대승적으로 타협하여 활발한 참여 열기 속에 후보를 선출하고 협력해야 한다. 국민은 경선에 자발적으로 참여하여 정당과 후보 간의 대립과 갈등을 용광로처럼 녹이고 정당과 후보를 승리자와 패배자로 나누지 않아야 한다. 어느 정당에도 속하지 않은 국민 역시 주도적으로 경선에 참여하여 정치를 풍요롭게 만드는 것이 중요하다. 국민은 정당의 역할을 인정하면서도 한계를 매섭게 질타해야 하며 정치의 진정한 주인이 국민이라는 것을 일깨워 주어야 한다.

정당에 속한 당원들은 성숙한 정치의식과 책임 있는 행동으로 국민과 소통·단결하고 이해하려는 노력을 해야 한다. 또한 국민정치라는 개념을 어떻게 국민정치세력으로 구체화할지, 어떻게 지속적으로 성장시켜 나갈지도 고려해야 한다. 정당은 정치공학에 따라 득실을 챙기지 말고 사회적 약자에게 이득이 될 수 있는 정도(正道)를 걸어야 할 것이다.

1. 개념적 정의

정치적 두뇌 유출은 지난 수십 년간 내전이나 정치적 불안정을 겪은 국가에게서 가장 많이 나타나는 현상이다. 두뇌 유출과 관련된 우려는 노동생산력과 해외이주 인력의 교육 투자비용 손실, 제도 개발과 구조적 변화 등 많은 요인으로 구성되어 있다.

기성 정치권은 선거에서 정당책임정치를 내세우며 선거를 '정당과 무소속 간의 대결'로 몰아 사람들의 비난을 자초하기도 했다. 후보 단일화 경선을 '정당정치와 국민정치의 충돌과 대립'으로 보는 시각은 바람직하지 않다. 지지자들의 패배감을 자극하여 국민사회와 갈등을 부추겨 반사이익을 챙기려는 의도는 더욱 경계해야 한다. '국민정치와 정당정치의 융합'이라는 관점에서 본 이 사안에 관해 국민과 함께 고민하여 창조적 상상력을 발휘하면 이에 대한 현명한 해답을 찾을 수 있을 것이다. 정당정치가 국민정치를 흡수하거나, 국민정치가 정당정치를 대체하는 것이 정답은 아니다. 함께 발전하며 서로 조화롭게 융합하려는 시도가 정치적 융합의 출발점이 되기를 기대할 뿐이다.

2 거번먼트

거번먼트는 통치government를 의미하는 것으로, 정책의 결정이 특정 개인이나 소수집단에 의해 행해지며, 강제력을 배경으로 하여 사회의 질서와 안정을 도모하는 통합의 방식이다. 이것은 이념적으로 자치와 대립되며 오늘날에는 보통 협치協治로 해석되는 거버넌스governance와 구별되며 몇 가지 다양한 형태를 띤다.

- 자치: 다양한 정치방식의 극한적 형태로 자치와 통치를 들 수 있다. 자치는 정책적으로 사회구성원 전원의 주체적 참가 아래 결정되며, 그 결정에는 전원이 자발적으로 복종해야 한다. 여기에 강제란 존재하지 않으며, 완전한 자유가 향수享受된다. 그러나 전원이 극도의 주체성과 자발성을 가지는 것을 기대할 수는 없으므로, 자치는 항상 이념에 머무른다.

- 통치: 소수자에 의한 결정이 전 구성원에게 강제되고, 사회 전체라는 관점이 개인보다 완전히 우월하다. 각 개인에게 배분되어야 할 사회적 가치의 총합이 극도로 한정되어 있을 경우, 사회구성원 전체의 이익을 위해 각 개인의 희생이 강제되어, 그만큼 순수한 통치에 접근할 수 있다. 여기서는 사회적 가치의 총합과 그 분배방법에 대해 완전한 지식을 가진 자에 의한 지배의 실현을 이상적인 것으로 본다. 그리스의 철학자 플라톤이 언급한 '철인왕哲人王'은 통치의 고전적인 예이다. 하지만 순수한 통치의 실현은 자발성의 계기契機에 대한 부정이며, 개인성과 개인의 자유가 실현될 가능성이 희박하다. 그런 의미에서 순수한 통치 역시 실현이 불가능하며, 순수한 자치와 마찬가지로 이념에 머무르게 된다.

- 현실의 정치: 현실의 정치는 아무리 강제의 측면이 강화된다 하더라도 끊임없이 각 개인에 의한 결정과정에의 참가(자치)가 뒤따른다. 때문에 자치의 측면을 확대하고 그에 의하여 구성원의 자발성을 촉진하면서, 사회의 통합을 달성해 나가는

통치는 강제력의 에너지 손실이 적으며, 사회 전체에서 볼 때 보다 교묘한 통치라 할 수 있다.

오늘날 가장 보편적인 제도인 대표제에도 자치의 계기와 통치의 계기가 내포되어 있다. 자치와 통치, 자발성과 강제의 개념은 그 자체로 완결성을 지닐 수 없다. 현실의 정치는 끊임없이 협조와 타협의 되풀이로 진행된다. 정치에서의 완전성 추구는 정치 자체를 파괴할 위험이 있다.

 거버넌스

1) 거버넌스의 어원 및 개념

거버넌스governance는 '키를 조정하다 steer', '항해하다 pilot'라는 의미를 갖는 그리스어 'kybenan'과 'kybemetes'에서 비롯되었다(주성수, 2003). 이것은 로조 Rosenau의 정의처럼, '한 조직 혹은 사회가 스스로의 방향키를 조정하는 과정'이며, 그 과정에서 커뮤니케이션과 통제의 역동력이 핵심으로 작용한다. 하지만 여전히 거버넌스에 대응할 만한 우리말로 된 용어를 찾지 못하고 있다. 거버넌스는 협치協治, 공치共治, 망치 網治, 관치官治, 국정관리, 신공공관리, 협력적 통치, 네트워크적 관리 등 다양하게 번역되지만, 어떤 단어로도 본래의 의미를 충실하게 전달하지 못하고 있다. 그렇기에 원래 발음대로 '거버넌스'로 칭하자는 의견이 우세한 편이다.

우리나라 학자들 사이에서는 '협치' 또는 '공치'라는 표현도 자주 사용되나 '치治'는 다분히 과거 중앙집권적 체제의 위계적·권위주의적·수직적 상하종속관계의 지배 및 피지배를 나타내는 용어이므로 맞지 않다. 거버넌스의 본질적 의미를 다시 살펴보면 "함께 참여하고 함께 만들고 상호협력하여 함께 해결하며 아울러 책임도 함께 지는 것, 즉 함께 다스리고 더불어 다스리는 것"이다. 이 용어는 구성원들이나 집단의 각 주체 간 수평적 상호협력을 더욱 강조한다.

최근 이 용어는 정치학의 핵심적 키워드로 사용되었다. 거버넌스는 국제정치학 영역에서 도입되었으나 점차 국가 내외의 정치 영역에 적용되었다. 거버넌스의 정확한 개념은 아직 확립되지 않았지만, '국가'나 '사회' 등의 용어처럼 일반화되어 사용되고 있다.

정치학에서는 넓은 의미에서 거버넌스를 '자율적이고 독립적인 행위자 간의 외부 권위나 내부적인 자기조절·자기통제 메커니즘에 의한 조정과 관리'로 정의하고, 좁은 의미에서는 국가 내에서 결정을 내리고 집행할 수 있는 제도화된 권력으로 정의되는 정부와 구분하기 위해, '공공영역과 민간영역 행위자 사이 네트워크 방식의 수평적인 협력구조'로 정의하고 있다.

종합적인 의미로서 정치학에서 다루는 거버먼스는 최종 판단을 내리는 결정권자가 없는 집합적 행동, 국가를 벗어나서 이루어지는 정책 입안, 공적 행위자와 민간 행위자 간의 협력, 그리고 민간의 협조적인 자기조절 등으로 정의된다. 또한 거버넌스는 행위자 간의 수평적 관계에서 조정과 통제를 의미하지만 위계적 구조의 존재나 효과를 배제하지 않는다. 거버넌스의 행위자는 개인이 아니라 조직이거나 다른 형태의 집합적 단위 혹은 정책 입안에서 집단이나 조직을 대표하는 영향력 있는 개인이므로, 거버넌스에서 행위자 간의 전략적 관계는 상호작용의 규칙, 행위의 지향, 이해관계의 충돌, 권력 배치, 행위자가 속한 조직 내에 확립되어 있는 규칙 등에 영향을 받는다. 이러한 요소들이 서로 모순되고 상충하면 효과적이고 민주적인 정책 입안을 방해할 수 있다.

결론적으로 거버넌스는 국가 중심의 조정양식이 한계에 처한 상황에서 국가, 시장, 시민사회 간의 협력을 통해 직면한 집합적 문제를 효과적이고 민주적으로 해결하는 것을 목표로 한다. 따라서 각 주체의 영향력에 따라 거버넌스는 다양한 모습으로 나타날 수 있다.

2) 거버넌스의 배경

개인 간에는 자발적인 협동에 의한 사회문제해결이 불가능하므로, 이를 해결하기 위해서는 제3자인 정부의 개입이 필요하다. 하지만 21세기에 세계화·정보화·지방분권화가 급속히 진전되면서 신자유주의 이념에 기초한 시장지향적 개혁이 보편화되었고, 사회 전체가 효율과 혁신을 중시하게 되었다. 이로 인해 전 세계는 '지구경제촌 global economy'이 되어 국가와 국가 간, 국가와 지역 간, 지역과 지역 간 무한경쟁을 초래하였고, 이 과정에서 정부와 기업, 각종 기관은 물론 개인까지도 경쟁력이라는 단위기준에 의하여 생존이 결정되는 상황에 이르렀다. 이러한 변화 속에서 기존의 국가 주도 패러다임으로는 세계화·정보화 및 지방화에 수반되어 파편화·다원화된 복잡성이 야기하는 각종 사회문제를 해결하기 위한 정책 결정을 할 수 없는 지경에 이르렀다.

또한 1990년대 이후 공공부문의 개혁을 추진하는 과정에서 정부와 시장 및 시민사회 등 공공부문의 주체 간 관계를 새롭게 정립할 필요를 느끼게 되었으며, 개별 국가 내부는 물론 국가 간의 관계도 국민국가나 국민체제 중심의 통치이론에서 새로운 개념의 이론으로 전환해야 할 필요성을 느끼게 되었다.

이로 인해 오늘날 경쟁력 강화를 통한 발전을 추진하는 새로운 방식으로서 등장한 사회과학분야의 이론인 거버넌스가 주목을 받고 있다. 거버넌스는 통치행위의 과정인 동시에 하나의 체계라는 측면에서 통치양식, 즉 어느 시대에나 있어 온 사회통치양식을 의미하는 것으로서 완전히 새로운 개념은 아닐 것이다.

최근 들어 거버넌스에 대한 논의가 활발해진 것은 앞서 언급한 것처럼 신자유주의 이념에 따른 세계화에 의해 열린 사회적 복잡성을 구성하는 대립적인 요소들을 통합적으로 조정하면서 새로운 질서로 만들어 가야 한다는 점에서 거번먼트 government와 거버넌스를 구별해야 할 필요성이 제기되었기 때문이다. 하지만 거버넌스의 개념은 1970~1980년대 이후에 비로소 학문적 관심을 받기 시작했고, 국내에서는 1990년대 후반에 들어서야 본격적으로 논의되었으므로, 아직 그 개념이나 논의의 기본이 되는 이론에 대한 학문적 합의를 이루지 못한 상태이다. 이는 새로운 거버넌스의 개념과 이론의 틀을 필요로 하면서도 이에 대한 일반성과 보편성이 충분하게 인정되지 못한 이론 발전 초기에 나타나는 현상이라고 할 수 있다.

3) 거버넌스의 유형

거버넌스 유형을 구분하는 데에는 여러 가지 방법이 있지만, 모든 유형에는 국가와 민간 행위자의 참여라는 두 가지 속성이 반드시 포함된다. 1990년대부터 거버넌스 유형을 분류하는 연구가 진행되었지만, 거버넌스 분석이나 설계 측면에서는 별다른 쓸모가 없었다. 최근에는 거버넌스의 메커니즘에 대한 연구가 주를 이루는데, 거버넌스 이론의 적용과 제도설계 등의 측면에서 볼 때 거버넌스 조정과 관리 메커니즘에 따른 분류 방식이 실질적으로 유효해 보인다. 거버넌스의 실패나 성공은 행위자의 개별적인 행위를 집합적 행동으로 변환시킬 수 있느냐 없느냐에 따라 결정되는데, 이를 가능하게 하는 규칙은 특정한 조정과 관리방식을 통해 만들어진다. 이러한 거버넌스의 조정과 관리방식으로 위계제hierarchy[12], 경쟁competition, 협상negotiation, 네트워크network[13]의 4가지 유형의 규칙체계가 있다. 위계제나 네트워크라는 개념은 특정한 정적 구조뿐 아니라 행위자가 해당 구조 내에서 상호작용하는 방식, 구조가 형성되고 변화하는 방식 등을 포함하고, 경쟁[14]과 협상[15]이라는 개념은 단지 과정만을 기술하는 것이 아니라, 행위자 간의 관계를 구조화하는 규칙들에 의해 지배되면서 수행되는 행위자 간의 조정과 상호작용까지 포함한다. 따라서 거버넌스는 구조와 절차의 조합이라 할 수 있다.

이 네 가지 유형의 거버넌스는 정책 입안의 영역을 설명하고 그 내부에서 작동하는 특수한 메커니즘을 파악하는 데 유용하다. 현실적으로는 복합적인 거버넌스 체제들이 존재한다. 대개 이런 복합적인 거버넌스 체제는 위계제와 다른 유형이 조합되는 방식 혹은 네트워크와 협상이 조합되는 방식으로 구성된다. 이는 위계제적인 조정과 통제는 많은 공식 조직에서 전형적이고 다른 방식은 정책이 공식 조직의 경계를 넘어서게 될

12　행위자 간 종속관계에 의해 특징지어지는 거버넌스방식이다. 리더와 하위 행위자는 그들이 조직을 대표하고 조직의 목적을 위해 일한다 하더라도 그들 자신의 이익을 추구한다. 이기적으로 간주되는 행위자는 지배 행위자의 결정에 의해 조정되고 위에서 아래로 향하는 일방적인 조절방식을 갖는다. 또한 위계제에는 지위에 따른 기능분화가 있는데, 이는 '주인-대리인' 문제를 발생시킨다. 위계제 아래에서도 주인이 모든 결정을 내리거나 모든 결정에 책임을 질 필요는 없다. 주인은 대리인을 지도하고 통제하는 것에만 집중할 수도 있다.

13　거버넌스 방식에서 행위자는 대칭적 관계를 맺는다. 위계제와 달리 네트워크는 특정한 사회관계와 결부되지 않는다. 네트워크는 행위자를 수평적이고 평등한 관계를 기초로 통합할 수 있다. 그렇지만 네트워크에 종종 리더가 존재하고 때로는 핵심부의 행위자와 주변부의 행위자로 분화되기도 한다. 네트워크 관계는 공식적 조직보다 훨씬 유연하다 하더라도 영속한다. 위계제와 대조적으로 행위자는 개인의 이해관계가 아니라 규범이나 집단적인 지향점을 받아들임으로서 네트워크에 결합한다. 공식적인 규칙이나 인센티브에 의존하지 않고 협력적인 지향성을 가지고 안정화를 추구한다. 이러한 성향이 이해관계의 충돌을 제거하지는 못한다. 행위들은 조절(adjustment)과 감화(influence)를 기초로 조정된다.

14　협상에서 시장은 늘 거버넌스의 독립적인 양식으로 간주되나, 실제로 시장이란 복합적인 거버넌스이다. 행위자는 법의 영향을 받으며 행위를 조정하고 상품 생산자와 소비자는 계약을 하기 위해 협상한다. 행위자는 대칭적인 관계에서 경쟁한다. 많은 경우 조정은 특수한 이슈에 집중되거나 일시적인 관계를 목표로 이루어진다. 경쟁하는 행위자는 개별적인 이해관계를 따르지만, 상대방의 전략을 비교하고 상대적 이득을 획득하기 위해 행동한다.

15　개별적인 행위자는 협상에 의해 조정될 수 있다. 경쟁에서처럼 협상에서의 행위자 간 관계는 대칭적이고 영속성을 필요로 하지 않는다. 협상은 개별적인 이익을 추구하는 그러나 다른 행위자와 합의를 할 용의가 있는 행위자 간 특정 이슈에 대한 동의를 얻기 위한 것이다. 행위자는 보다 중요하다고 간주하는 영역에서 이익을 확보하기 위해 덜 중요한 영역을 양보함으로써 합의를 이끌어 낼 수 있다. 그러한 교환은 다른 이슈들을 하나의 협상과정에 연계함으로써 가능해진다(package deals). 행위자는 이기적 이유와 협조적인 지향 두 가지 동기 모두에 의하여 협상과정에 참여하게 된다. 또한 행위자를 강제로 동의에 도달하게 하여 협상을 제도화할 수 있다. 연구결과에 의하면, 강제적인 협상시스템은 정책 입안에서 교착상태에 빠지게 되는 경우가 많은 반면, 자발적인 협상시스템에서는 행위자가 출구를 더욱 잘 찾고 일방적인 조절 혹은 상호조절에 의해 집합행동을 더욱 잘할 수 있다. 이때 제도설계가 중요하다.

때 필요해지기 때문이다. 그렇지만 위계적인 조직이 사회적 제도적 분화, 세계화, 급격한 개발 등의 증가에 대처하는 데 한계에 부딪힘에 따라 다른 종류의 거버넌스 조합 역시 현실적인 적실성的實性을 얻어 가고 있다(CPPR 시민참여연구센터).

탈냉전 이후 행위자 및 행위 영역의 확대라는 변화 속에서 새로운 국제질서가 모색되었고 이에 따라 본격적으로 글로벌거버넌스가 제기되었다. 국내 및 국제 정치질서에서 민주주의가 주요한 가치로 확산되는 과정 속에서 글로벌거버넌스는 새로운 국제질서 모색에 관한 논의이고 보다 구체적으로는 강대국 이외의 약소국, 시민단체, 국제기구 등의 다양한 행위자가 적극적으로 참여하면서 만들어가는 새로운 국제질서 형성과정에 관한 논의라고 할 수 있다. 세계화, 정보화, 다자협력 등이 추상적이거나 규범적 개념을 벗어나 현실적인 국제적 현상으로 등장하면서 국가, 정부 간 국제기구IGO; Inter-Governmental Organization, 그리고 비정부기구NGO; Non-Governmental Organization 등과 같은 다양한 행위자가 국제적 · 지역적 수준에서의 연대와 협력을 이루고 있다.

4) 글로벌거버넌스

전통적인 안보현상은 경제적 자급자족의 유지, 군사적 군비 증강, 정치적으로 강건한 국가의 형성 등 국가를 안보주의 체제로 하는 국가안보에 집중되었다. 하지만 글로벌거버넌스 현상은 탈국가적 안보를 재촉하며, 이는 국가안보 외에 사회안보, 환경안보, 경제안보, 인간안보 등 새로운 현상이 주목받고 있음을 의미한다. 거버넌스 현상을 국가안보의 차원에서 바라보면 표 5-1과 같이 안보대상과 안보위협의 유형으로 분류할 수 있다(남궁곤, 2002).

표 5-1 글로벌거버넌스 환경에서 안보행위수준과 안보현상

구분		안보위협 유형	
		군사 중심성	탈군사 중심성
안보 대상	국가 중심성	전통적 안보현상, 국가안보	비전통적 안보현상, 환경안보, 경제안보
	탈국가 중심성	비전통적 안보현상, 사회안보(내전, 종족갈등, 대량살상, 테러리즘)	비전통적 안보현상, 인간안보(사이버안보)

자료: 남궁곤(2002). 제4회 과학기술예측조사(2012~2035).

최근 가장 큰 환경안보의 거버넌스문제는 이상기후현상과 지구온난화이다. 2011년 11월 28일 남아공 더반에서 개최된 제17차 유엔기후협약 총회의 협상 결과에 따르면, 온실가스 감축을 위한 각국의 의무를 강제하고자 모든 국가를 같은 테두리 내에 두기 위한 협상을 시작하기로 합의했다. 교토의정서는 2012년에 시한이 만료되나 합의에 따라 5년을 더 연장하기로 결정했다. 2020년 이후 모든 당사국에 적용 가능한 단일 의정서 또는 법적 문건 채택을 위한 협상을 개시하고, 선진국이 개도국의 기후 변화에 대한 대응을 돕기 위해 연간 천억 달러를 모으는 기구도 설립하기로 합의했다. 마지막으로 칸쿤 합의의 이행과 관련하여 적응위원회 설치를 위한 구체적 역할을 규정하고, 기술집행위technology committee와 기술센터의 선정절차 및 기준마련 등의 진전이 있었다. 기후 변화에 관한 정부 간 협의체IPCC; Intergovernmental Panel on Climate Change는 국제사회가 기후 변화 문제에 공동으로 대처하기 위하여 1988년 11월 유엔 산하의 세계기상기구WMO; World Meteorological Organization와 유엔환경계획UNEP; United Nations Environment Programme[16]이 공동으로 설립한 정부 간 협의체이다. 이와 같이 지구환경문제에 대해 모든 국가가 참여하여 국제적 대응방안을 협의하고 있으나, 국가 간 이해관계에 따라 실행에는 어려움이 있다. 그러나 환경문제는 한 국가의 문제가 아니라 초국가적이며 인류의 생존을 위협하는 사안임을 인지하여 국가 간의 다자간 협력이 필요하다.

경제안보의 거버넌스문제로는 글로벌 금융위기가 있다. 2011년 세계경제포럼WEF; World Economic Forum, Davos Forum[17] 총회에서는 경제적 위험뿐만 아니라 지정학적 위험, 환경위험, 사회적 위험, 기술적 위험 등 5개 분야에 걸쳐 총 37개의 글로벌 위험요인을 선정하였다. 특히 경제 위험분야에서 한 국가 또는 국가 간 경제성장 및 부의 격차가 점차 커지면서 부패, 인구 분포상 변화, 불안국가 증가, 글로벌 불균형, 자산가격 급락 등 다양한 위험과 연계된 경제적 격차에 대한 위험이 강조되고 있다. 세계경제포럼은 향후 이들 위험에 대한 지속적인 모니터링과 중장기적 대응책을 강구할 필요성을 제기했다(WEF, 2011).

최근 가장 큰 사회안보 관련 거버넌스문제로는 테러의 확산 금지, 핵 확산 금지가 있

---

16 UN 조직 내의 환경활동을 촉진·조정·활성화하기 위해 설립된 환경전담 국제정부 간 기구. 환경문제에 관한 국제
    협력을 도모한다.

17 세계경제올림픽이라 불릴 정도로 전 세계 정치인과 기업인에 영향력을 갖는 국제회의. 세계의 저명한 기업인, 경제학
    자, 저널리스트, 정치인 등 2,000여 명이 참석하여 세계경제에 대해 토론·연구한다.

다. 2011년 12월 22일, 제네바 유엔 유럽본부에서는 165개 국가가 참여하는 생물무기 금지조약의 운영검토회의가 열렸다. 회의 결과, 테러조직에 의해 생물무기로 사용될 수 있는 박테리아, 바이러스 등의 관리를 각국이 강화한다는 방침을 담은 최종 문서를 채택하였고, 운용검토회의를 5년마다 개최하기로 했다.

또한 전문가 회의와 당사국 회의를 매년 개최하고 과학기술의 발전과 정세 변화에 맞춘 체제 강화방안을 논의하였다. 또한 핵 확산과 관련된 핵 확산 금지조약이 있다. 핵 확산 금지조약NPT; Nuclear nonproliferation treaty 은 비핵보유국이 새로 핵무기를 보유하는 것과, 보유국이 비보유국에 핵무기를 양여하는 것을 동시에 금지하는 조약이며, 2011년 6월 현재 189개의 가맹국을 가진 범세계적 기구이다.

우리나라는 이와 같은 글로벌거버넌스 심화에 대응한 외교정책을 모색하고 국제사회에서의 영향력을 확대하려는 노력이 필요하다. 정책 결정 및 정책의 집행과정에서 시민 참여를 확대시킬 수 있는 시스템을 구축하고, 국가 정책에 대한 개인·집단 간 분쟁 및 갈등해결을 위한 정부의 조정기능을 강화해야 한다.

5) 국가 거버넌스 사례

신공공관리는 전통적인 관료제에 시장모형에 기반한 경쟁 메커니즘을 도입해서 거버넌스 조정과 관리방식을 위계제와 경쟁의 조합으로 변화시켜 공공부문에서의 능률성, 효과성, 생산성, 민주성, 투명성 및 분권화, 성과관리제도, 조직구조 및 관리 기술 개선, 인력 감축 및 재조정 등을 달성하는 것을 목표로 하는 정부 거버넌스 방식이다.

신공공관리는 영국의 신관리주의와 미국의 기업가적 정부모형으로 구분된다. 영국을 중심으로 한 신관리주의는 신우파의 사고에 기초한 시장적 개인주의가 내재된 기업모형을 공공부문의 핵심적 가치에 이식시키거나 이와 일치시키려고 하는 시도이다. 그 내용을 살펴보면 첫째, 구조개혁수단으로서의 민영화, 인원 감축, 재정 지출 억제, 책임집행기관, 규제 완화 등이 있다. 둘째, 인사개혁수단으로는 권한 위임, 고위직 근무평정 및 성과급 제도, 임용 권한의 위임 및 사무차관 등을 포함한 고위직 임용계약제 등이 있다. 셋째, 재정개혁수단으로 운영예산제, 연도말 이월, 다년도 예산, 발생주의회계 등이 있다. 넷째, 서비스와 성과관리를 위한 개혁수단으로는 서비스 기준제도, 성과협약, 전략계획 등이 있다.

미국을 중심으로 한 기업가적 정부모형이 사용하는 수단은 신관리주의와 유사하나 부처 통폐합, 정원통제권, 보수결정권 위임, 성과협약 등의 수단은 거의 채택되지 않았다. 두 모형은 1990년대 이후부터 혼재되어 구별하기 힘들어졌을 뿐 아니라 추구하는 방향도 경쟁지향성, 성과지향성, 고객지향성으로 수렴되고 있다.

미국, 영국 등을 포함한 OECD 국가 대부분은 20여 년 전부터 신공공관리론에 기반을 둔 공공부문 혁신을 추진하고 있다. 현재 각국은 신공공관리 초기에 제기되었던 문제점을 보완하면서 공공부문의 혁신을 진행 중이다.

공공부문 혁신의 주요 과제는 첫째, 개방형 정부이다. 정보공개법과 옴부즈맨제도의 도입, 고객에 대한 서비스 표준 규정이다. 둘째, 공공부문의 성과 향상이다. 즉 성과관리와 성과예산의 도입이다. 셋째, 책임과 통제의 현대화이다. 규정과 법률을 이용한 직접적인 통제방식에서 시스템의 적절한 운용을 통한 간접적인 통제방식으로의 변화이다. 넷째, 기능 재배분 및 조직 재구성과 예산기능을 전략적 관리수단으로 활용, 예산배분과정을 포괄적인 관리개혁의 수단으로 활용하는 것이다. 다섯째, 시장형 메커니즘의 활용이다. 여섯째, 인적자원관리의 현대화이다. 공무원의 법적인 신분과 고용조건 변경, 계약직의 확대, 성과주의 보수체계이다(CPPR 시민참여연구센터).

4 거번먼트와 거버넌스의 특성

정부를 행정 중심으로 분류하면 크게 거버넌스governance와 거번먼트goverment로 나눌 수 있다. 거번먼트가 정부 중심의 국정 운영이라면, 거버넌스는 정부와 시민사회가 협력하여 사회문제를 해결하는 것이다.

뉴거버넌스의 이론적 기초를 살펴보면, 뉴거버넌스는 전통적 국가통치행위를 의미하는 거버넌스와 구별되는 개념이다. 즉 뉴거버넌스는 국민국가라는 한정된 범위가 아니라 정부조직(계층제)과 기업, 시민사회, 세계체제 등 모두가 공공서비스와 관련된 네트워크(연계, 상호작용)라는 것을 강조하는 개념이다. 신공공관리론과 뉴거버넌스론은 때로 동의어로 인식되기도 한다. 이는 두 가지 개념, 특히 뉴거버넌스가 상당히 모호한 개념이기 때문일 것이다. 예를 들어, 피터스Peters의 시장적 정부market government, 참여적 정부participative government, 유연한 정부flexible government, 탈규제정부deregulated government 등 뉴거버넌스 정부를 위한 4가지의 이론적 유형은 모두 공히 '해방관리'와 '시장원리적용'으로 요약되는 신공공관리론의 아이디어와 매우 밀접한 논리적 연관성을 갖고 있다. 또한 로도스Rhodes는 최소국가, 기업적 거버넌스, 신공공관리, 좋은 거버넌스, 사회적 인공체계, 자기조직화 네트워크 등의 6가지 개념을 언급했다.

그러나 신공공관리론과 뉴거버넌스론은 근본적으로 상이한 개념이다. 뉴거버넌스론이 정부와 사회 간의 새로운 상호작용의 형태를 의미하는 데 반해 로도스의 신공공관리론(Rhodes, 1997)은 정부관료제를 조직·관리하는 새로운 방법을 의미한다. 신공공관리론이 비정치적 개념인 반면, 뉴거버넌스론은 정치적인 개념이다. 이러한 의미에서 신공공관리론은 정치행정이원론에 가깝지만, 뉴거버넌스이론은 정치행정일원론에 가깝다. 즉 '거버넌스'라는 용어는 정부의 의미 변화, 또는 공적인 업무수행방법의 변화를 지칭한다. '정부'는 공식적인 권위에 근거한 활동을 지칭하는 반면 '거버넌스'는 공유된 목적에 의해 일어나는 활동을 의미한다.

1) 거번먼트에서 거버넌스로: 정부실패

거버넌스를 국가 중심의 조정양식이 한계에 처한 상황에서 국가, 시장, 시민사회 간의 협력을 통해 직면한 집합적 문제를 효과적이고 민주적으로 해결하기 위한 것이라고 할 때, 핵심은 정부의 기능과 통치방식의 변경에 있다. 실제로 정책 입안과 집행에 대한 연구결과를 살펴보면 국가권력에만 의존해서는 공공기관이 복잡한 사회적 문제에 대처하지 못한다. 책임을 맡은 정부나 행정기관은 정기적으로 공공영역의 민간 행위자과 협상하고 협력해야 하고 집합적 구속력이 있는 규정들은 국가 차원을 넘어서 다양한 사회의 자기조절방식에 의해 결정되고 집행된다.

거버넌스 논의의 진행과정은 정부실패에 대한 새로운 대응방법을 모색하는 과정과 밀접하게 연결되어 있다. 이는 정부실패의 현실을 보다 상세하게 기술한다. 국가 거버넌스를 구성하는 세 가지 주체의 주요 실패 내역을 간략히 정리하면 다음과 같다.

정부실패는 첫째, 1980년대 이후부터의 재정압박과 재정위기이며, 둘째, '주인-대리인' 문제로 관료제의 비효율성과 권력남용, 셋째, 정책과정에서 민주주의의 위기로 인한 정부실패에서 그 원인을 찾을 수 있다. 또한 시장실패는 첫째, 죄수의 딜레마, 둘째, 공유지의 비극, 셋째, 불평등의 확대와 고용불안에서 찾을 수 있다.

최근에는 '정부 없는 거버넌스governance without government' 또는 '정부에서 거버넌스로from government to governance'라는 표현을 사용하기도 한다. 거버넌스는 중앙정부, 지방정부, 정치적·사회적 단체, NGO 등 다양한 구성원으로 이루어진 네트워크를 강조한다. 다양한 참여자로 구성된 네트워크 상황은 참여자의 관계가 상호독립적이라는 것을 뜻한다. 그러나 모든 구성요소가 상호독립적이라는 것이 모든 참여자가 동등하다는 것을 의미하지는 않는다. 정부는 전통적 정부처럼 우월하지도 않고, 항상 동등한 입장에 있지도 않다.

정부는 기본적으로 동등한 입장에서 네트워크 전체를 관리하는 조정자의 입장에 있다. 이러한 네트워크의 연결성은 순수시장의 메커니즘보다 종속적이지만, 계층제적인 전통적 조직보다는 덜 종속적이다. 이러한 네트워크 구조의 영향으로 정부와 사회의 역할분담의 균형점이 이동하고 있다. 하향적이고 집권적인 조향에서 사회의 자기조향 능력self-steering capacity이 강조되고, 공동규제co-regulation, 공동조향co-steering, 공동생산, 공동지도co-guidance가 강조되는 방향으로 이동하는 것이다.

2) e-거번먼트에서 T-거번먼트로

21세기의 스마트사회는 행정·민원서비스를 안방에서 TV 리모콘 조작만으로 간편하게 받을 수 있는 시대와 달리, 인터넷 중심의 e-거번먼트(전자정부)가 방송통신을 융합한 IPTV 기반의 차세대 모델로 진화할 것이다. 즉 T-거번먼트, 전국 확산 기대 T-거번먼트를 위한 지역 IPTV 서비스 구축은 서울을 시작으로 전국 자치단체로 확대된다. 구 단위에서는 이미 T-거번먼트가 구축·운영되고 있다. IPTV는 규모·기능 면에서 지역 단위의 최초 서비스라는 상징성 때문에 정부와 업계의 벤치마킹 모델이 되고있다.

T-거번먼트 실현에 꼭 필요한 'IPTV 공통기반환경시스템' 구축도 정부 차원에서 진행된다. 'IPTV 공통기반환경시스템'은 각기 다른 서비스 방식을 가진 IPTV 사업자, 셋톱박스업체 등과 백여 개 공공기관의 콘텐츠가 상호연동될 수 있게 하는 것이다. 이 시스템이 상용화되어 IPTV 지역포털을 구축하는 지방자치단체들은 주민등록등초본 발급 등 민원서류 업무는 물론 보건의료, 행정 등의 서비스 구현에 더욱 새로운 모델을 제시할 것으로 기대된다. 앞으로 IPTV가 모바일과 연계되어 모바일 IPTV시대가 열리

면, 시공간의 제약 없는 신속하고 정확한 정보 전달이 가능해진다.

 정치경제의 융합

1) 정치경제학의 개념

오늘날 세계의 정치·경제는 해결이 곤란한 각종 문제에 직면하고 있다. 예측을 넘어서는 돌발적 사태가 발생함에 따라 모두가 깊은 혼란 속에 침체되어 세계가 장기불황 및 정치적 부진에 매몰되고 있는 것처럼 여겨지기도 한다.

이러한 시대적 상황에서 해결의 열쇠는 시대를 돌파할 뛰어난 창조성을 뒷받침하는 학술적 연구, 심화된 전문적 지식을 지닌 인재를 최전선에 대량으로 제시하여 세계경제의 글로벌화에 발맞추어 배출하는 것이다.

정치경제학political economy, 政治經濟學은 원래 생산, 매입과 매각행위, 그리고 이들 행위들이 각각 법, 관습과 정부와 맺는 관계를 연구하는 학문을 일컫는다. 이는 18세기 당시 국가경제를 연구하면서 발달하였다.

정치경제학은 자본주의 시장경제가 효율적인 최선·차선의 경제체제라고 보는 주류 경제학(신고전학파, 케인즈주의)과는 다른 경제학의 접근이다. 즉, 정치경제학은 자본주의 시장경제가 생산관계·계급관계의 성격상 모순적인 경제체제라고 규정하며, 자본주의 시장경제의 모순을 완화·극복하기 위한 대안적 경제체제를 모색한다. 칼 마르크스Karl Marx는 정치경제학을 자본주의 비판이론을 중심으로 하여 정치경제학의 기본 개념 및 이론으로 설명한다.

정치경제학자들은 케네가 주장했던 중농주의 이론에 반하여 노동가치론을 제안했다. 처음 존 로크가 도입하여 애덤 스미스와 카를 마르크스가 발전시킨 이 이론에 의하면 노동이 바로 실제 부의 원천이다. 정치경제학자들은 기술의 가속하는 발전 속도를 관찰하여 기술이 경제·사회관계에 끼치는 영향력이 증가할 것이라고 예견하였다.

오늘날 정치경제학은 경제적 행태를 연구하는 것으로, 서로 밀접하게 연관되어 있으면서도 조금씩 다른 접근법을 가지고 있다. 이들 접근법은 경제학을 타 학문과 섞어 연구하는 것에서부터 주류 경제학의 근본 전제에 도전하는 방법론에 이르기까지 다양하다. 정치경제학은 일반적으로 경제학과 법학 그리고 정치학에 기원을 둔 학제적 연구 분야를 지칭한다.

2) 정치경제학의 배경

정치경제학의 기본 목적은 물物과 물物의 관계의 배후에 존재하는 인간과 인간의 사회적 관계를 해명하는 것이다. 이러한 관점에서 마르크스는 노동가치설에 입각하여 《자본론》을 통해 자본주의 사회의 기본 법칙인 '잉여가치법칙'을 규명하고자 했다. 과연 '디지털경제'에서도 이러한 경제원리는 타당한 것일까?[18] 디지털경제학에서는 생산, 교환, 분배양식에 어떠한 변화가 있으며, 계급구조 역시 어떻게 변화할까? 최종적으로 디지털경제 아래서 자본주의의 장래는 어떻게 될까? 이와 관련된 모든 의문이야말로 기존의 정치경제학이 앞으로 해명해야 할 주요 과제이다. 이 글에서는 마르크스가 자본에 대한 분석을 자본주의 사회의 세포인 '상품' 분석에서 시작[19]했듯 디지털경제에서 상품 콘텐츠의 주된 재료인 '정보' 및 '지식'과 관련된 논의가 이하 모든 쟁점의 출발점이 된다.[20]

마르크스주의자들이 규정하는 국가는 노동자들을 착취하는 자본가들의 수탈을 보조하는 집행위원회일 뿐이다. 마르크스주의는 국가의 복지를 강조하지 않는다. 마르크스

---

18 마르크스의 입장은 첫째, 기존의 정치경제학 논리가 '디지털경제' 아래서 더욱 관철된다는 근본주의적 입장이다. 둘째, '디지털경제'를 설명하기 위해서는 기존의 정치경제학 논리의 성찰(rethinking) 및 재개념화를 통해 정치경제학의 수정 및 확장이 필요하다는 입장이다. 셋째, '디지털경제'는 기존의 경제학 논리로 설명할 수 없으며 패러다임 쉬프트가 불가피하다는 입장으로 보았다.

19 마르크스의 《자본론》은 다음과 같이 시작한다. "자본주의적 생산양식이 지배적으로 이루어지고 있는 제 사회의 부는 하나의 '거대한 상품집적'으로 나타나고 개개의 상품은 이러한 부의 요소형태로 나타난다. 그러므로 우리의 연구는 상품의 분석으로부터 시작된다."

20 이 분야와 정치경제학이 결합하면서 '미디어의 정치경제학', '정보의 정치경제학', '텔레커뮤니케이션의 정치경제학', '커뮤니케이션의 정치경제학' 논의가 활발하게 이루어지고 있다. 이와 관련하여 최근 출간된 도서로는 빈센트 모스코 (Vincent Mosco, 1996)가 쓰고 김지운이 번역한 《커뮤니케이션의 정치경제학》(1998)이 있다. 모스코는 사회분석을 위한 일반적 접근방법으로서 정치경제학의 논의를 성찰(rethinking)하고 이를 쇄신(renewal)하는 커뮤니케이션 정치경제학의 접근방법을 사회적 장에서 출발점 구실을 하는 세 가지 역동적 과정으로서 상품화·공간화·구조화 과정이라고 분석했다. 지금까지 정치경제학 분야에서는 이런 연구성과들을 단지 미디어 혹은 커뮤니케이션 분야에만 한정된 것으로 취급했으나, '디지털경제'에서 '정보' 및 '지식'과 관련된 연구는 정치경제학 자체의 핵심적 연구대상이 되고 있다.

주의는 국가가 언젠가 계급의식을 깨달은 노동자들의 혁명으로 무너지고 역사는 이미 예정된 것처럼 사회주의로 넘어간다고 여긴다. 최근 마르크스주의의 경향은 이 같은 교조적 마르크스주의에 머무르는 대신, 급진적 주요 산업의 국유화를 주장한다. '대마불사'가 아니라 '대마이면 공영화 socializing'해야 한다는 의미이다.

현재 마르크스주의 경제학이 작동하는 나라는 북한과 쿠바이다. 두 나라의 경제구조는 국가계획경제이고, 다른 국가는 시장주의 메커니즘을 경제구조로 채택하고 있다. 자유주의 경제학은 시장의 존재를 중심으로 경제를 운영하는 모든 세부 경제학을 포괄한다. 그리고 이 세부 경제학은 국가의 시장개입 정도에 따라 구별된다. 자유주의 경제학은 크게 신고전주의, 케인즈주의, 폴라니주의 등으로 구별되며, 신고전주의는 국가는 통화량 조절 같은 통화정책만, 케인즈주의와 폴라니주의 통화정책, 재정정책, 복지정책 등을 통해 국가가 시장에 개입해야 한다는 입장이다. 케인즈주의는 개인에게 복지를 제공함으로서 그들이 소비할 수 있는 여력을 늘려 경기를 활성화시킨다는 생각으로 복지를 강조한다. 폴라니주의는 인간의 본성이 시장이라는 발명품에 익숙하지 못하므로 그들을 보호하기 위해 복지를 강화해야 한다고 주장한다. 이때 보편적 무상복지는 조세저항을 최소화하기 위한 수단이 된다.

현재 지구상에서 순수한 신고전파적 정책만으로 체제를 운영하는 국가는 없다.

3) 정치경제학의 비판

인간은 물질을 더 많이 생산하여 유족한 물질생활을 누리기 위해, 고된 육체적 노동에서 해방되기 위해 주도적으로 과학과 기술을 발전시키고 기술혁명을 수행하여 인간의 경제적 이익에 맞지 않고 경제발전에 지장으로 되는 불합리한 생산관계를 인간의 경제적 이익과 사회발전의 요구에 맞게 주도적으로 개조하고 있다. 이렇게 생각하는 것이 보다 정상적인 사고방식이라고 할 수 있다. 물론 낡은 생산관계를 유지하려는 사회의 세력과 새로운 생산관계를 수립하려는 진보적 세력 사이의 대립과 충돌은 언제든 일어날 수 있다. 그것은 사람 간 경제적 이해관계의 대립에서 오는 충돌이다. 그것을 낡은 생산관계를 대표하는 계급과 생산력을 대표하는 근로계급과의 계급적 대립에 귀착시키는 것은 이론적으로도 역사적 사실에도 맞지 않는 잘못된 견해이다.

마르크스주의자들은 계급주의적 집단주의의 입장에서 자본주의 경제체제를 비판하고 집단주의에 기초한 사회주의 경제체제 수립을 주장했다. 마르크스주의 창시자들은 자본주의 경제의 기본적인 모순을 생산의 사회적 성격과 소유의 자본주의적 형태, 즉 사적 소유 간의 모순이라고 규정하였고 이와 같은 모순을 해결하기 위해 생산의 사회적 성격에 부합되도록 자본주의적 사적 소유형태를 사회주의적 소유형태로 교체해야 한다고 주장했다. 그들의 주장은 사물의 내부 모순이 사물 발전의 원천이라는 견해와 사회생활의 본질이 물질생활이며 그것을 규정하는 것이 생산력과 생산관계의 통일인 생산방식이라는 견해에 기초한다. 이와 같은 견해의 오류에 대해서는 뒤에서 언급하기로 하고, 우선 생산력과 생산관계의 관계를 내용과 형식 간의 관계로 보는 마르크스주의자들의 견해의 타당성에 대하여 살펴보자.

마르크스주의자들은 인간을 사회적 운동의 주인으로 보지 않고, 인간이 창조한 생산력과 생산관계를 인간의 활동을 규정하는 결정적 요인으로 본다. 그들은 생산력의 발전과 생산관계의 상응이 인간의 의사와 관계없이 객관적으로 작용하는 법칙이라고 간주한다. 그들은 생산력의 발전에 생산관계가 적응한다는 법칙이 인간의 경제활동과 사회활동 전반을 규제하는 기본법칙이라고 인정한다. 이것은 자본주의의 기본적인 모순에 대해 마르크스주의자들이 이론적으로 근본적인 착오를 범하고 있다는 것을 말해 준다.

자본주의의 기본 모순에 관한 이해에서는 자본주의경제에 대한 마르크스주의자들의 그릇된 견해가 집중적으로 표현된다. 마르크스주의자들은 자본주의의 기본 모순을 생산력과 생산관계의 내용과 형식의 변증법적 관계의 일환으로 간주한다. 생산력과 생산관계를 내용과 형식의 변증법으로 이해하는 것이 잘못되었을 뿐 아니라 그것을 생산관계를 대표하는 특권계급과 생산력을 대표하는 근로계급의 계급투쟁과 결부시킴으로써 그들은 또 하나의 이론적 과오를 첨가하게 되었다.

그들은 자본주의 사회의 민주주의적 특성을 옳게 평가하지 못하고, 그것을 계급적 지배사회의 한 형태로 그릇되게 이해하여 자본주의 경제체제를 계급 투쟁의 대상, 계급 혁명의 타도 대상으로 적대시한다. 또한 인간 존재의 기본 특징에 대한 이해가 결여되면서 생산의 사회화에 상응한 완전한 집단주의 사회 수립의 필연성을 주장하는 과오를 범하게 되었다.

오늘날 자본주의 생산의 병집 원인은 개인적 존재로서 생산자의 이익을 위주로 하고 집단적 존재로서의 사회 공동의 이익을 소홀히 했다는 것에 있다. 이로부터 시장에서 상품이 팔리지 않게 되어 생산자들이 생산에 필요한 인적·물적 요인을 충분히 이용하지 못함에 따라 많은 생산수단이 사장되고 실업자들이 증가하고 있다. 이러한 결함 극복을 위해서는 생산자 개인의 이익과 소비자인 집단의 이익을 통일시키는 방향에서 경제분야의 민주주의를 개선하고 완성해야 한다. 이것은 개인 중심의 민주주의를 부정하는 방법이 아니라, 그것을 민주주의의 기본적인 원리에 맞게 개선하고 완성해 나가는 방향에서 민주적인 방법으로 해결되어야 할 문제이다. 이 문제에 대해서는 뒤에서 언급할 것이다.

6 기술정치의 융합

IT 기술과 정치의 결합은 또 다른 양태를 보여 준다. 지난 2012년 미국의 대통령 선거는 IT와 정치의 융합을 보여 주는 좋은 예이다. 재선에 성공한 오바마Obama의 선거 전략은 데이터 분석을 선거에 접목시키는 것이었다. 선거 자금의 모금부터 유권자 분석, 공략 대상 선정, 선거운동방법 선정, TV 광고의 목표 설정, 선거 시뮬레이션 수행 및 제안, 온라인 대응에 이르는 선거의 모든 과정에 이를 적용한 결과, 오바마는 압도적으로 승리할 수 있었다.

그러나 융합이 모두 가치 있는 것은 아니다. 융합은 단순히 기술과 기술, 개념과 개념을 하나로 합친다고 해서 이루어지는 것은 아니기 때문이다. 앞에서도 이야기했듯 융합은 방향성과 정체성을 지녀야 한다.

2005년에 한국을 방문한 앨빈 토플러Alvin Toffler는 21세기가 융합의 시대라고 강조하면서, "한국의 미래는 융합기술에 달려 있다."고 주장했다. 그 후 융합기술인 나노기술NT, 정보기술IT, 바이오기술BT 등 첨단기술의 융합 추세가 뚜렷하게 나타났으며, 그 영향력 역시 새로운 산업혁명에 비견할 만큼 강력하다고 평가받았다. 그리하여 2013년에는 교육과학기술부, 한국과학재단의 주최로 서울교육문화회관에서 융합연구포럼이 열려 사람들의 주목을 받았다. 국가과학기술위원회는 교육과학기술부, 문화체육관광부, 농수산식품부, 지식경제부, 보건복지가족부, 환경부, 국토해양부 등 7대 부처가 참여하여 수립한 국가 융합기술 발전 기본계획안을 확정했다. 2009년부터 2013년까지 5년간 시행될 이 계획의 목적은 차세대 기술혁명을 주도할 융합기술을 체계적으로 발전시켜 의료, 건강, 안전, 에너지·환경에 대한 문제해결뿐만 아니라 신성장동력인 융합 신산업을 육성하여 융합원천기술의 수준을 2007년 선진국대비 50~80%에서 2013년 70~90% 수준까지 향상시키고, 융합 신산업을 창출시켜 제조업 수출액 중 첨단기술 제품 비중을 2008년 7위에서 2013년 5위로 높여나갈 계획이라고 강조했다. 한국과학재단 · 한국학술진흥재단 등에서도 영역 간의 벽을 허물고 학제 간 연구 프로젝트 신청과제를 공모하고 있다.

우리나라는 미국 금융위기의 영향으로 실물경제가 위축되어 일자리가 줄어들었다. 정치 역시 학문과 연구처럼 상하좌우융합의 정치, 소통정치를 하여 서로 간에 힘을 합치고 이러한 난국을 뚫고 나아가야 한다.

미래사회의 정치적 융합의 전망

이제 정치도 이념적 논쟁에서 벗어나서 국민의 삶의 질을 높이고 국가경쟁력 향상의 원동력이 되는 기반을 마련에 최선을 다해야 한다.

국가의 부흥을 위해서는 좌우의 갈등이나 지역 · 계층 간 갈등이 존재해서는 안 된다. 시대적 요구에 맞춰 여 · 야가 정책적으로 경쟁하고 자신의 색깔을 드러내거나 주장을 밝히는 것은 좋지만 국가적인 일에는 당을 초월하여 협력하는 자세를 갖추어야 할 것이다.

기존의 전통적인 리더십이나 정치적 태도에서 벗어나 미래지향적이며 목적지향적인 자세가 필요한 시기이다. 대권을 잡기 위한 경쟁이 아니라 국민을 위한 봉사가 필요하다. 기업에서 능력이 없는 사장을 해임하는 것처럼, 국민이 주인인 국가에서도 정치인들이 당리당략黨利黨略에 치우칠 경우 물러나게 할 수 있는 제도를 설립해야 할 것이다. 또한 사회질서와 안녕을 우선시하며 창조적 마인드를 가진 융합형 지도자가 정치를 하는 미래가 되기를 기대해 본다.

e-거버넌스 혹은 디지털 거버넌스란 '디지털기술융합에 기반을 둔 시장과 사회를 운영하는 새로운 메커니즘'으로서 단지 ICT를 이용한 권위적인 정부의 행정에 국한되는 개념이 아니라 'ICT를 활용하여 시민, 정부, 기업이 새로운 관계를 형성하고 공동체의 운명을 결정하고 관리하는 운영 메커니즘'으로 정의하는 것이 맞다. 즉, 디지털이라는 기술적 요소와 거버넌스라는 정치와 사회의 운영 메커니즘이 결합되어 만들어진 개념으로서 수평적 협의 네트워크로 진화함을 의미하는 개념이다. 아래 표는 이를 설명한 것이다.

시장 및 정부의 실패와 네트워크 거버넌스

요인	시장실패	정부실패	네트워크 거버넌스
재화	공공재의 저공급	관료의 사적 목표추구	지식정보재의 공급
파급효과	외부효과	관료제 내부절차와 과정	네트워크 외부효과
규모경제	규모경제와 비용 체감	할거주의와 비용 체증	규모경제와 비용 체감
정보	정보비대칭	할거적 정보독점과 비밀상	정보의 통합 및 공용
형평성	분배적 불평등(소득)	정치적 불평등(권력)	디지털 평등과 접근성

자료: Charles Wolf, Jr(1988); Weimer and Vming(1992).

e-거버넌스의 개념은 하드웨어에서 소프트웨어와 콘텐츠로 변화하고, 디지털융합이 급격히 진행되는 기술 발전의 내용을 반영한다. 이 과정에서 나타나는 쟁점 가운데 가장 중요한 것은 ICT 표준 관련 기술이 기술공간의 거버넌스 제공 차원을 넘어 현실공간 또는 사이버공간에서도 탈집중 네트워크, 즉 거버넌스 형태의 제도환경을 요구한다는 점이다. 즉 키첼트(Kitschelt, 1991)의 말처럼 모든 기술체계는 그에 적합한 제도환경을 기술체제 그 자체의 속성으로 내재하며, 그에 적합한 관리구조의 선택에 영향을 미치는 기술체계 결합도와 인과적 상호작용의 복합도라는 두 가지의 특징을 가진다는 것이다. 즉, e-거버넌스는 기존의 국민국가 중심의 통치체제 약화, 국가 운영 패러다임의 변화와 더불어, 디지털기술을 통해 국가와 시민이 협의와 조정을 중심으로 하는 탈집중적인 네트워크를 형성하고 정보사회의 새로운 통치 메커니즘을 형성하려는 움직임을 배경으로 한다.

특히 네트워크 공간의 탈집중 네트워크의 특징은 국가의 위상과 역할에도 변화를 야기하며 일방적인 지배하는 국가의 위상이 아닌 관리자로서의 위상 변화를 촉구한다. 또한 e-거버넌스에 내재된 수평성과 분권성은 과거에 비해 상대적으로 격상된 시민과 기업의 위치를 전제하며, 그러한 가운데 소통의 방법과 범위가 확대되고 민주적 결정을 지향한다는 정치적 의미를 가진다.

자료: 정보통신정책연구원(2010). 디지털 정치조직의 출현과 e-거버넌스의 미래.

▶ 정부실패와 시장실패에 대응한 e-거버넌스의 장점과 단점을 논의해 보자.

Chapter 6

경제적 **융합**

전 세계적으로 우리나라만큼 경제적 발전을 이룬 국가를 찾아보기는 어려울 것이다. 우리나라의 경제는 점점 심오한 변화를 일으키며 디지털화되고 있다. 기술이 인간의 직관을 대신하는 업무까지 수행할 수 있는 세상이 도래했다. 디지털경제현상으로 인간은 더욱 의미 있고 풍부한 삶을 영위할 수 있게 되었다. 융합경제와 창조경제가 새로운 경제적 흐름으로 등장하는 가운데, 융합·창조산업이 자신만의 경쟁력을 갖추고 있다. 이러한 시대를 맞이하여 융합·창조경제의 전반적인 배경을 이해하고 그 내용을 다각적으로 살펴보자.

1. 개념적 정의

미래사회의 경제적 융합은 새롭게 전개되는 산업패러다임으로 산업혁명 이래 200년 이상 전개된 양상과는 확연히 다르지만, 1990년 후반기 이후에 나타난 정보통신 혁명기임은 분명하다. 이미 1980~1990년대에 시작된 정보통신기술의 혁명과 21세기에 본격화된 IT, BT, NT, CS 등의 기술혁명이 중첩되는 영역에서 융합기술과 이를 기반으로 한 새로운 산업활동이 본격적으로 이루어지고 있다. 산업화시대에는 ICT 분야도 하나의 개별 기술에 의존하는 개별 산업이므로 산업의 진흥을 위해서나 규제를 위해서도 ICT 분야 고유의 제도를 유지해야 한다. 하지만 ICT 기술을 기반으로 산업의 융합이 활발하게 진행되는 형국에서는 정보통신산업만을 주인공으로 구분하여 진흥하거나 규제할 수는 없는 일이다.

2 경영경제

경제적 융합이 경영경제의 촉매 역할을 하는 만큼 규제도 그에 걸맞게 설정될 필요가 있다. 지금부터 이러한 내용과 관련된 법칙을 살펴보고자 한다.

1) 리비히 법칙

리비히 법칙은 한 나라의 경제수준을 가늠하는 GDP와도 연관이 있다. GDP란 한 나라에서 일정 기간 동안 최종적으로 생산된 모든 재화와 서비스의 시장가치(시장가격)의 합계(생산측면)이다. 동시에 모든 재화와 서비스의 부가가치의 합계(부가가치측면)이고, 지출총액(소비측면)이기도 하다. GDP는 그 나라 안에서 일어난 소비(C)와 투자(I), 정부지출(G), 순수출[(수출(X)-수입(M)]을 더한 것이다.

$$GDP = C + I + G + (X - M)$$

이 GDP가 전년보다 얼마나 늘었는지를 나타내는 것이 경제성장률이다. 따라서 경제가 성장하려면 민간 소비와 투자가 활발해지고 정부지출이 늘어나면서 무역수지도 흑자를 유지해야 한다. 이 중 하나라도 문제가 생긴다면 GDP가 증가하기 어렵다는 점에서 경제 성장은 리비히 법칙과 닮았다(오형규, 2014).

GDP가 늘어난다는 것은 그 나라 국민의 생활수준(소득)이 높아지는 것을 의미한다. 대표적인 것이 그 나라의 환경수준이다. 소득이 일정 수준을 넘어서면 환경오염이 줄어든다는 내용의 '환경 쿠즈네츠 곡선Environmental Kuznets Curve'[21]이 이를 잘 보여 준다. 환경 쿠즈네츠 곡선은 **그림 6-1**과 같다.

경제가 성장하여 부를 축적할수록 사람들은 환경의 개선을 요구하고 환경보전과 복원에 투자한다. 선진국의 강이 후진국보다 깨끗하고, 뉴욕이나 샌프란시스코의 공기

---

21 일반적으로 쿠즈네츠 곡선은 역 U자형이며, 흔히 소득불평등과 경제발전 간의 관계를 나타낸다. 이 곡선은 공해와 경제성장의 관계도 나타낼 수 있다. 경제발전의 단계가 낮은 국가들은 상당한 양의 공해물질을 배출할 정도의 생산활동 자체가 불가능하다. 그러나 이후 1인당 소득이 증가하면 환경 훼손의 정도 역시 함께 증가한다. 소득이 증대됨에 따라 사람들은 삶의 질에 관심을 가지는데, 이에 따라 정부는 공해를 줄이고자 노력하게 된다. 즉, 이러한 공해는 사치재(luxury good)라고도 할 수 있다. 가난한 국가의 공해수준이 낮은 것은 그들이 깨끗한 환경에 높은 가치를 부여해서가 아니라, 보다 많은 소득을 환경을 위해 희생할 기회조차 갖지 못하기 때문이다.

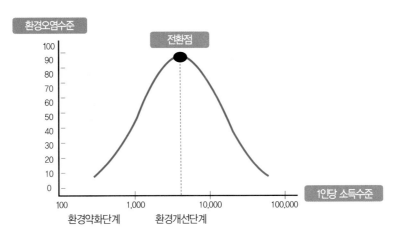

그림 6-1 환경 쿠즈네츠 곡선

자료: 오형규(2014).

가 몽골의 울란바토르나 아프가니스탄의 카불보다 깨끗한 것은 바로 이러한 이유에서이다.

2) 파레토 법칙

정보화되고 다원화된 사회에는 다른 의견을 가진 사람들이 많다. 그러므로 재화에 대한 그들의 기호 역시 다양하다. 요즘의 기업들은 다양성을 인정하며 모든 소수 소비자들의 욕구를 채워줘야 할 의무가 있지만 이를 거스르는 법칙인 파레토 법칙이 있다.

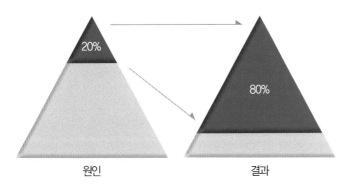

그림 6-2 파레토 법칙

파레토 법칙 Pareto Law이란 이탈리아의 경제학자 빌프레도 파레토 Vilfredo Pareto, 1848~1923가 발견한 부의 불균형현상으로 19세기 영국의 부와 소득의 유형을 연구하다가 발견한 법칙이다. 이 법칙은 인구의 20%가 전체 부의 80%를 차지한다는 사실로부터 시작되었다. 20%가 부지런히 일하는 데 비해 80%는 게으르거나 일하지 않으며 이는 2:8 법칙이라고도 부른다. 시대를 막론하고 부의 불균형 비율은 유사하게 존재하며 다양한 분야에 적용된다.

결국 부의 80%를 인구의 20%가 소유하고, 기업 매출의 80%는 20%의 제품에서 나온다. 이 이론은 소수가 중요하고 대다수는 그 중요성이 떨어진다는 '핵심 소수 법칙'이라고도 할 수 있다. 다시 말해 이 법칙은 정보화시대 마케팅의 최적 비율로서 소득의 문제뿐 아니라 정치·경제·경영·사회·문화적 영역을 넘어 우리 사회 비즈니스의 황금비율을 구분하는 기준으로 이용된다. 사회적인 모든 원인의 20%가 80%에 해당하는 결과를 만든다는 것이다. 직장 내에서도 20%의 인원이 80%의 업무를 처리한다고 보고되어 있다. 이러한 파레토 법칙은 그대로 받아들이기 보다는 상위의 일부가 미치는 영향력이 생각보다 크다는 정도로 받아들이면 될 것이다.

만약 기업의 소비자로서 우리가 상위 20%에 속하지 않는다면 우리는 개미소비자에 불과하며 기업이 신경쓰지 않아도 될 사람으로 분류될 것이다. 우리는 이를 통해 왜 기업들이 상위 20%에 속하는 VIP에게 많은 혜택을 부여하고 호의적으로 대하는지를 알 수 있다. 20%의 사람들이 돈을 쓸수록 기업의 이득은 나머지 80%의 소비가 증가할 때보다 더 커지기 때문이다. 만일 나머지 80%의 소비가 증가하는 것이 더 이득이라면 기업은 상위 20%를 우대할 필요가 없다.

파레토 법칙은 재화의 사례에서도 나타난다. 잘 팔리는 물건 20%가 기업 소득의 80%를 차지한다는 점이다. 여기서 말하는 잘 팔리는 물건이란 쉽게 말해 요즘 유행하고 있는 몇 개의 재화라고 할 수 있다.

급변하는 사회에서 파레토 법칙에 입각하여 기업활동을 하는 것은 효율성을 높이는 방안일 수 있지만, 다른 한편으로는 기업의 이미지를 실추시키는 부정적 방안일 수도 있다. 그러므로 기업은 자신들의 상황에 맞추어 적절한 생산을 고려해야 할 것이다.

파레토 법칙이 세상에 소개된 이후, 이것은 마케팅론의 정석이자 핵심 패러다임으로 자리잡았다. 선택과 집중을 중시하는 기업의 입장에서는 힘없는 불특정 다수보다 힘이 있고 실체가 분명한 소수를 대상으로 마케팅을 하는 것이 효율적·효과적이다. 하지만 최근 들어 파레토 법칙의 명성이 예전 같지 않다는 평가가 나오고 있다. 힘이 없고 평범한 다수의 고객이 힘이 있고 소수의 우수한 고객에 버금가는 가치를 창출하는 현상이 목격되고 있기 때문이다.

결국 파레토 법칙은 소득 분포의 불평등도에 대한 경제법칙이기도 하다. 그가 제시한 파레토 효율Pareto efficiency 또는 파레토 최적Pareto optimality은 후생경제학의 중심 개념 중 하나이다. 이는 교환과 자원배분이 최적으로 이루어져서 다른 어떤 배분 상태와 비교해도 이보다 더 효율적인 배분이 불가능한 상태를 가리킨다. 이는 즉 한 사람의 후생이 증가하려면 다른 사람의 후생을 감소시켜야 하므로 어떤 방식으로도 개선의 여지가 없는 상태를 말한다. 결국 파레토의 이름에 기댄 사회와 자연의 경험법칙인 셈이다.

3) 롱테일 법칙과 역 파레토 법칙

롱테일long tail 또는 롱테일 법칙Long tail theory은 파레토 법칙을 그래프에 나타냈을 때 꼬리처럼 긴 부분을 형성하는 80%의 부분을 일컫는 용어이다. 이는 기하급수적으로 줄어들며 X축으로 길게 뻗어나가는 그래프의 모습에서 나온 말이다. 이 용어는 2004년 10월 미국의 세계적인 IT 전문지인 〈와이어드Wired〉 20호에서 편집장 크리스 앤더슨Chris Anderson에 의해 처음으로 소개되었다.

파레토 법칙에 의한 80:20의 집중현상을 나타내는 그래프에서는 발생확률 혹은 발생량이 상대적으로 적은 부분은 무시되는 경향이 있다. 그러나 빅데이터 처리 기술 등 인터넷 기술과 새로운 물류기술의 발달로 인해 이 부분 역시 경제적으로 의미를 갖게 되었는데 이를 '롱테일'이라고 한다. 즉 롱테일 법칙이란 80%의 비핵심 다수가 20%의 핵심 소수보다 더 뛰어난 가치를 창출한다는 이론이다.

이것을 직역하면 '긴꼬리 법칙', 또는 '역逆 파레토 법칙'이라고도 부를 수 있다. 그림 6-3을 통해 알 수 있듯, 상품을 많이 팔리는 것부터 적게 팔리는 것 순으로 늘어놓으면 공룡의 긴 꼬리와 같은 모양을 이루게 된다.

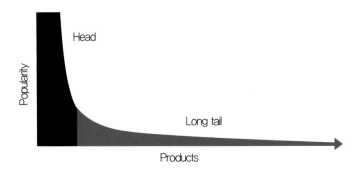

그림 6-3 롱테일 법칙

　이러한 롱테일 법칙이 나타난 이유는 인터넷의 발달로 전시비용이나 전시공간의 제약이 사라지고, 유통물류비용이 저렴해지면서 선택의 폭이 확대되었기 때문이다. 과거에는 소비자들의 눈에 띌 기회조차 없었던 상품이 검색을 통해 팔리면서 전체 매출에서 인기상품을 앞지르는 현상이 종종 나타나는 것이다. 이러한 특성은 온라인을 기반으로 하는 기업에게 새로운 비즈니스 모델을 제공한다. 인터넷이 불러온 새로운 시장과 유통의 진화인 것이다.

　인터넷 등의 디지털기술 혁명으로 인해 많은 소비자들이 검색을 통해 틈새문화에 주목하고 있다. 20세기가 히트상품의 시대였다면 21세기는 틈새상품의 시대이다. 소비자는 원하는 정보를 찾아 구매하는 '무한선택'이 가능해지면서, 롱테일 법칙의 꼬리가 점점 더 길고 두꺼워지고 있다. 디지털시대에 벌어지는 꼬리 칸의 반란은 이 법칙을 더욱 주목할 만한 것으로 만들고 있다.

 시장경제

　시장의 기원은 인류의 역사와 궤를 같이한다. 자급자족 상태를 벗어나 분업과 교환이 시작되면서 시장은 자연발생적으로 탄생했다. 사람들은 시행착오를 겪으면서도 서로에게 득이 되는 교환방식을 찾아냈다. 이러한 과정은 마치 동물의 진화처럼 적응과 도태를 거듭하여 오늘날의 시장이 탄생했고, 시장에서 벌어지는 활발한 거래는 문명을 만들어냈다. 고대사회의 약탈이 상거래로 바뀐 것은 약탈에 따른 비용(체포, 처벌, 은신 등)이 상거래 비용보다 커졌기 때문이다. 프랑스의 사상가 샤를 몽테스키외Charles De Montesquieu[22]는 "북유럽의 야만인들에게 문명과 친절한 예절을 전파하는 것은 통상이었다."라고 했다.

시장은 가장 자연스러운 거래 형태이기에 금지한다고 없어지거나 인위적으로 만든다고 커지지 않는다. 그레고리 맨큐Nicholas Gregory Mankiw[23]가 제시한 제5원리 역시 "자유로운 거래는 모든 사람을 이롭게 한다."는 것이다. 제3자가 불필요하게 개입하지 않는 한 자유의사에 의한 거래는 서로에게 이득이 되는 교환을 가능하게 한다. 맨큐는 제6원리로 "일반적으로 시장이 경제활동을 조직하는 좋은 수단이다."라고 했다.

글로벌시대에서는 하나의 시장이 전 세계에 영향을 미치는데, 그에 대한 좋은 예로 그리스를 들 수 있다. 그리스 위기의 근본 원인 중 하나는 돈을 벌어 세금을 내는 사람에 비해 정부에서 월급을 받는 사람의 비중이 너무 컸다는 것이다. 국민은 소득의 원천에 따라 시장소득형 국민과 조세소득형 국민으로 나눌 수 있는데, 전자가 기업가 · 근로자 · 자영업자처럼 시장경쟁을 통해 부가가치(이윤임금)를 버는 사람이라면, 후자는 정부가 고용한 공무원 · 교사 · 군인 등으로 국민의 세금에서 월급을 받는 사람이다. 파킨슨 법칙Parkinson's Law[24]이 보여 주듯 공무원 조직은 업무량에 관계없이 늘어나는 속성이 있다. 그렇게 되면 정부는 점점 더 많은 세금을 걷어야 한다. 그런 점에서 정부가 해야 할 일과 하지 말아야 할 일이 있다. 먼저 정부가 나서서 해야 할 일은 다음과 같다.

- 사유재산권을 철저히 보호한다.
- 경제 주체 간에 계약이 잘 이행되도록 간결하고 공정한 제도와 법률을 갖춘다.
- 통화가치를 안정시킨다.

반면, 정부가 하지 말아야 할 일도 있다.

---

[22] 정치 사상가이자 법률가 및 역사가로서 18세기 프랑스와 유럽 전역에서 그 명성을 떨쳤다. 그는 영국의 사상, 특히 로크의 영향을 받아 절대군주제를 격렬하게 비판하고 국가의 기원, 법의 본성을 설명하고자 하면서 자연적인 기초 위에 사회개혁의 계획을 세웠다. 정부의 형태로는 입헌군주제를 최선이라 여기고, 3권분립과 양원제 의회를 주장했다.

[23] 미국의 경제학자. 2003년 5월, 부시 대통령에 의해 백악관 경제자문위원회의 의장으로 임명되었다.

[24] 파킨슨(Parkinson)이 주창한 법칙으로, 공무원의 수는 해야 할 업무의 경중이나 그 유무에 관계없이 일정비율로 증가한다는 내용이다.

- 상거래나 국제무역을 가로막는 지나친 규제를 금한다.
- 세금을 과도하게 올리지 않는다.
- 특별한 경우가 아니면 재정적자를 내지 않는다.

정부가 경우에 따라 시장의 성과를 개선하는 경우는 드물지만 반드시 시장원리를 거스르지 않는다는 전제에서만은 타당하다고 볼 수 있다(오형규, 2014).

시장경제를 올바르게 알리고 전파하기 위해서는 우선 시장경제를 설명하는 용어에 깔려 있는 부정적 낙인부터 벗겨야 한다. 자본주의를 '시장경제', 승자독식 자본주의를 '소비자선택 자본주의', 기업의 사회적 책임CSR을 '기업의 사회공헌', 재벌을 '대기업 집단', 시장점유율을 '소비자선택율', 시장지배적 사업자를 '소비자선택 사업자', 급진적 자본주의libertarianism를 '순수자유주의', 자유방임주의laissez faire를 '불간섭주의'로 대체하자는 것이다.

골드만삭스Goldman Sachs의 자료를 예로 들면, 브릭스의 경제 규모는 2009년에 8조 5000억 달러였지만, 2032년에는 48조 달러로 늘어나 미국과 영국, 일본, 이탈리아, 독일, 프랑스, 캐나다 등을 아우르는 G-7과 대등해질 것으로 예상할 수 있다. **그림 6-4**에 제시된 2032년 각국의 경제 규모는 중국이 29조 7,900억 달러로 1위이고, 미국이 24조 5,800억 달러로 2위, 인도가 8조 3,900억 달러, 일본이 5조 4,600억 달러, 브라질이 5조 500억 달러, 러시아가 4조 8,000억 달러 순이다. 2032년에는 브릭스 국가들이 경제 규모에서 1위와 3위, 5위, 6위를 차지하는 등 상위권에 오를 것이라는 전망이다(한국능률협회컨설팅, 2010).

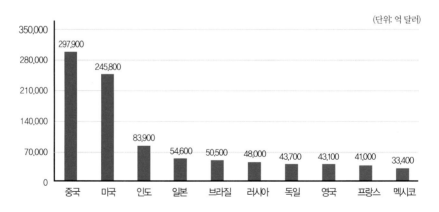

그림 6-4 2032년 각국의 경제 규모 예상

자료: 한국능률협회컨설팅(2010).

4 세계경제

1) 등장 배경

원시시대의 공산제는 농업혁명으로 농경이 본격화되면서 많은 노동력이 필요하게 되고, 이를 위해 씨족이나 부족 단위로 모여 공동으로 농업을 하기 시작하면서 등장하였다. 이 시대의 특징은 공동생산 및 공동분배로, 후기로 가면서 점차 잉여생산물이 축적되기 시작했다. 화폐를 사용하는 경우도 있었으나 대개 물물교환의 형태 혹은 식량이 화폐의 역할을 하는 경향이 빈번했다.

고대시대의 노예제는 원시공산제에서 생산을 하다 점차 잉여생산물, 즉 재산이 쌓이기 시작하면서 시작되었다. 세력의 지도자들이 잉여생산물을 갖게 되면서 점차 계급과 신분이 분화되고, 빚을 못 갚거나 전쟁에서 패배한 자들은 노예가 되었다. 이들은 주로 노동력을 제공하는 일에 종사하거나 농장에 투입되었다. 이 시대의 특징은 화폐의 사용빈도가 높아졌다는 것이다. 고대 로마에서는 노예 확보를 위해 전쟁이나 침략이 발발했으며, 계급 간 갈등도 잦았다.

중세시대에는 다른 민족의 침략 등으로 몇몇 국가가 멸망하거나 분열되고, 이를 기회로 삼아 영주나 지방의 유력자가 독립을 시도했다. 이는 장원이라는 형태로 구성되었으며 농노, 소작농 등이 농사를 짓고 영주는 이들을 관리했다. 몇몇 악질적인 영주들은 장원의 시설물 이용에 사용료를 부과하기도 했다. 이 시대의 특징은 여전히 농사가 주요 산업이었으나, 도시에서는 수공업자들이 길드를 형성하여 영주에게 대항하기 시작했다는 것이다. 이 시기에는 화폐 사용이 더욱 활발해졌으며, 이탈리아의 메디치 가문처럼 한 가문이 도시국가를 주도하기도 했다.

길드와 무역은 상업의 활성화를 불러와 자본이 점차 쌓여 갔고, 산업혁명으로 인해 생산성이 높아지면서 자국 내 생산물이 넘쳐나기 시작했다. 이를 해소하기 위해 제국주의가 등장하여 식민지 확보 경쟁이 발생하곤 했다. 이 시기의 특징은 점차 산업의 비중이 높아졌으며, 자본가의 압력으로 저임금정책이 실시되었고, 빈익빈 부익부 현상이 심화되었다는 것이다. 제국주의의 대외팽창주의는 국가 간 전쟁을 야기하기도 했다.

사회주의 및 자본주의의 시기는 사회적으로 문제가 되는 시대였으므로, 근로자들이 저항운동, 즉 기계를 파괴하고자 하는 러다이트luddite 운동을 펼치기도 했으며, 사회주의 이념이 확산되었다. 하지만 러다이트 운동은 실패하고, 공장법이 실시되어 어느 정도의 처우가 개선되었고, 식민지 국가나 후진국에 사회주의 이념이 확산되면서 냉전의 징조가 나타나기 시작했다. 지구상의 몇몇 국가들은 미국과 소련 간 파워게임powergame의 장이 되기도 했다.

소련이 주장한 공산주의는 마르크스가 주장한 것으로, 자본주의와의 대결 끝에 자본주의가 종식되고 공산주의가 완성된다고 하였으나, 실제로는 소련을 비롯한 동구 공산권의 붕괴 등 실패로 막을 내리게 되었다. 이 시기의 특징은 공동생산, 공동분배로 인한 노동의욕 상실로 생산량의 급감을 불러왔다. 협동농장 제도 등 몇몇 수정된 제도가 도입되었으나 결국 자본주의의 승리로 끝이 났다.

2) 세계경제의 미래

급격한 기술 발달과 세계화로 시공간이 빠르게 압축되면서 변화에 가속이 붙고 있다. 지구온난화, 로봇기술과 생명공학기술이 불러오게 될 윤리적 문제, 가상현실기술로 말미암은 다양한 인격과 새로운 의식의 출현, 산업영역 파괴, 세계적 빈곤문제, 국제적 테러 증가, 물과 식량자원의 부족 등 수많은 미래의 문제가 현실화되고 있다. 이렇게 현실화되고 있는 미래 이슈들은 세계경제에 영향을 미치는 요소로 작용할 것이다. 이러한 이유로 향후 20년간 세계경제는 최소 서너 번의 경제 혼란과 변화에 직면할 것으로 예측된다.

지금으로부터 약 20년이 지난 후인 2030년경에는 제2차 세계대전을 기점으로 형성된 미국 중심의 세상이 지나고 철옹성 같던 미국의 힘에도 균열이 발생할 것으로 예상된다. 그 틈을 비집고 중국의 강력한 부상, 이머징국가들의 경제 성장, 기술의 빠른 발전, 풍부한 노동력과 자원을 활용한 후발 국가들의 새로운 카르텔(공동행동) 형성 등으로 세계의 권력, 부와 영향력에 탈미국화 현상이 나타날 것이다.

앞으로 최소 2~3년 정도는 이러한 상황이 세계적으로 지속될 가능성이 있다. 이 과정에서 각국은 자연스럽게 보호무역주의로 돌아서면서 수출 중심국의 어려움이 커질 것이다. 그러나 위기는 영원하지 않다. 2014~2015년경이 되면 세계경제가 중요한 분기점을 맞이할 것으로 예측된다.

중국과 아시아 경제의 미래는 어떠할까? 20년 후에는 팍스 아시아나Pax Asiana의 시대가 도래할 것이다. 가면 갈수록 미래학자들의 미래예측 성공률이 높아지고 있다. 단순한 통찰력의 수준을 벗어나 사회과학적 예측기법들을 적극 활용하는 데다가 컴퓨터의 발달로 시뮬레이션의 정확도가 높아지고 있기 때문이다. 우리는 앞으로 이러한 예측방법을 활용하여 아시아 경제의 기본 미래basicline future를 예측해야 할 것이다(최윤식, 2013).

3) 유럽경제의 미래

현재 유로존의 금융위기는 중간 정도밖에 지나지 않았다. 유로존은 2012년 10월경에 몰려온 위기 국가들의 국채 상환에 대비하기 위해, 유럽중앙은행ECH으로 하여금 무제한 매입으로 구제할 수 있는 안전판을 마련하여 2012년 10월에 돌아오는 부채를 해결할 가능성을 높였다.

건전하다고 평가받는 나라 영국도 GDP 대비 정부부채가 86%에 이르렀다. 프랑스는 GDP 대비 부채가 89%이며, 민간부채는 114%를 넘어 PIIGS 국가들처럼 극히 위험한 수준이다. 유로존의 유일한 버팀목이며 재정 건전도가 가장 높은 독일조차 GDP 대비 정부부채가 81%이고, 민간부채는 107%에 이르렀다. 이처럼 유로존에서 건전하다고 평가받는 1그룹 소속 국가들마저 위험한 수준에 이르렀기 때문에 PIIGS 국가들은 엄청난 빚을 떠안으며 유로존을 위기에서 탈출시킬 수 있는 상황이 아니다. 지금의 위기는 2014~2015년경에 전환점을 맞이할 것이다. 이렇게 위기가 증가하는 상황에서 세계경제의 미래를 예측하기 위해서는 레버리지leverage point 파악이 중요하다. 현재 세계경제의 미래를 좌우할 중요한 포인트는 두 가지다. 하나는 유로존이 근본적인 해법을 꺼내는 시점이 언제냐 하는 것이고, 다른 하나는 세계경제의 기초를 떠받치고 있는 미국경제가 자생적으로 회복되는 시점이 언제냐 하는 것이다.

2014~2015년에는 이 두 가지에 관한 굉장히 중요한 미래징후future signal가 발생할 가능성이 크다. 즉, 2014~2015년경에는 전 세계의 경제가 방향을 전환하는 시점이 될 가능성이 상당히 높다. 2014~2015년경에는 유로존의 금융위기가 전체적으로 드러날 것이며, 동시에 해당 위기에 대응하는 근본적인 해법을 꺼내야 하는 시기가 될 것이다. 해법은 모라토리엄moratorium을 선언하거나 디폴트default 처리를 하는 과정에서 부채

원금의 일정량을 탕감haircut하여 근본적으로 부채의 상당 부분을 없애는 것이다. 이 방법이 실행되어야만 유로존은 위기를 해결의 방향으로 전환할 수 있다. 이것이 바로 전 세계 위기의 바닥을 확인할 수 있는 핵심적인 레버리지다(최윤식, 2013).

4) 세계경제의 미래 시그널

이러한 상황에서 유럽 재정위기의 여파로 국제금융시장의 위험이 가중되어 미국 상업은행의 신용문제가 불거지면 미국경제가 더욱 깊은 침체국면으로 퇴보할 가능성이 높다. 이것은 오바마 대통령의 재선에 큰 악재로 작용했을 것이다. 오바마로서는 유로존의 위기가 확산되는 상황을 최대한 늦추어야 했다. 최소한 이번 선거 이후로 지연시켜야만 했다. 오바마는 독일과 프랑스의 정상과 일정 부분 교감을 이룬 것으로 보인다. 또한 유럽의 정상들은 2013~2014년까지는 근본적인 해법을 구사하지 않고 다른 방법을 사용하여 유럽의 재정위기를 벗어나려는 전략을 구사할 것이다.

이 시기는 대략 2014~2015년 정도로 예측된다. 다소 금융시장에 충격이 가해지더라도 위기 국가들의 빚의 원금 일부를 없애 준 다음에 구조조정을 시키고, 경기부양책을 일으켜서 경제위기를 탈출하는 것이 근본적인 해법이다.

그런데 미국의 실업률이 6~7%로 하락하는 것이 세계경제와 관련해서 왜 중요할까? 이는 미국 기업의 미래 리스크가 거의 드러났고, 이제는 선제적으로 움직일 때라고 판단을 했다는 것을 미루어 짐작할 수 있는 미래 시그널future signal이기 때문이다. 미국의 경제는 GDP에 대비 75%가 소비에 의존한다. 그러므로 미국 경제가 살려면 반드시 소비가 살아나야 한다. 2008년 기준으로 전 세계 소비의 50%는 미국에 의존해 있다. 즉, 미국의 소비가 살아나는 것이 전 세계의 경제회복을 알리는 가장 중요하고 확실한 신호가 된다는 말이다.

미국의 정책과 미래 전망을 예측해 봤을 때, 8%대의 현재 실업률을 추가로 하락시키는 방법은 두 가지가 있다. 하나는 정부가 계속 재정을 투여하며 공공의 수단을 활용해서 일자리를 만들어 내는 것이다.

미국의 기업들에 선제적 투자를 하는 시기가 도래했다. 2014~2015년을 기점으로 세계경제가 위기에서 탈출하는 데 아주 중요한 분기점이 올 것이다. 따라서 대략 이 시기를 변곡점으로 정해놓고 계속적인 모니터링을 해야 한다.

5 창조경제

1) 창조경제의 정의

창조경제 creative economy에서의 융합은 새로운 기술과 서비스의 개발만을 내세우는 것이 아니라, 기존의 것을 창의적으로 활용하고 전혀 다른 분야의 필요성과 연계하여 새로운 영역을 개척하는 것이다.

창조경제는 새로운 정부의 출현과 함께 범국가적 전략으로 발표되었다. 간단히 설명하면 창조경제란 경제 체질과 경제 운영방식을 전환하고 지식 기반 중심의 질적 성장을 통해 지속 가능한 중장기 성장을 지향하는 것이 목적이다. 그 목적을 위해 모든 분야에 상상력과 창의성을 접목하고 산업 간 융합을 촉진함으로써 새로운 부가가치와 일자리를 창출해 나가는 것이다. 그래서 궁극적으로 첫째, 창조경제 생태계 구축, 둘째, 일자리 창출을 위한 성장동력 강화, 셋째, 중소기업의 창조경제 주역, 넷째, 창의와 혁신을 통한 과학기술 발전, 다섯째, 원칙이 바로 선 시장경제 질서 확립, 여섯째, 성장을 뒷받침하는 경제 운영을 제시하는 것이다(한국과학기술평가원 보고서, 2013).

하지만 창조경제의 정의, 목적, 전략 등은 기존의 융합과 통섭의 틀에서 논의하던 바와 크게 다르지 않다. 그 이유는 창조경제가 완전히 새로운 현상이 아닌 어느 정도 계속되어 왔던 현상이기 때문이다. 일반적으로 창조경제는 산업화시대, 정보화시대, 지식 기반 경제를 잇는 새로운 경제 패러다임으로 영국과 유엔을 중심으로 문화산업, 도시 및 지역 정책 분야에서 활발하게 논의되고 있는 개념이었다.

창조경제는 상상력과 창의성, 과학기술에 기반한 경제 운용을 통해 새로운 성장동력, 시장, 일자리를 만들어 나가기 위한 정책으로 기존 정책과 비교했을 때 관련 생태계와 과학기술의 역할, 아이디어에 의한 창업에서 차별화되어 있다. 아울러 문화와 예술 분야의 전문가 중심의 창조성 활용에 일반 국민을 포함하는 등 창조계층을 확대하고, 기존 기술과의 융합을 통해 새로운 것을 만드는 융합형 창조를 강조한다.

표 6-1 창조경제와 창조산업에 대한 정의

주체	창조경제	창조산업
영국 (문화 · 미디어 · 스포츠부, 1998)	개인의 창조성, 기술, 재능 등을 기반으로 지식재산을 생성 · 활용하여 경제적 가치와 일자리를 창출할 만한 잠재성이 있는 산업들로 구성된 경제체제	개인의 창조성, 기술, 재능에 기원을 두는 산업들과 지적 재산의 형성과 이용을 통해 경제적 가치와 일자리 창출이 가능한 산업
존 호킨스 (John Howkins)	창조적 인간, 창조적 산업, 창조적 도시를 기반으로 한 새로운 경제체제로 창조적 행위와 경제적 가치를 결합한 창조적 생산물의 거래	–
UN (Creative Economy Report, 2010)	경제성장과 발전 잠재성이 있는 창조적 자산에 기반한 진화론적 개념으로 창조적 자산을 생산하는 모든 경제활동	창조성, 문화, 경제, 기술의 접점으로 수입을 창출할 수 있는 잠재력과 동시에 사회 통합, 문화적 다양성, 인간 개발을 촉진시키며 지적 자산을 창조하고 순환시킬 수 있는 능력을 가진 산업
박근혜 정부 (창조경제론, 2012)	상상력과 창의성, 과학기술에 기반한 경제 운영을 통해 새로운 성장동력을 창출하고, 새로운 시장, 새로운 일자리를 만들어가는 정책	신성장동력(문화콘텐츠 · 소프트웨어 · 인문 · 예술 등), 사회이슈해결(고령화 · 에너지 등 국가 당면 이슈 등), 실용기술 활용(사업자 · 창업아이디어 실현 등), 과학기술서비스(빅데이터 · 초고성능 컴퓨팅 활용), 거대 · 전략기술 기반

자료: 한국과학기술평가원(2013), 창조경제와 창조산업에 대한 정의.

창조경제의 핵심은 창의성을 기반으로 한 창조산업으로, 경제성장과 고용 잠재력이 높아 최근 주요국의 중요 정책 대상으로 등장하고 있다. 그러나 그 범위는 국가별 · 연구자별로 다르며 타 산업 등과 차별화되고 정책적 고려 등에 따라 그 범위가 상이하다. 영국, 일본, 유럽연합, UNCATD, WIPO 등에서 제시한 창조산업의 정의와 범위에는 다소 차이가 있으며, 이러한 이유는 정책 추진의 관점과 관련 산업의 현재 수준과 중요성 등에 원인이 있다고 볼 수 있다.

예를 들어 미국의 경우 창조산업의 정의에 따라 창조인력의 규모가 1%에서 49%로 달라지는 매우 커다란 편차가 존재한다. 현재 국정과제 등 새정부의 효율적 정책 추진을 위해서는 무엇보다 창조경제의 개념, 창조산업의 범위 등에 대하여 정책입안자, 지방자치단체, 출연기관, R&D 주체 등이 명확하게 합의를 내릴 필요가 있다. 창조경제는 1990년대 말부터 불기 기작한 정보화혁명에서 이미 나온 용어이다. 당시 창조경제는 실물 중심의 산업경제industrial economy에서 정보 · 지식 중심의 경제로 전환하는 것을 의미했다.

창조경제라는 용어를 창시한 것으로 알려진 《창조적 경제 The Creative Economy》(2001)의 저자이자 영국의 경제학자, 경영 전략가인 존 호킨스 John Howkins[25]는 "창조경제란 새롭고 독창적인 아이디어로 경제적 자본과 상품을 창조하는 것"이라고 정의했다. 호킨스는 창조경제의 주축을 이루는 창조산업을 시장 규모 순으로 연구개발·출판·소프트웨어·텔레비전과 라디오방송·산업디자인·영화·음악·완구류·광고·공연예술·건축·공예·비디오게임·패션·미술 등이라고 제시했다. 이를 통해 우리는 그가 지식·정보보다는 문화산업의 확장된 영역으로 창조산업을 규정했음을 알 수 있다. 또한 호킨스는 "창조경제란 토지, 노동, 자본으로 구성되는 전통적인 경제체제와 달리 '사람 중심', '사람의 아이디어 중심'을 두고 이루어지는 것"이라고 정의했다. 그는 사람의 생각을 이으며 구성되는 창조경제를 '가치체인 chain'이라고도 불렀다. 이어서 "창조경제시대에는 유형자산보다 무형자산이, 단독 소유보다는 공유와 협력의 가치가 빛을 발할 것"이라 생각했다. 생각을 모으고 하나로 합칠 때 창조경제를 위한 아이디어의 확장이 가능하다는 것이다. 이외에도 존 호킨스는 '창조경제사회'를 다음과 같이 정의했다.

> 여러분이 왜 '창조경제'에 주목해야 하는지 생각해 보십시오. 창조경제는 새로운 아이디어를 만들고, 그것을 시장에서 파는 경제체계입니다. 그럼 왜 팔까요? 바로 '부의 창출'을 위해서입니다. 여러분의 아이디어가 창조경제사회에서는 부와 복지를 향상시킵니다. 그럼 어떻게 팔까요? 새로운 형태의 기업과 비즈니스 방법을 통해 판매할 것입니다. 기존의 경직되고 보수적 체계가 아닌 학습과 적응이 결합된 '창의성'에 기반한 새로운 방식을 활용하여 지속적인 생산과 발전을 도모하는 것, 이것이 창조경제시대의 비즈니스가 될 것이며 이를 확산시키기 위해 우리는 청년창업을 적극 지원해야 할 것입니다. '실패가 자유로운 나라'가 창조경제의 전제조건이 될 것입니다.

2) 계기

우리는 호모 크리에이터 Homo creator, 즉 창조하는 인류이다. 인류는 아이디어와 창의성으로 문명을 건설하고 문화를 꽃피웠다. 창의성의 산물은 대부분 경제적 가치를

---

25 영국의 사략선장(私掠船長)이자 제독. 영국인으로는 처음으로 아프리카에서 노예를 모아 에스파냐령(領) 아메리카에 파는 노예무역에 종사하였다. 그 후 해군에 들어가 제독이 되어 에스파냐의 무적함대를 격멸하는 데도 참가하였다.

지니기 마련이다.

창조경제는 2001년 7월, 영국의 경영전략 전문가인 존 호킨스가 펴낸 《창조경제》에 처음 소개되었다. 호킨스는 "창의성은 반드시 경제적인 활동은 아니지만 경제적 가치나 거래가 가능한 상품을 만들어 낼 수도 있다."고 전제하고 창의성과 경제의 관계를 분석했다.

창조경제에 관련된 이론도 발표되었다. 2000년 6월에 미국 하버드대학교의 정치경제학자인 리처드 케이브즈는 《창조산업 Creative Industries》을 출간하고 책의 부제인 '예술과 상업 사이의 계약'처럼 예술을 중심으로 창조경제에 접근했다. 그는 창조산업을 일곱 개의 경제적 특성으로 규정했다.

- 아무도 모른다 nobody knows: 수요의 불확실성이 존재한다는 것이다. 창조생산품에 대한 소비자의 반응은 사전에 알 수 없으며 사후에도 쉽게 파악하기가 어렵다.
- 예술을 위한 예술 art for art's sake: 창조적 노동자는 독창성, 기술적 능력, 전문적 숙련에 관심이 많으며 평범한 일일 경우 아무리 급여가 많아도 사양할 만큼 예술지상주의자의 성향을 가지고 있다.
- 잡다한 기량 motley crew: 비교적 복잡한 창조생산품을 만드는 데에는 다양하고 숙련된 기량이 필요하다.
- 무한한 다양성 infinite variety: 창조생산품은 품질과 독창성으로 차별화된다. 모든 창조생산품은 선택의 다양성이 무한하다.
- 기량의 등급 a list/a list: 예술가는 기량·독창성·숙련도에 의해 평가된다. 기량과 재능의 조그마한 차이가 상업적으로 커다란 성과 차이를 야기할 수도 있다.
- 세월은 유수같다 time flies: 다양하게 다듬어진 기량으로 복잡한 계획을 조정할 때 가장 중요한 것은 시간이다.
- 예술에 이르는 길은 멀다 art's longa: 예술은 길고 인생은 짧다. 어떤 창조생산품은 저작권 보호가 필요할 만큼 수명이 길다. 이러한 예술품을 사용할 경우 지식재산 사용료를 지불해야 한다.

2001년 호킨스는 창조경제라는 용어를 처음으로 사용하면서 창의성과 경제의 관계를 분석했다. 그에 따르면 창조경제 CE는 창조생산품 creative product의 거래 transaction로 성립되므로 'CE=CP×T'라고 표현할 수 있다. 창조생산품, 즉 창조상품과 창조서비스는 대부분이 지식재산 intellectual property에 해당된다. 지식재산은 특허, 실용신안, 상표,

그림 6-5 매슬로의 욕구단계

디자인 같은 산업재산권과 저작권을 통틀어 일컫는 용어로, 지식재산은 창조산업과 창조경제의 핵심이다(이인식, 2014).

호킨스는 21세기에 창조경제가 빠른 속도로 성장하는 이유를 미국의 심리학자 매슬로Maslow, 1908~1970의 욕구단계hierarchy of needs에서 찾을 수 있다고 했다.

매슬로는 인간의 욕구는 타고난 것이며, 욕구의 강도와 중요성에 따라 행동을 일으키는 동기요인을 욕구의 5단계로 분류할 수 있다고 했다.

- 생리적 욕구physiological needs : 식욕, 휴식, 잠자리 등 육체적 필요 및 의식주에 대한 욕구이다.
- 안전의 욕구safety needs : 기본적인 신체적 위험에 대한 공포에서 벗어나 안전과 보호를 유지하려는 욕구이며, 기본적인 생리적 욕구를 충족시키지 못하게 되는 위험으로부터 해방되려는 욕구, 자기보존에 대한 욕구이다. 최근에는 경제적인 욕구까지 안전의 욕구에 포함시킨다.
- 애정과 소속의 욕구belongingness and love needs : 인간은 사회적 존재이기 때문에 여러 가지 집단에 소속되고 싶은 욕구와 여러 집단에 의해 받아들여지고 싶은 욕구를 가진다. 이러한 욕구는 애정, 친분, 우정, 수용, 소속감 등에 대한 관심으로 나타난다.
- 존경의 욕구esteem needs : 소속 단체의 구성원으로 명예나 권력을 누리려는 욕구로서 내부적인 존경요인은 자아 존중감, 자율, 성취 등이다. 외부적인 존경요인은 지위, 신분, 인정, 관심의 대상이 되는 것이다.
- 자아실현의 욕구self-actualization needs : 자신의 재능과 잠재력을 충분히 발휘하여

자기가 이룰 수 있는 모든 것을 성취하려는 가장 높은 수준의 욕구이다. 자신이 가진 잠재가능성을 발휘하고 싶은 욕구, 성장의 욕구, 자기완성의 욕구 등이 이에 해당된다.

한편, 매슬로의 욕구단계 이론에 반대하는 이론도 있다.

- 다섯 가지 욕구 외의 다른 욕구에 대한 설명이 부족하다. 예를 들어 자아실현 욕구의 상위 개념으로는 진리를 찾는 현인이 되는 것 등이 있다.
- 욕구를 충족시키는 방법은 여러 가지이지만, 욕구 충족을 위해서는 한 가지 방법만을 사용한다는 점이다. 예를 들어 배고픔을 해결하는 방법에는 노동뿐 아니라 기부를 받는 방법도 있다.
- 욕구는 결핍된 것이지만 필요한 것이라 하더라도 바라지 않을 수 있다. 예를 들면, 몸이 운동을 필요로 하는데 당뇨가 있음에도 운동을 하지 않고 몸을 더 망가뜨리는 것 등이 있다.
- 욕구구조의 위계적인 서열만이 존재하는지에 대한 점이다. 예를 들어 어린이는 생리적 욕구가 강하고, 어른은 안전에 대한 욕구가 강한 것처럼 욕구가 섞여 있다는 것이다.

인간의 욕구는 각 단계가 충족되면 부족해서 생기는 욕구인 하위욕구deficiency needs 단계에서, 더 성장하고 싶어서 생기는 욕구인 상위욕구growth needs단계로 올라가게 되고 새로운 것을 추구하게 된다. 처음에 무엇인가가 부족하다고 느껴서 욕구가 생기는데 이 욕구가 만족되면, 곧 다시 다른 종류의 부족함을 느끼고, 부족함으로 채우기 위해 노력한다는 단계적인 행위를 하는 것이다. 이를 위한 몇 가지 전제조건은 다음과 같다.

- 첫째, 인간은 충족되지 않은 욕구의 만족을 위해 동기가 부여된다.
- 둘째, 사람들은 공통적인 범위의 욕구를 지니며 이러한 보편적인 욕구는 충족되어야 할 순서대로 계층적 서열화를 이루고 있다.
- 셋째, 하위욕구가 만족되면 상위단계의 욕구가 발현되고 이를 만족시키기 위한 행동을 한다. 단, 만족된 욕구는 더 이상 동기부여를 하지 못한다.
- 넷째, 하위욕구가 충족되지 않으면 다음 단계의 욕구가 동기부여되지 않는다. 예를 들어 배가 고픈 사람은 맛있는 식사를 한 후 배가 부르게 되면 따뜻하고 편한

곳에서 책이나 영화를 보려고 한다.

이와 같이 매슬로 욕구단계이론에 의해 호킨스는 산업화된 국가에서 소비자들이 자아실현의 욕구를 추구함에 따라 삶의 가치를 고양하는 창조상품과 창조서비스의 시장이 형성되었으며, 창조경제가 제조업이나 서비스산업보다 2~4배 더 빠르게 성장하게 되었다고 설명했다.

지식재산이 기업의 경쟁력을 좌우하는 창조경제시대가 도래함에 따라 세계 각국은 국가 생존 차원에서 지식재산 정책을 강화하였다(이인식, 2014).

3) 창조경제의 배경

18세기 중엽, 영국에서 시작된 산업혁명은 제조산업에 기계를 도입하면서 생산기술에 놀란 만한 변화를 불러왔다. 당시 기계 도입은 생산기술의 혁신을 가져온 것 외에도 사회·경제구조를 변혁시키며, 우리 사회를 근대사회로 변모시키는 역할을 했다. 산업혁명으로 인해 기업과 국가의 경쟁력이 예전보다 한층 강화되기도 했다.

하지만 이러한 경쟁 원동력 감소에 따라 오늘날 다수의 기업과 국가에서는 현재의 경쟁단계에서 벗어나 한 단계 높은 발전역량을 갖추고자 다양한 방법을 연구하고 있으며, 21세기에 어울리는 새로운 산업혁명을 찾고자 고군분투하고 있다. 특히 우리나라의 경우 1990년대 후반 이후 한국경제를 지탱해 온 IT 시장의 성장세가 둔화되면서, 경쟁력 강화를 위한 주력 산업 기반의 신산업전략 확보가 가장 큰 숙제로 남아 있다. 또한 기업과 정부는 산업화 진전에 따라 국가 간 기술 격차가 줄어들면서 제품생산 역량만으로 산업의 글로벌 경쟁력 확보와 유지를 하는 데 한계를 느끼고 있다. 따라서 이에 대한 대응책을 고심하고 있는 것이 현실이다. 이를 위해 정부와 기업들은 그 숙제의 해답을 '융합과 창조'에서 찾고자 노력하게 되었다.

한편 세계경제가 실물 중심 산업경제에서 정보·지식 중심 지식경제로 전환됨에 따라 소위 융합·창조경제 패러다임에 대한 논의 역시 늘어나게 되었다. 창조사회는 창조활동의 가치와 역할이 중요하게 등장하는 사회로 창조산업이 새로운 성장산업으로 등장하고 문화력이 국력을 좌우하는 요소로 등장한다는 내용이다. 많은 학자들이 창조경제시대의 도래를 언급한 가운데 앨빈 토플러 역시 수렵사회−농업사회−산업사회−정보화사회로 전환된 인류의 역사가 창조혁명을 통한 창조사회로 진화할 것이라 주장하였다.

　이제 새로운 비즈니스의 트렌드로 제4의 물결인 '융합의 시대'에 창조적 융합을 통한 블루오션 개척이 강조되면서 혁신과 새로운 기술의 서비스 개발과 다른 분야의 필요성과 연계하는 융합의 가능성이 무한한 가치를 창출할 수 있게 되었다.

　요즘에는 창조경제가 화두로 그 뜻과 정의에 대한 논란이 많다. 새로운 패러다임이고 미래의 성장동력을 위한 것이라 하는데, 여전히 무엇을 어떻게 하는 것인지에 대해서는 모호하다. 국가미래연구원은 창조경제를 "새로운 아이디어의 창출, 기술과의 융 · 복합, 사업화 등이 활발하게 이루어지면서 창업이 활성화되고 상생구조로 일자리 창출형 성장이 선순환하는 경제"라고 정의했다. 쉽게 말해, 융 · 복합 기술의 사업화 등을 통해 중소 벤처기업의 창업이 활성화되고 중-소-대기업 간 상생 구조가 정착하여 일자리 창출형 성장을 가져오는 것이 창조경제의 구체적 목적이라는 것이다. 그러나 지난 몇 년간 추진해 오던 융합이나 통섭의 담론과는 어떻게 다른 것인지 여전히 확실하지 않다. 같은 현상이나 목표에 이름표만을 바꿔 단 정치적 구호에 지나지 않는다는 우려 섞인 지적이 나오고 있다.

　지금까지의 논의를 종합해 보면 창조경제의 주역은 과학기술(혹은 ICT)이고, 그 토대는 창의성이다. 융합의 핵심 대상인 과학기술이 주역이고, 그 과학기술활동에는 고도의 창의성이 필요한 것이 당연하다. 창조경제에 대한 논의가 분분한 것은 창의성의 주체이면서 과학기술의 궁극적 수혜자인 인간에 대한 논의가 부족하기 때문이다. 창조경제의 핵심은 인간 중심의 혁신, 인간 중심의 창의성, 인간 중심의 디자인, 인간 중심의 패러다임이어야 한다. 이것은 지난 몇 년간의 융합 논의에서도 강조되어 온 점으로, 융합에 대한 이렇다 할 결론 없이 창조경제로 이름만 바꾸어 진행되어 왔다.

　창조경제는 궁극적으로 인간 중심의 혁신이어야 하고, 그 목적도 인간의 행복 증진이어야 한다. 창의적 · 창조적 IT 제품은 사용자 중심의 혁신에서 나온다. 인간 중심의 혁신이 컴퓨터시스템을 설계 · 평가하는 것을 돕는 동시에 컴퓨터를 사용하는 인간과 환경에 대한 이해를 심층적으로 추구하는 전략이 될 때, 창조경제에서 그 중요성이 더해질 것이다.

4) 창조경제 패러다임

창조시대에는 창의적 인재가 시스템을 혁신하고 산업 전반의 창조성을 높이는 혁신가innovator의 역할을 수행한다. 과거 기술과 산업 간의 융합형태는 이제 인문·예술과 같은 문화와 산업 간 융합으로 변모되었다. 사회 각 분야 간 창조적 융합이 확산되고 있다. 즉 인간의 인지, 지능, 감성 등을 서비스와 기술에 접목한 문화기술CT, 디지털아트, 빅데이터 등과 같은 다양한 융합산업의 등장이 미래 콘텐츠산업의 트렌드 예측의 좋은 사례가 될 것이다.

앞으로의 창조경제 패러다임에서는 창의성·지식·감성 등이 경제와 사회 발전의 필수적 요소로 주목받을 것이다. 특히 창의성은 과학, 문화, 경제, 기술 등 다양한 분야에서 국가의 근간이라 할 수 있는 4가지 자본(사회, 인력, 문화, 제도)과의 상호작용으로 경제적 부가가치를 높이고 국민의 삶의 질을 향상시키는 핵심 동력이 될 것이다. 또한

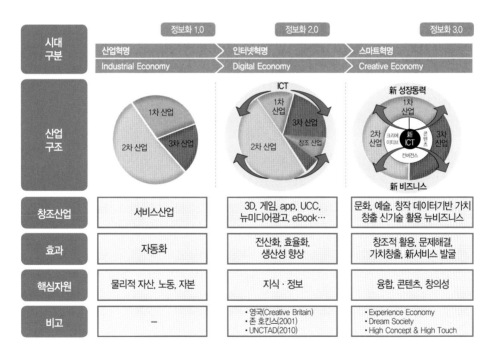

그림 6-6 창조경제의 변화 흐름

자료: 류석상 외(2013).

콘텐츠산업은 예술, 미디어, 콘텐츠, 관광, 전통자원, 소비재 등과 유기적으로 결합하여 무한한 확장이 가능하기 때문에, 전후방 산업과의 연관된 효과가 높다(이기현, 2013).

창조경제가 과감한 패러다임의 전환을 의미한다면 융합의 핵심지표인 창의성을 경제의 핵심가치로 두고 인간 중심, 사용자 중심의 혁신에서 새로운 가치를 창출하는 데 역점을 기울여야 할 것이다. 새로운 성장동력은 기술 자체가 아니라 바로 사용자, 사람 중심의 혁신에서 시작된다. 이러한 초심적 원리에 충실하지 않는다면 융합, 통섭, 창조경제라는 말 바꾸기 게임으로 이어져 몇 년 후 또 다른 이름의 정치구호가 등장할지도 모를 일이다.

창의적 아이디어 기반의 소프트웨어가 경제 발전의 새로운 동인으로 등장하고 대표적 창조기업인 애플, 페이스북 등이 기술·사용자 생태계 기반의 혁신적 시장을 구축했다. 상상력, 아이디어 등 창조성에 기인한 무형자산은 인류 역사상 어느 때보다도 경제적 가치로서 그 중요성이 높다. 지식경제사회의 정보와 지식을 넘어서는 경제의 성장 동인으로서 혁신적 창조성과 아이디어가 등장한 것이다. 창조적 자산이 수익·고용·수출 증대, 사회적 포용력과 문화의 다양성 향상, 인간 개발을 향상시키는 등 수많은 잠재력을 보유하고 있음은 부인할 수 없는 사실이다. 특히 유럽과 영국 등에서는 문화·예술 중심의 창조산업이 경제적 성장과 일자리 창출에 기여하는 등 국가의 경제 성장에 기여하는 바가 가시화되고 있다.

융합의 시대를 넘어 창조경제시대의 성공 사례로 애플과 페이스북을 들 수 있다. 이들 회사의 성공은 소비자들의 니즈needs를 품질 중심에서 창의적인 새로운 경험과 환경, 혁신적 생태계 기반의 서비스로 전환하는 등 새로운 가치 중심 경제체제로 진입하는 사례이다. 애플은 창의성을 기반으로 한 혁신적인 사용자 경험user experience, 아이튠스iTunes, 서드파티third party 소프트웨어를 기반으로 한 앱스토어App store 등 애플만의 생태계를 구축해 냈다.

5) 창조경제의 활성화 방안

창조경제에서 융합을 활성화시키기 위한 정부의 역할을 살펴보자. 정부는 융합의 발달이 전통적 산업구조를 해체 내지 재구성함을 직시하고 이에 따른 적절한 조정을 통해 변화에 부응하려는 노력을 펼치고 있다. 창조경제는 과거 유럽 국가에서 정책 담당자들이 인식했던 것보다 국가와 지역적 혁신에 더 중요한 역할을 하고 있다.

산업은 디지털디바이스 및 네트워크에 콘텐츠를 제공하고, 브로드밴드와 같은 ICT의 발전과 수용에 기여한다. 또한 사회적·문화적 트렌드를 탄생시키고 수용을 창출할 뿐 아니라 새로운 트렌드와 디지털 변화의 핵심적 역할을 한다. 문화창조산업CCIs; cultural and creative industries은 유럽의 혁신적이고 친화적인 분위기 조성에 기여한다. CCIs가 제공하는 창조적 혁신서비스는 전체 경제의 기업과 조직의 혁신활동의 촉매제가 된다. 이를 통해 우리는 창조적 인력이 과거에 생각했던 것보다 훨씬 더 전체 경제에 잘 통합된다는 사실을 알 수 있다. 이들은 녹색경제와 지속가능한 새로운 개발 모델을 만드는 데에도 기여할 수 있다.

교육 사이의 협력을 극대화하는 방법 중 하나는 생애의 관점에서 창의력을 배양하는 일이다. 빠르게 변화하는 복잡한 세상에서 창조적인 다문화적 숙련기술을 육성하는 것은 새로운 도전에 대응하는 일에 도움이 될 것이다. 이러한 이유로 교육의 시너지효과를 분석할 필요가 있으며, 체계적이고 지속가능한 협업을 추구해야 한다. 결과적으로 국가경쟁력은 산업의 발달과 직결된다. 창의성은 언제나 중요한 가치 중의 하나였지만 현 시대의 국가산업 발전을 위해서는 특별히 더 중요한 가치이다.

창조경제란 아이디어 혁신과 창의성 등에 기반 하는 경제체제이다. 21세기는 이전과 다른 복잡하고 다면적인 이슈들이 문제가 되며, 이에 대응하기 위해 다양한 분야를 넘나들면서 창의적이고 가치 있는 대안을 제시할 수 있어야 한다. 따라서 이러한 능력을 가진 창의적 인재의 양성이 중요한 국가적 과제로 등장하게 되었다.

6 융합경제

융합경제와 융합산업, 창조경제와 창조산업이라는 용어는 어떤 경우에는 개념적 정의로 사용되며 구체적 사례나 정책을 뜻하기도 한다. 창조산업은 일반적으로 음반, 영화, 애니메이션, 소프트웨어, 게임, 출판, 공연예술 등 문화산업의 영역에서 출발하여 그 의미가 점차 확대되는 추세이다. 융합산업은 원래 제조업 중심의 기존 산업들이 다양한 형태로 융합되고 여기에 서비스 산업이 추가되는 형태인데, 문화창조산업의 개입으로 더욱 강력한 시너지효과를 기대할 수 있게 되었다.

융합경제라는 시스템이 있고 그것을 구성하는 산업이 창조산업, 문화산업을 포함한 융합산업이다. 특히 창조산업과 문화산업을 통해 특정 융합산업이 경쟁력을 가질 때 이러한 영역을 결과적으로 창조경제라고 생각하는 편이 자연스럽다. 그러나 이러한 개념적 접근에도 불구하고 융합경제, 창조경제에 대한 의미를 단순화시키는 것은 어려운 문제이다. 일례로 박근혜 정부에서 중요한 국정과제로 생각하는 창조경제는 협의의 창조산업이 아니라, 궁극적으로 융합산업 전반을 발전시키기 위한 로드맵과 전략을 통칭하는 의미로 사용된다. 어떻게 보면 융합산업을 창조경제의 개념상 하위에 두는 것이기도 하다. 이와 같이 창조경제에는 다양한 해석이 따라올 수 있음을 알리면서 혼란 방지를 위해 창조경제는 융합경제, 융합산업의 경우 CT를 중심으로 다른 산업이 결합하는 경우를 살펴보자.

처음 IT 시스템이 처음에 등장했을 때에는 과부하가 걸려 멈추는 일이 잦았지만, 폴트톨러런트시스템 fault-tolerant system과 로드밸런스시스템 load balance system이 만들어진 후에는 중요한 업무를 지속적으로 처리할 수 있게 되었다. 마찬가지로 호황과 불황 그리고 대공황을 반복하는 자본주의 내부의 기업구조와 자본시장에 경제구조적인 폴트톨러런트시스템과 로드밸런스시스템을 내장하여 글로벌, 국가, 기업 차원의 불균형을 해소하고 균형 잡힌 자본주의, 지속가능한 자본주의의 시대를 열어야 한다.

우리는 지금까지 선진국을 따라잡는 추종자 follower였다. 그러나 현재 우리는 따라 잡을 선진국의 모형이 사라진 시대를 살고 있다. 이제부터는 우리가 우리의 문제, 전 세계의 문제를 해결할 첫 시도자 first mover가 되어야 한다. 오늘날 선진국은 자신의 문제해결에 매몰되어 전 세계의 경제문제를 해결할 여력이 없다.

이제 우리는 사대주의와 추종자 정신을 버리고, 선진국의 장점은 받아들이되 단점은 극복하는 길을 가야 한다. 이전의 1등 국가들이 세계를 지배하려 했던 것과 달리, 섬김의 경제구조 SHC; Servant Holding Company로 전 세계를 현재의 위기를 극복하게 하고 풍요로운 동반 성장으로 인도하는 1등 국가 대한민국을 향한 역사적인 발걸음을 옮길 때이다.

 ## 7 미래사회의 경제적 융합의 전망

정부가 새해 예산을 짤 때나 기업이 투자계획을 수립할 때, 미래의 경제전망을 판단기준으로 삼는다. 문제는 이러한 전망이 대개 정확하지 않다는 점이다. 경제전망이 수시로 달라지는 것은, 그 어떤 탁월한 모형을 수립하더라도 경제에 영향을 미치는 변수가 워낙 다양하고 복잡하기 때문이다.

사람들은 가능한 한 모든 정보를 동원하여 합리적으로 현상을 판단하고 미래에 대응한다. 따라서 정부가 어떤 정책을 펴더라도 경제 주체들이 미리 판단하고 행동을 변경하기 때문에, 기존의 행동에 따라 수립한 정책은 쓸모없어져 버린다. 이것이 1961년에 경제학자 존 무스가 주창하고 로버트 루카스, 토머스 사전트 등이 발전시킨 합리적 기대 rational expectations이론이다. 예측 가능한 정책은 효과가 없고, 국민이 전혀 예기치 못한 갑작스런 전략만이 성공할 수 있다는 것이다. 이에 따르면 단기적인 재정 및 통화정책으로 경제성장률, 실업률 등을 어느 정도 통제할 수 있다는 케인스주의자들의 주장은 틀린 것이 된다(오형규, 2014). 그러나 현실의 경제에서는 재정확대정책이나 금리정책, 감세정책 등이 성장률과 실업률에 영향을 미치기도 한다.

한국은행을 비롯해 한국개발연구원KDI, 한국금융연구원, 삼성경제연구소 등 내로라하는 연구기관들은 매년 경제전망을 내놓으며, '내년 경제성장률 3.9%, 물가상승률 2.5%, 경상수지 흑자 300억 달러' 등의 구체적 수치를 제시한다. 국제통화기금IMF, 경제협력개발기구OECD와 같은 국제기구들은 세계경제전망을 발표한다. 이 같은 경제전망은 경제 주체들에게 일종의 네비게이션이 되어 준다.

경제전망은 참고할 만한 것이지만 결코 맹신할 만한 대상이 아니다. 현재 여건에서 효율적인 정책이나 사업계획을 수립하는 데 있어 최소한의 근거가 되기 때문이다. 다만 자주 빗나간다는 점을 염두에 두고, 중간에 경제전망이 수정되면 정책이나 사업계획도 유연하게 조정해야 한다.

경제를 더 탄탄하게 성장시키고 발전하게 하는 원동력은 창의력이다. 창의력은 다양성을 요하는 성질이 있기 때문에 성별, 인종, 연령과 상관이 없다. 창의력은 아이디어에 대해 스스로를 표현하는 능력이다. 과거의 틀에서 벗어나 개인의 개성과 목적을 찾을 수 있는 능력이야말로 창의력이다. 여기서 한 가지 유념해야 할 것은 창의와 융합을 골격으로 하는 창조경제 구현을 위해 진입 규제의 개혁은 필요조건일 뿐, 결코 충분조건이 될 수 없다는 점이다.

융합시대의 도래와 더불어 전개되는 기술 및 산업패러다임의 전환기에는 영역과 장르, 경계를 건너뛰는 창의적 결과물이 속출한다. 이러한 시대적 맥락에 맞추어 창의와 융합을 조장하고 뒷받침하는 제도와 질서를 갖추는 일이 긴요하다. 특히 단일 기술과 단일 산업이 주류를 이루던 시대에는 유효했지만, 융합이 활발해지는 창조경제시대에는 더 이상 유효하지 않은 규제에 관한 재점검이 필요하다. 산업활동과 비즈니스의 경계를 지나치게 구분하여 진입을 가로막는 규제들이 바로 그 대상이다.

미래산업에 걸맞은 규제체계를 갖추는 일은 현시점에서 긴요하고도 시급한 과제 중하나이다. 무엇보다 기술과 산업의 융합이 본격적으로 시도되는 시대에는 기존의 산업영역을 대체하거나 잠식할 수 있는 이른바 '창조적 파괴'가 일어날 수 있다. 이에 대한 선제적인 대응방안 구축이 중요하다. 창조경제시대에는 로드맵에 의한 '경로의존성'에서 벗어나 '경로개방성'이 요구된다는 점이 규제 정비의 새로운 지침으로 작용한다. 우리는 지금이 과거의 산업화시대와 구별됨을 인식하고 규제의 측면에서 제도의 재정비에 나서야 한다.

이렇게 볼 때 경제와 사회의 전 분야가 유기적으로 어우러져 발전할 수 있는 경쟁시스템 마련이 시급하며, 창의와 융합의 활성화를 지향하는 규제 개혁도 바로 이러한 맥락에서 이루어져야 한다. 창조경제의 구현을 뒷받침하기 위한 정책은 더 이상 정부 당국의 소관업무로 국한될 수 없고, 사회 전반적으로도 그러한 분위기가 효과적으로 확산될 수 있게 노력해야만이 그 성과를 기대할 수 있을 것이다(심영섭, 2013).

아울러 오늘날에는 경영과 기술의 교류도 급속히 확산되고 있다. 세계 일류를 향한 뜻과 기술을 가진 중소기업들이 하나로 뭉쳐 뛰고 있으며, 업종이 서로 다른 기업들이 각각 그룹을 결성하고 있다. 경영과 기술의 노하우know-how를 융합하여 새로운 제품을 만들고 공동사업을 전개하는 이른바 업종 교류사업이다. 중소기업 세계화의 첨경으로 평가되는 이러한 공동 사업의 참여업체 수는 점점 증가하고 있으며 이들 조직이 강화되고 있다. 글로벌한 21세기에 대비할 수 있는 새로운 경영경제의 전략인 업종교류사업은 점점 확산될 것이다.

이러한 사업은 기업의 국제경쟁력을 강화하고 세계화를 향해 나아가는 가장 확실한 방법이다. 서로 다른 업종 교류는 동일 업종 간 교류보다 시너지효과가 몇 배에 달한다. 그렇기에 기술과 자본이 열악한 우리나라 중소기업에서는 이러한 사업이 세계화를 앞당기는 최상의 방법이다. 다만 21세기 '아시아의 시대'를 열기 위해서는 경제력 외에 다른 요소의 정비가 필요하다. 아시아는 앞서 살펴본 바와 같이 지역 간 격차, 소득 간 격차, 인구고령화, 에너지 부족, 환경오염, 영토 갈등 및 안보문제 등 극복해야 할 많은 도전요인을 가지고 있다. 특히 아시아의 인구 변동과 고령화문제는 심각한 수준이다. 유엔미래보고서는 2050년까지 세계 인구의 약 20%가 60세 이상이 될 것이며, 그중 20%가 80세 이상일 것으로 전망하고 있다. 중국에서는 2035년에는 1명의 아동이 2명의 노인을 부양해야 하며, 중국이 미처 부유해지기도 전에 그들이 늙어버릴지도 모를 일이다. 또한 2050년에는 일본 전체 인구의 38%, 한국 전체 인구의 35%가 65세 이상의 고령일 것으로 전망된다.

그 과정에서 한국은 다른 아시아 국가들과 함께 경제 발전과 정치민주화의 경험 공유와 자유무역과 투자의 틀을 확대하고, 남북한 평화통일을 성취하고 동북아에 새로운 시대를 개방하여 사회 속에서 아시아의 협력과 통합을 이끌어가는 선진문화를 강구하는 사명과 역할을 감당해야 할 것이다.

김종호 · 심영섭 · 유진근(2009)이 이미 제시한 진입 규제의 개혁은 창의와 융합을 바탕으로 하는 창조경제를 주창한 신정부로서는 그 어느 때보다도 절실하고도 당면한 과제가 아닐 수 없다. 다만 진입 규제의 전면적 개혁은 여타 규제 개혁에 비해 매우 어려운 작업이기 때문에 정부가 강력한 의지를 가지고 실행하여야 하며, 정부의 강력한 의지를 관철할 수 있는 시기에 맞추어 진행하는 것이 효과적이라는 점에서 신정부가 출범한 첫 해에 이를 다시 한 번 강조했다. 그만큼 진입 규제 개혁은 정교한 설계와 강력한 실천의지가 필요한 일이다.

자료: 심영섭(2013). 창의와 융합 활성화를 위한 규제개혁 방향.

inquiry subject
탐구 주제

지난 수십 년간 진행된 PC와 초고속 인터넷의 확산은 e-Business라는 새로운 산업, 경제 패러다임을 우리 앞에 던져 놓았고 스마트폰으로 대변되는 모바일 정보통신망과 스마트기기는 사람의 일상과 업무행위를 항시적으로 연결된 네트워크 기반 위로 올려놓았다. 컴퓨팅 파워와 결합된 데이터 통신망은 단순한 정보 처리 및 정보교류를 넘어서 지식의 발견, 축적, 활용, 창출 등 인간의 지식노동의 주요한 부분을 기계화하고 있다. 이러한 ICT 기술 확산이 생산현장에서 인간 노동력의 필요성을 급속하게 감소시키고 있다는 것이 기술에 의한 지속적 고용감소를 경고하는 학자들의 기본 입장이다.

전통적으로 기술혁신에 의한 고용감소는 제조업 자동화에 초점을 맞추어 왔던 것으로 보여진다. 하지만 최근의 ICT 융합기술 진화 동향 중에서 미래 고용환경에 큰 영향을 미칠 것으로 보이는 부분은 제조업과 서비스업에서 인간의 지적능력과 유연한 상황적응력을 대체해 나가는 기술들이다. 이러한 기술은 과거 산업용 제조전문로봇이 인간의 신체적 능력을 모방 · 확장했던 것과 달리 인간만의 고유한 능력이라 여겨졌던 지적능력을 상당부분 흉내내고 대체한다는 점에서 그 영향력에 대한 주의가 요구된다.

스마트기술은 인간 고유능력인 지능을 확장하고 나아가 인간지능을 기술 자체에 내재화해 나가는 ICT 및 융합 영역의 신기술이라고 정의할 수 있다. 스마트기술은 다양한 형태로 발전되는 중이며 인간 노동력에 대한 대체 또한 여러 방향에서 발생하고 있다. 스마트기술은 핵심기술 영역과 비즈니스 프로세스에서의 활용범위에 따라 스마트 컴퓨팅, 스마트머신, 스마트인프라 등으로 구분할 수 있다.

먼저 스마트컴퓨팅기술은 유연성, 확장성, 예측능력 등이 핵심적 기능으로써 현실세계에 대한 지각, 학습, 추론능력을 강화하여 의사결정을 내릴 수 있는 SW(software)-NW(network) 기술의 통합체계이다. 스마트컴퓨팅은 인간의 지적노동에 대한 기술 대체가능성을 열어 줄

▶계속

기반 기술로써 구글, MIT 등이 기술 선도자의 지위를 차지하는 것으로 보인다.

　스마트머신기술은 스마트컴퓨팅기술을 통해 상황과 환경에 따라 유연한 대응과 자율적 동작수행이 가능한 HW(hardware) 또는 특정 목적을 수행하는 SW(software)를 의미한다. 유연하고 지능을 갖춘 기계장치는 일상생활과 생산현장에서 인간의 육체노동의 상당 부분을 대체할 것이다. 기존의 산업용 제조로봇은 정교하고 신속한 작업을 수행할 수 있었지만 구현할 수 있는 동작은 미리 설정된 범위를 벗어나지 못했다. 따라서 유연한 상황판단이 필요한 작업 또는 끊임없이 변화하는 작업환경에서는 활용이 어렵다는 한계가 있었다. 하지만 상황판단능력과 학습능력을 갖춘 스마트머신은 보다 광범위한 업무를 변화하는 환경하에서 수행하는 것이 가능할 것이다. 끝으로, 스마트인프라기술은 인간·기계·환경 간에 발생하는 창발적 상호작용을 수용하고 방대한 비구조적 데이터를 수집·저장·분석할 수 있는 확장성과 적응성을 갖춘 네트워크환경이라 볼 수 있다.

자료: 스마트기술의 발전과 고용환경 변화 전망, 한국전자통신연구원(2014).

▶ 다가올 스마트시대가 어떠한 경제적 파급효과를 미칠지 탐구해 보자.
▶ 스마트시대에 필요한 기술과 지식 그리고 사업에 관해 토의해 보자.

Chapter 7

사회적 **융합**

사회현상으로서 사회적으로 바라본 융합은 컨버전스를 기반으로 한 기기·기능 간 복합화에서 인간과 사물공간으로의 디지털컨버전스가 진행되고 있는 상태에 놓여 있다. 로봇 팔이나 피부 내 칩 이식 등 사이보그기술이 발전되면서 사람과 기계 간 경계가 허물어지고 있으며 도서, 농축산물 등 각종 사물에 RFID칩이 내장되면서 사물과 사물 간 커뮤니케이션이 가능해지는 시대도 조만간 도래할 것이다. LBS(Location Based Service), 디지털홈, u-city 등 공간의 IT 컨버전스뿐 아니라 현실과 가상공간의 융합을 통한 영화 속의 디지털공간도 형성되고 있다.

1 개념적 정의

이성적 사고의 시험과 관찰에 의해 지식을 탐구하는 과학자에게 지적 탐구를 위한 자율과 창의는 그들이 존재 이유이며 그들의 활동을 활성화시키는 주요한 동기이다. 창의성은 자율과 신뢰가 보장되는 경우에만 자연스럽게 생성된다. 제도와 관행에 얽매인 시각視覺과 생각은 편협하거나 왜곡될 수밖에 없고, 과학탐구에 필요한 절차와 관찰이 획일화되고 전시행정 같은 결과 위주의 연구가 되어 심도 있는 연구의 방해물이 되기도 한다.

따라서 연구의 자율성을 보장받지 못하는 과학자가 창의적 연구성과를 내놓을 수는 없다는 논리는 설득력을 가진다. 이러한 기준으로 본다면 우리 과학기술계의 현실은 그리 밝지만은 않다. 우리 과학자들에게 법이 강조하는 자율은 허울뿐이다. 현실적으로 우리나라의 과학자들은 철저한 관리와 개혁의 대상이 아니냐는 비판이 팽배하다. 국가연구개발사업이 수반하는 많은 제도와 규정은 과학자의 자율과 창의보다는 관리의 편의를 위해 만들어졌으며, 연구과제의 선택이나 수행방법도 자율이 아니라 관리적 편의에 따라 결정되는 경우가 많다고 판단된다. 이러한 이유에서 사회과학의 융합은 시대적 요구이며 이를 위해서는 밝은 미래사회를 지향하는 최선의 노력이 요구된다.

 ## 2 사회과학적 융합

오늘날 우리 과학기술계는 끝없는 도전에 직면하고 있다. 눈부신 경제 성장과 더불어 급속한 사회적 민주화가 진행되면서 과학기술에 대한 사회적 인식에 엄청난 변화가 생기게 된 것이다. 1960년대 이후, 우리 사회경제 발전의 원동력으로 인식되어 왔던 과학기술이 이제는 우리 사회의 발목을 잡는 '역기능'을 발휘하여 사회에 상당한 위협요인이 되고 있다는 인식이 빠르게 확산되었다. 예를 들어, 현대의 과학과 기술이 자연환경을 파괴하고 현대사회의 위험을 증폭시키며 아름다운 전통문화를 훼손하는 원인으로 작용할 수도 있다는 부정적 인식이 퍼지게 된 것이다. 새만금, 고속철, 방폐장, 광우병사태 등을 통해 오늘날 우리 사회에서 경제사회 발전 기여라는 '순기능' 외에도 사회적 갈등과 분열을 가속화시키는 과학기술의 '역작용' 사례가 빈번히 발생하고 있다.

과학교육도 많은 문제를 내포하고 있다. 일본의 유토리餘裕 교육철학을 흉내 내어 학습량 감축과 과도한 선택권을 앞세웠던 '제7차 교육과정'은 기초를 중시하는 과학교육의 기반을 송두리째 흔들어 놓았다.

또한 과학기술의 정치적·행정적 위상도 추락하였다. 우리나라 과학기술정책을 총괄했던 과학기술부는 부총리 부서로 격상된 채 자리매김도 하기 전 창설 3년 만에 해체되면서 과학자가 과학기술정책을 통해 국정에 참여하는 통로가 사라지고, 과학기술이 국정의 중심에서 완전히 밀려났다. 선진국과 경쟁 대상국에서는 연구개발에 대한 투자가 빠르게 늘어나고 있는데, 그와 정반대의 이러한 현상은 매우 우려스러운 것으로 자칫 미래의 과학 꿈나무들에게 과학기술에 대한 잘못된 인식과 부정적 영향을 주지 않을까 염려된다. 실제로 지난 3년 사이 '과학기술중심사회'라는 구호는 완전히 사라지고 과학자의 자율 역시 기대하기 어려운 국면으로 진입하는 상황에서 과학의 미래를 예측하기는 불가능하다.

오늘날 우리 사회의 과학자들은 획일화·계량화된 평가에 시달리고 있다. 분야별 특성이나 연구성과의 질적 평가가 완전히 무시되고, 'SCI'와 'IF'만을 근거로 한 계량화된 평가에 따라 과학자들이 서열화라는 덫에 갇혀 지식근로자와 같은 기능적 역할에 충실한 관료주의적이고 비과학자적 태도를 선호하고 있는 것이다. 연구성과의 질에 상관없이 무작정 논문만 쏟아내면 과학기술이 발달하는 것처럼 야단들이다. 계량화된 양적 평가에 적응하기 위해 애를 쓰는 과정에서 발생하는 부작용에는 아무도 관심을 갖지 않는다.

'노벨상'과 '스타 과학자'를 들먹이는 선정적 언론 역시 문제이다. 언론을 통해 과학에 대한 다른 가치관과 개념을 가지게 된 사람들은 자연스럽게 사태를 악화시키고 있다. 그들은 노벨상 수상자가 배출되고 스타 과학자가 등장하면 과학기술과 관련된 모든 문제가 한꺼번에 해결될 것이라 믿고 있다. 그들은 Y. T. 리가 노벨상을 수상했음에도 불구하고 대만의 과학기술은 아무것도 달라지지 않았다는 역사적 교훈도 외면한다. 가시적인 명확한 평가기준 없이 과학자가 아닌 사람들이 이분법 논리를 적용하여 기존의 과학자들은 '스타 과학자'와 '비(非) 스타 과학자'로 구분하는 것은 여러 가지 잠재적 문제를 야기한다. 우선 스타 과학자로 선정이 되지 않은 과학자들은 자신의 실력이 뒤떨어진다는 잘못된 생각을 하게 되고, 연구보다는 동료와의 경쟁에 매달리는 상황을 초래하게 된다. 진정한 연구가 아닌 보여 주기 위한 연구 또는 실적 위주의 연구를 하게 되면서 귀중한 인재들이 사회적 명성이나 쫓는 집단으로 인식되어 버릴 수도 있다.

비현실적이고 불합리한 연구관리제도를 핑계로 한 무자비한 고강도 감사監査는 과학자들을 궁지로 몰고 있다. 실제로 지난해부터 강화된 정부의 고강도 감사의 폐해는 심각하다. 법적 구속력도 불확실한 임의적 규정을 근거로 상당수의 과학자를 범법자로 전락시켜 버렸다.

3 사회와 문화의 융합

자본주의의 심화로 양적 성장이 한계에 다다르고 균형과 질적 성장에 대한 공감대가 형성되면서, 문화와 창조성이 주도하는 질적 성장이 필요하다고 보는 시각이 확산되고 있다. 또한 소득수준의 상승으로 여가와 문화에 대한 수요가 증대하고, 건강하고 행복한 삶에 대한 관심이 증가하면서 문화와 여가활동에 적극적인 젊은 세대가 늘어나고 있다. 문화적 가치soft power의 중요성에 대한 인식도 확산되고 있다. 하지만 무엇보다 콘텐츠, 즉 창조적 자산이 가지는 가장 큰 잠재력은 경제적 차원의 수익과 고용 · 수출 증대를 넘어 사회적 포용, 문화적 다양성, 인간 개발을 향상시킬 수 있다는 점이다 (UNCTAD, 2008).

　사회와 문화의 변화를 이끄는 융합의 환경은 기술, 문화, 경영, 사회와 같은 다양한 분야에서 융합을 통한 패러다임 전환을 가속시키고 있다. 날이 갈수록 일반인들의 정보에 대한 접근성이 향상됨에 따라 기업과 정부, 개인의 투명성이 매우 큰 가치로 대두되며, 이로 인한 사회적 변화가 일어나고 있다. 지난 2010년 튀니지에서 발생한 재스민혁명jasmine revolution으로 촉발된 중동지역의 민주화 시민운동 '아랍의 봄Arab spring'은 사회의 변화를 극적으로 보여 주는 예라고 할 수 있다. SNS와 스마트폰과 같은 모바일기기로 인해 자발적 시민운동은 더욱 빠르게 조직적으로 전파되고 있으며 이러한 운동이 국내외의 관심을 집중시킬 수 있다는 것을 보여 주었다. 이제 시민들은 정부가 제공하는 제한적 정보가 아닌, 다양한 소스를 통해서 정보를 획득할 수 있기 때문에 투명성이 더욱 큰 가치를 갖게 되었다. 이제 시위나 혁명과 같은 사회운동은 IT 기술과 융합됨으로써 더욱 큰 파급력을 보여 주고 있다.

4 사회적 문제해결의 융합적 접근

　ICT Information & Communication Technology 기술의 발달은 사회적 문제해결을 위한 새로운 수단으로 각광받고 있다. 최근 들어 스마트오피스smart office시스템을 도입하는 기업이 점차 늘고 있다. 스마트오피스는 도심에 있는 사무실에 출근하지 않고도 주거지 인근에서 원격으로 업무를 처리하는 IT 기반의 사무실로 출퇴근 시 발생하는 에너지 소비와 오염물질 배출을 감소시킬 뿐만 아니라 여성의 사회적 진출 증가에 따른 저출산 문제해소에 기여할 것으로 예상된다. 또한 온라인을 통한 사이버교육은 많은 사람에게 교육의 기회를 제공하게 될 것이다.

　ICT 기술이 사회문제해결을 위한 도구임에는 분명하지만, 상황과 현실에 맞는 적절한 설계와 적용이 뒷받침되어야 비로소 순기능을 할 수 있다. 가령 인터넷 환경이 구축되지 않은 제3세계에 스마트오피스시스템을 구축하거나 온라인교육을 제공한다면, 많은 사람이 혜택을 누리지 못할 것이며 편의를 제공하고자 했던 ICT 인프라가 산업폐기물로 전락하게 될 것이다.

ICT와 같은 첨단기술 외에도 최근 들어 사회적 문제해결을 위해 상대적으로 투자비용이 적은 기존 기술과 인프라를 활용하려는 움직임이 늘고 있다. 적정기술 AT; Appropriate Technology을 활용하자는 것이다. 적정기술은 1966년 독일의 경제학자 에른스트 슈마허Ernst Schumacher가 개발도상국에 적합한 소규모 기술개발을 위해 중간기술개발그룹으로 ITDG(현재는 Practical Action)라는 조직을 설립하면서 시작되었다.

미국, 일본 등 선진국들은 소득 2만 불을 달성한 시점에서 삶의 질 증진과 사회적 문제해결을 위한 각종 정책과 제도 수립에 본격적인 관심을 갖기 시작했다. 미국은 1990년에 장애인공학관련지원법, 보조공학법 등을 제정하는 등 국가적 차원의 제도적 기반을 마련하였다.

5 인간사회와 문화산업의 패러다임

디지털융합시대를 맞아 인간, 기술, 산업 간 융합이 사회와 문화의 패러다임을 바꾸고 있다. 각종 융합기기와 서비스는 개인미디어를 지원하고 사용자는 콘텐츠의 프로슈머prosumer로 변화하고 있다. 융합시대의 도래와 함께 인간, 기술, 산업 간 융합의 흐름을 따라 새로운 가치와 의미가 나타나고 있다. 이러한 사회적 가치와 의미는 동전의 양면처럼 상반되어 보이지만 융합하고 공존하고 있다(이각범 외, 2009).

융합시대에는 전혀 달라 보이는 가치와 의미도 같은 지향점을 향해 갈 수 있는 공존이 가능해진다. 이러한 융합과 공존의 시대에 주된 흐름으로 나타나고 있는 다양한 사회문화 트렌드를 살펴보면 다음과 같다.

첫째, 사회적 관계의 측면에서는 '개인화'와 '커뮤니티화'가 동시에 진행된다. 정보통신기술의 발달은 '개인'을 보다 가치 있는 존재로 부각시켰고 우리는 누구든지 주체가되어 문화를 창조할 수 있게 되었다. 우리 사회에서 사회관계 진화의 지배적인 추세는 온갖 형태로 표현된 개인주의의 부상이다(Castells, 2004). 개인이 중심이 된 사회관계의 새로운 시스템 출현을 강조했다.

둘째, 문화 및 소비의 측면에서는 '보편화'와 '다원화'로 설명할 수 있다. 인터넷의 최종적 의미나 사이버 문화에 의해 야기되는 가치는 바로 보편성이다(Pierre Levy, 2000). 네트워크로 연결된 전 세계의 문화와 소비성향은 글로벌화되고 보편화된다. 컴퓨터

매개 커뮤니케이션의 가장 중요한 문화적 영향력은 세계주의와 지구화를 증대시키면서 동시에 문화적으로 가장 영향력이 큰 사회 네트워크를 잠정적으로 강화시킨다는 것이다.

셋째, 산업과 서비스 분야에서는 '분화'와 '통합 융합화'가 함께 나타난다. 기술 산업 서비스의 융합이 이루어지고 IT, BT, NT의 융합이 미래의 기술트렌드로 부각되면서 융합화는 전체적인 흐름을 형성한다. '통합융합화'의 트렌드는 유무선 통합 전송망 통합All IP Network, 플랫폼 통합 등 기술간 융합 통신방송 융합 통신문화콘텐츠 융합 등 산업간 융합으로 나타나고 있다. 이러한 융합현상은 '분화'의 트렌드를 함께 수반한다. 새로운 정보통신기술은 소비자의 취향에 따라 보다 세분화된 시장fine-grained product customization의 확산을 촉진시켜 소비자 취향 및 다양화 개별의 효과를 만든다. 융합으로 인한 새로운 미디어서비스 등은 소비자의 취향과 필요에 맞춰 분화되고 특화된 형태로 재탄생한다.

넷째, 사회합의체계에 있어 '참여'와 '숙의'를 생각해 볼 수 있다. 쌍방향적 소통이 가능해지고 개인 미디어의 발달로 인해 보다 많은 사람에게 '참여'의 기회가 부여되면서 '숙의'의 필요성에 대한 논의도 대두되고 있다. 기술의 발달로 쌍방향성 접근의 무제한성 등은 '참여'를 확산시킨다. 사회합의를 위한 의사결정 혹은 문화생산에 있어 다양한 개인의 '참여'는 활발한 상호작용을 통해 진정한 합의와 창조적인 문화를 가능하게 한다. 하버마스는 공론권을 여론 형성에 필수적인 사회적 삶의 영역으로 규정하고 이 영역에 대한 접근권은 모든 시민들에게 개방되며 모든 형태의 지배로부터 자유로워야 한다고 했다.

이와 같이 융합의 시대는 개인화와 커뮤니티화, 보편화와 다원화, 세분화와 융합화 등 상반된 듯하지만 동전의 양면처럼 연결된 가치가 융합·공존하고 있다.

6 미래사회의 사회적 융합의 전망

과학기술이 사회적 약자에 대한 배려와 국민의 삶의 질 향상을 위한 역할을 수행하기 위해서는 개발 이전에 개인의 삶과 사회에 미치는 영향을 충분히 고려할 필요가 있다. 즉, 기존의 공급자 중심의 접근방식이 아닌 수요자 중심의 새로운 접근방식이 요구되며, 이러한 다학제적 관점의 융합연구가 활성화됨으로써 우리는 보다 안전하고 따뜻한 미래를 창조하게 될 것이다.

inquiry subject
탐구 주제

21세기에는 실용적·기술중심적 자본주의에서 벗어나 새로운 인간다움을 추구하는 포스트휴머니즘(post-humanism)사회의 조성이 새로운 이슈로 부각될 것이다. 20세기 과학기술은 인간생활에 편이성과 효율성을 급격히 제고해 왔지만, 한편으로는 기술 발전에 따른 많은 사회적 부작용을 야기했다. 예를 들면, IT 기술 발달은 정보유통의 획기적 개선으로 지식정보시대의 발전을 가져왔지만, 개인의 사생활 보호 침해 등 여러 사회적 문제를 불러왔으며 유전자 조작기술은 병충해 방지, 생산 배가를 통해 농산물 생산량을 크게 확대했지만 식품의 안전성 위험을 노출하고 있다. 그 외에도 기술 개발에 따른 환경 파괴 및 오염문제 등 많은 문제가 제기되었다.

앞으로 21세기 사회는 인간 기계의 융합, 인공지능 등의 가능성으로 인한 인간 정체성 문제, 과학기술의 거대화에 따른 기술에의 종속문제, 기술 발전이 너무 빨라 사회가 적응하지 못하는 사회적 부적응성 문제 등이 더욱 부각될 것이다. 21세기 과학기술의 평균적인 변화 속도는 20세기의 5배이며 발전의 속도 자체가 10년마다 배가 되고 있는 것으로 알려져 있다. 앞으로의 사회는 이러한 기술종속 상황에 대응하여 인간 감성에 소구하는 기술을 강조하는, 인간 중심적 기술시대로의 전환을 강조할 것이다.

또한 경제·사회적 환경 측면에서의 변화도 새로운 사회적 문제를 가져올 것이다. 인구증가, 고령화 등 인구 구조의 변화는 건강과 복지문제, 빈부격차 심화, 신종 질병 등 인간적 삶의 조건과 관련한 문제를 부각시킬 것이다. 개도국의 경우, 큰 폭의 인구증가와 함께 그에 따른 대량소비문제 그리고 빈부격차 문제들이 대두할 것이다. 반면 선진국은 고령화사회의 건강 및 복지문제가 크게 부각될 것이다. 또한 인류 전체적으로 질병, 사회적 갈등, 문명 충돌, 테러·전쟁 위협 등 사회적 안전문제가 심각해질 것이다.

이러한 사회의 변화에 대응하기 위해서는 저탄소사회 실현 및 환경문제의 해결을 지향하는 녹색성장과 미래사회가 직면할 인본주의적 이슈를 포괄하는 새로운 미래사회 패러다임의 변화에 주목할 필요가 있다. 여기에서는 녹색성장과 새로운 인본주의적 시각을 포괄하는 새로운 미래사회 패러다임으로 '그린휴머니즘(green-humanism)사회'를 제시하고자 한다.

'그린휴머니즘사회'란 자연을 지배하는 인간 중심 사회에서 자연의 생명 가치와 공존하는 인간다움이 존중되는 사회를 의미한다. 구체적으로 휴머니즘을 기초로 지성, 감성, 사회성,

▶계속

생태성이 기반을 이루며 이를 통해 녹색, 생명, 창의, 융합이 어우러져 자연, 기술, 인간의 창조적 상호작용이 이루어지는 사회를 말한다.

지금까지 인간이 기술에 의존한 편의성과 물질적 충족을 추구하면서 나타난 자연환경 파괴 및 오염 등이 인간의 경제사회 및 생존환경을 크게 위협함에 따라 앞으로 인간사회는 자연·기술·인간이 함께 공존하면서 창조적 상호작용을 통해 함께 발전하는 새로운 가치를 추구하게 될 것이다. 이러한 사회를 구축하기 위해서는 지금과 다른 새로운 역량과 자원을 확보해야 하며, 환경과 사회적 다양성을 확보 및 유지해야 하고 이를 위한 사회적 실천과 네트워킹을 구축해야 한다.

자료: 미래 그린 휴머니즘 사회 도래와 대응전략, 과학기술정책연구원, 2010.

▶ 그린 휴머니즘의 의미와 이것이 미래사회에 미치게 될 영향에 관해 토론해 보자.

Chapter ⑧

문화적 **융합**

문화는 한 사회의 성격과 특성을 보여 주는 바로미터의 역할을 한다. 건강한 사회란 여러 문화가 잘 어우러져 사회적 통합과 문화 발전을 위한 환경이 조성된 곳이다. 아날로그시대에 전통과 관습이란 틀(frame) 안에서 전통문화를 이해하고 지키려는데 급급했다면, 현대에는 문화를 창조하거나 문화와 다른 요소와의 융합을 통해 새로운 문화적 콘텐츠를 창출하려는 시도가 영화, 연극, 예술 등의 분야에서 다양하게 이루어지고 있다. SNS와 인터넷의 발달로 국경과 민족의 경계가 무너진 현재에 문화는 보는 것이 아니라 체험하며 즐기는 것으로 바뀌고 있다.

1 개념적 정의

한국은 지구상에서 아일랜드와 함께 단일민족을 고수하고 있는 유일무이한 동질적 종족사회이다. 문화적 융합으로 본 미래 기업의 성공코드는 바로 문화이다. 융합기술의 발달로 인한 다양한 미디어의 등장은 개인의 감성을 부각시키고 문화 창조의 욕구를 이끌고 있다. 이러한 사회문화 트렌드를 바탕으로 기업은 문화, 문화산업과의 융합을 추진하며 새로운 전략을 구상 중이다. 디지털기술의 발달과 함께 문화는 더욱더 중요한 코드로 자리 잡고 있다. 이제 기업은 단순히 사회적 책임으로 문화활동을 지원하지 않는다. 오늘날 기업은 자신의 성공을 위하여 문화, 문화콘텐츠와의 융합을 필연적으로 해야 하는 상황에 처해 있다.

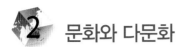

2 문화와 다문화

문화의 중요성이 부각되고 있는 이때, 개인으로 하여금 자유로운 콘텐츠 창조를 가능하게 하는 UCCUser Created Contents는 콘텐츠 자체를 필요로 하는 기업, 문화를 통해 기업의 이미지를 창조하고자 하는 기업에도 새로운 비즈니스 모델의 가능성을 제공하고 있다.

한국에서 일어나고 있는 다문화현상의 확산은 서구에서 이민자를 통합하기 위해 시작된 다문화주의적 이민정책을 논의의 중심으로 부상시켰다. 명목상으로 한국은 OECD 회원국의 위상에 맞는 다문화주의를 표방하고 있다. 다문화사회가 추구해야 할 이상이란 언어나 인종 등 '문화적 다양성'을 통한 삶의 다양성 증가와 동시에 다양한 문화의 병존을 통한 공존이고, 이러한 공존의 궁극적 목적은 사회 · 문화 · 경제 · 법 등 모든 제도적 조화를 통한 더 나은 삶과 행복의 실현이다.

하지만 우리나라의 경우에는 다문화정책의 주요 도구인 다문화가족지원법에서 드러나듯 다문화정책이 한국인과 결혼한 결혼이민자나 혼인귀화자 가족만을 지원하는 등 폐쇄적이며, 정책의 지원 범위가 좁고, 한국에 거주하는 모든 다문화이주자들을 포괄하기에는 역부족이다.

2012년 4월 30일을 기준으로 해서 한국사회에는 1,438,671명의 외국인이 거주하고 있다(출입국, 외국인정책본부, 2012). 우리나라 전체 인구가 약 5천만 명임을 감안하면 한국사회의 외국인 비율은 2.9% 정도에 불과하다.

일반적으로 외국 태생의 인구비율이 국민의 5% 이상은 되어야 다문화사회라고 분류하는 것을 감안하면 한국사회는 양적인 측면에서 아직 다문화사회라고 규정할 수 없다. 그럼에도 불구하고 다문화에 관한 담론은 2000년 이후 폭발적으로 증가하였다. 중앙정부의 각 행정 부처들은 부처별로 파편적인 다문화사업들을 양산하고 있어 이에 대한 비판이 거세게 나타나고 있다.

다문화사회가 보편화되고 문화교류가 확대됨에 따라 기존의 사회체제와 다른 새로운 사회가 도래할 전망이다. 국제결혼과 외국인 노동자의 유입이 지속적으로 증가하면서 우리나라는 본격적인 다인종 · 다문화사회로 진입 중이다. 한편 교육 기회의 확대, 경제활동 참여의 증가, 사회 각 분야로의 진출에 따라 여성의 지위가 더욱 향상될 전망이다. 이러한 과정에서 이민자의 사회통합, 다문화가족 자녀들의 사회적응문제, 중도입국 청소년 문제 등에 이르기까지 과거에는 없었던 사회문제에 대한 논의도 다각적으로 활성화되기 시작했다. 이렇게 다문화연구의 스펙트럼이 확대되었음에도 불구하고 한국적 다문화가 무엇인가에 대한 고민은 2010년에 이르러서야 시작되었다(김태원, 2011).

1) 문화의 정체성

파레크 Parekh는 비판적 관점에서 문화에 접근한다(Parekh, 2007). 그의 관점에서 문화란, 일상적 삶을 구성하는 중요한 특성 중 하나이다. 문화는 우리 삶에 중대한 영향을 미치지만, 그 속에는 매우 다양한 인간사회의 특성들이 얽혀 있어 통합적 요인뿐만 아니라 갈등적 요인이 풍부하게 내포되어 있다고 생각하기 때문이다. 파레크의 주장처럼 우리의 세계는 문화로 구성되어 있고, 문화에 의해 형성되어 있다(Parekh, B et al., 2007). 그러나 그렇다고 해서 이러한 것이, 사람들이 타인 또는 사회에 관한 믿음과 실천을 평가하는 과정에서 다른 사람들을 이해하고 공감만 한다는 의미는 아니다. 파레크의 주장처럼 사회 내의 여러 문화 간에 충돌과 수용의 양상 중에서 어떤 쪽의 현상이 표출될지는 아무도 단언할 수 없기 때문이다(김태원, 2012).

파레크는 한 사회가 성공적으로 다문화사회가 되기 위한 기본적 토대로 다중적 가치 plural values의 중요성을 언급하였다. 성공적인 다문화사회는 어떤 하나의 단일민족이나 단일문화 혹은 특정 가치에 바탕을 두고 이루어지지 않기 때문이다. 다문화사회는 아주 다양한 문화적 속성을 토대로 하여 존재한다. 사회 내에서 형성되는 시민 사이의 일반적인 소속감은 정치적 공동체의 헌신과 대화, 호혜 그리고 사회의 구성원이 되고자 한다면 그것이 필요하다는 인식에서 비롯된다.

성공적인 다문화사회의 완성은 그 사회의 구성원들을 포괄하는 문화적 다양성과 함께 다양한 제도 및 정책에 스며든 가치를 얼마나 잘 수용하느냐에 좌우된다. **그림 8-1**은 다문화사회의 구성을 나타낸 것이다.

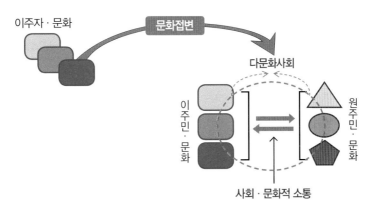

그림 8-1 다문화사회의 구성

자료: 김태원(2012).

2) 다문화의 정체성

다문화시대의 한국문화를 이해하기 위해서는 우선 문화란 무엇인가를 알아야 한다. 누구나 문화가 무엇인지 어렴풋이는 알고 있지만, 막상 '문화란 무엇인가' 정의를 내리라고 하면 멈칫하게 된다. 그만큼 문화는 광범위하고 막연하다. 우리나라에 거주하는 외국인이 140만 명에 이르고, 다문화가정이 급격히 늘면서 '다문화시대와 한국문화의 미래는 어떻게 될 것인가?'하는 화두가 수면 위로 떠오르고 있다. 이러한 추세로 가다가는 우리의 전통문화와 문화적 가치가 제대로 보존될 것인지 장담할 수 없다. 현재 우리나라로 결혼이민을 온 여성의 숫자는 12만 5천 명에 달한다고 한다. 이들 대부분은 가임기 여성이므로 이들이 출산을 하게 된다면 그 수가 더욱 증가할 것이다. 그리하여 2030시대에는 다문화시대와 한국문화의 미래를 생각해 보지 않을 수 없다. 다문화시대와 문화의 특성을 정확하게 인식하고 우리의 창조적 이성과 지식을 토대로 하여 과거와 현재, 그리고 미래를 연결하면서 미래를 예측future foresight함으로써 우리의 무한한 가능성을 만들어가야 할 것이다.

우리 사회는 유교문화권에 속해 있다. 그렇다보니 사농공상士農工商이란 가치기준이 생기고 화이트칼라white-collar의 직업만을 선호하는 경향이 나타났다. 우리나라 부모들은 교육열이 뜨거워 자녀교육에 물불을 가리지 않는다. 자연히 젊은이들은 3D 업종이나 농업에 종사하려 하지 않고, 이러한 분야의 일손이 부족해졌다. 이러한 현상은 국가의 노동력 수급문제를 야기하고, 급기야 외국인 노동자 유입이란 처방으로 이어졌다. 유엔의 미래한국보고서에 의하면 2020년에는 외국인이 전체 인구의 10% 정도인 400~500만 명, 2050년에는 전체 인구의 20% 정도인 1천만 명이 될 것으로 예측된다. 우리나라는 부존자원이 부족하므로 수출에서 활로를 찾아야 한다. 지금까지 우리는 밖으로 나아가는 세계화만을 고민하고, 밖에서 안으로 들어오는 세계화는 깊이 생각하지 않았다. 하지만 이제는 달라져야 한다. 외국의 문화와 우리나라의 문화가 공존하는 이 시대에 두 문화가 융합하여 새로운 문화를 만들 때 건전한 다문화가 생성된다는 것을 알아야 한다(이민영, 2013).

이제 한국사회에서도 '다문화'와 '사회통합'이 중요한 다문화연구분야로 떠오르고 있다. 타문화를 문화적 단위로 이해하고 주류 문화와 비주류문화라는 관점에서 이들의 통합과 융화에 중점을 두었던 다문화주의multiculturalism적 정책이 오늘날 한국 다문화정책의 대부분을 차지하는 현실이다. 하지만 한국적 상황을 고려했을 때 실제적으로는 동화주의정책을 취하고 있는 것도 문제점으로 지적된다. 만약 다문화주의가 적절한 대안이 아니라면, 유럽과 북미에서 활발히 논의 중이며 발전하고 있는 사회통합정책 이론인 상호문화주의interculturalism가 대안이 될 수도 있다. 상호문화주의는 상호문화성 interkulturalität의 개념을 통해 명료해질 수 있는 데, 이는 독특한 개별성을 지닌 개별 문화 사이에 공통된 보편성이 존재한다는 의미이다.

3) 문화와 다문화의 글로벌화

미래의 환경에서는 미디어의 특성이 국가의 벽을 뛰어넘을 것이다. 오늘날에는 위성 방송을 이용하여 해외의 여러 방송을 시청할 수 있다. 미래의 미디어는 이러한 초국가적 성격이 더욱 강화되면서 국가 간 문화의 경계를 허무는 데 중요한 역할을 할 것이다. 해외에 한류문화가 형성되는 것처럼, 한 나라의 문화가 전 세계에 영향을 미치는 문화의 글로벌시대가 다가오고 있는 것이다(안종배, 2013).

글로벌시대에는 문화 간 커뮤니케이션에 더욱 관심을 가져야 한다. 문화 간 의사소통은 둘 또는 그 이상의 상이한 문화 속에 존재하며, 이 경우 문화간섭으로 인해 문화교차나 문화결합, 문화접합, 문화의 이종교배현상이 일어난다. 이러한 문화접합현상은 한 집단의 고유한 문화적 배경을 넘어 타문화의 행위체계와 상호작용을 함으로써 가능한 것이다(김태원, 2010).

급속한 세계화에 따라 경제, 사회, 문화 등 영역을 막론하고 국경이라는 장벽이 무너지고 있다. 문화 영역의 글로벌화는 국경을 초월한 문화적 접촉을 말한다. 국가 간 경계가 허물어지면서 각국 문화의 폭넓은 교류가 이루어지고 있다. 교통과 통신의 발달은 사람들의 국제적 이동 및 타문화에 대한 접근을 용이하게 하고, 다양한 가치관 형성을 유도한다. 통신기기의 발달은 사이버공간 제공을 통한 소셜네트워크[26]의 형성을 촉진하여 글로벌 문화 교류를 통한 문화적 다양성 증대에 이바지하고 있는 주요 요소이다.

전 세계의 인터넷 사용자가 20억 명을 넘어섰다. 50억 대의 휴대전화와 셀 수 없이 많은 하드웨어 장치는 거대한 멀티네트워크를 형성하여 인류활동의 다양한 측면에서 실시간 상호교류를 가능하게 하고 있다. 이러한 실시간 상호교류 증대는 과거에 비해 국가 간 문화교류를 용이하게 함으로써 민간 차원의 자발적인 문화적 교류가 신속하게 이루어질 수 있게 되었다.

이제 한국의 다문화연구는 결혼이주자들이 한국사회에 적응하는 과정에만 주목할 것이 아니라 나아가 이들의 문화가 한국사회에 편입·혼용·생성되는 과정에 중점을 두어야 하는 새로운 패러다임을 논의해야 할 시점에 와 있다. 다문화에 대한 경험은 유럽에서 다양한 양태로 이미 나타났고, 다문화현상에 대한 고민 또한 유럽에서 이미 우리보다 훨씬 심도 있게 진행되었다(김태원, 2011). 그러므로 유럽에서 일어나는 다문화주의에 대한 비판이나 상호문화주의에 대한 논의를 통해 한국의 다문화현상을 적절히 설명하고, 사회통합의 방향을 제시할 만한 대안을 찾아보는 것은 매우 의미 있는 일이다. **그림 8-2**는 2011년 국가별 인터넷 사용자의 비율을 나타낸 것이다.

한국에서 다문화는 1990년대 이후, 재중동포(조선족)의 유입과 농어촌 총각의 결혼문제 등이 대두되면서 시작되었다. 국제결혼이 성행하고, 경제 성장과 국제 교류의 활성화로 외국인 노동자 유입이 지속적으로 증가하면서 다문화가정보호법 제정과 더불어 2000년부터 본격적인 다인종·다문화사회로 접어들었다. 실제로 결혼하는 열 쌍 중에

---

26 웹상에서 개인 또는 집단이 하나의 노드(node)가 되어 각 노드 간 상호의존적인 관계(tie)에 의해 만들어지는 사회적 관계 구조. 소셜네트워크를 위한 주요 사이트에는 트위터, 페이스북, 투데이, 블로그, 마이스페이스, 포스퀘어 등이 있다.

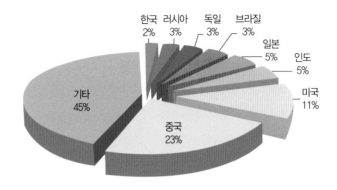

그림 8-2 국가별 인터넷 사용자의 비율(2011)

자료: 김태원(2011).

서 한 쌍이 외국인을 배우자로 맞이할 만큼 국제결혼이 성행하고 있다. 다문화가정이란 한 가족 내에 다양한 문화가 공존하는 가정을 뜻하며, 한국인 남성과 이주 여성 또는 한국인 여성과 이주 남성이 결혼하는 국제 결혼가정과 이주노동자, 유학생, 북한이탈주민 등을 포함하는 이주민 가정, 외국인 노동자가 한국에서 결혼하여 태어난 자녀와 본국에서 결혼하여 형성된 가족이 국내에 이주한 가정의 자녀로 이루어진 외국인 노동자가정 등을 모두 포함한다. 이제 우리 사회에서 다른 문화를 가진 사람을 만나는 것은 어려운 일이 아니다. 2009년 5월 외국인 110만 시대를 맞았으며 비록 국내 인구의 2.2%에 불과하지만, 1997년 당시 38만 명에 비해 3배 증가한 것으로 다문화사회로의 전환이 급속하게 진행 중인 것으로 볼 수 있다(행정안전부, 2009).

갑작스러운 다문화가정의 증가는 사회적으로 적지 않은 혼란과 문제를 초래한다. 이미 일부 농어촌 초등학교의 경우, 신입생의 상당수가 다문화가정 자녀로 이 문제는 우리 사회에 깊게 뿌리를 내리기 시작했다. 한국의 다문화사회로의 진입은 그동안 순수혈통, 가부장 단일 문화주의를 고수해 온 한국사회가 문화적 다양성에서 기인하는 '차이'를 어떤 시각에서 대처해야 할 것인지에 대한 고민을 불러온다.

그동안 우리나라는 '세계 유일의 단일민족'이라는 자긍심을 가지고 있었다. 하지만 '세계 유일의 단일민족'이라는 말은 앞으로 도래하게 될 다인종·다문화사회에서는 부적합한 말이 될 것이다. 이제는 좀 더 개방적인 자세로 다른 문화, 다른 피부색을 가진 사람들과 더불어 살아갈 수 있어야 한다. 지난 세기 동안 사회적 진화를 이끈 강력한 원동력의 하나는 여성의 능력신장에 있으며, 많은 사람이 지구상에서 발생하고 있는 과제를 해결하기 위한 가장 효율적인 전략으로 주장하고 있다. 20세기가 시작되기 전까지 단지 두 나라만이 여성의 투표 참여를 허락하였으나, 오늘날 많은 국가에서 여성이 실질적으로 보통선거에 참여하고 있으며, 2011년 기준으로 전 세계 여성 국회의원의 비율은 19.5%에 달한다(Inter-Parliamentary Union, 2011).

결론적으로 사람들은 다양한 정체성을 가질 수 있지만 그것은 한 사람이 동시적으로 다양한 정체성을 가진다기보다는 개인이 새로운 정체성을 통해 기존의 정체성을 대체함으로써 다양한 정체성을 경험하게 된다는 것이다.

4) 단일문화와 다문화

우리는 단일민족의 정체성을 강조하며 이를 긍지로 삼던 때가 있었다. 지금도 그 당시 교육을 받았던 기성세대의 고정관념이 확고히 자리 잡고 있기 때문에 다문화의 수용, 또는 이들에 대한 편견이 쉽게 소멸되지 않는 게 현실이다. 그러나 글로벌시대가 열리면서 다문화가족이 늘어나고 지구촌시대가 열리는 시점에서 이러한 관념을 지속하려는 경향은 서서히 사라지고 있다. 오랜 역사를 기반으로 하는 단일문화와 외국인 노동자의 증가와 국제결혼의 증가로 인하여 우리 사회에 점점 외국인과 이민자들이 늘어 다문화를 이루게 되다보니 단일문화와 다문화의 문화적 혼조현상이 생기고 있다.

산업이 발달하고 노동인구가 부족해지면서 국제결혼가정, 외국인 노동자가정, 이주 노동자가정 등 다문화가정이 날로 늘어나 한국사회가 다문화로 변하고 있다. 이에 우리는 이들을 포용하고 융화하면서 이 둘의 문화를 적절하게 조화시키지 않으면 안 되는 현실에 처해 있다. 세계적인 추세를 보더라도 글로벌시대로 발전하면서 단일문화보다는 다문화시대로 변하고 있으며, 단일문화와 다문화가 공존하는 가운데 상호존중하고 이해와 배려가 전제된 건전한 문화가 정착되고 있는 것을 알 수 있다.

단일문화는 다문화와 달리 문화의 속지성에서 출발한다. 단일문화는 문화, 언어, 가치관 등 문화적 요소와 동일한 지역의 주민집단이 단일민족국가nation state를 이루며 만들어 낸 것이다.

미국이나 유럽처럼 복수민족이 국가를 이루는 지역에서는 'Nation'이란 단어가 국가보다는 민족이라는 의미로 사용된다. 단일문화에는 민족우월주의 또는 자기 민족의 우선주의와 배타적 문화의 특성이 짙게 깔려 있다.

다문화는 단일문화의 상대적 개념으로 다문화주의multiculturalism의 '다문화'라는 뜻이다. 즉, 여러 나라의 문화를 일컫는 용어이다. 다문화주의의 이념은 1970년대 서구의 민주주의 사회에서 전면적으로 등장하여 우리나라에 1980년대 말 이후 들어왔다. 이후 세계화로 인해 다문화가정이 늘어나면서 서로를 이해하고자 하는 다문화주의가 형성되어 이에 대한 관심이 증가하고 있다(이민영, 2013).

최근 한국을 찾는 중국 · 일본 · 동남아 관광객이 기하급수적으로 늘고 있는 것과 동시에 일자리를 찾거나 국제결혼을 통해 한국에 장기간 체류하거나 가정을 이루고 정착하는 아시아 인구가 늘고 있다. 이는 한국사회의 다문화현상을 촉진하는 결과를 가져오고 있다. 바람직한 문화소통은 쌍방소통이라는 점에서 생각할 때, 한국은 한류라는 문화 수출과 동시에 다양한 아시아문화를 편견 없이 받아들이고 서로 소통하는 중심채널의 역할을 하게 될 것이다.

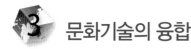

3 문화기술의 융합

1) 문화기술의 부가가치

콘텐츠산업의 부상과 인간 감성의 회복에 대한 소비자의 욕구를 배경으로 새로운 기술적 개념이 등장하기 시작했다. 이 새로운 기술의 개념은 '즐기는 기술', '인간적인 기술'의 개념을 지향하는데, 이를 지지하는 기술 콘셉트가 바로 문화기술CT; Culture, Contents Technology이다.

CT는 CCulture와 TTechnology가 독립적인 분과로 합쳐진 것이 아니라 C와 T가 융합한 새로운 기술의 개념이다. CT는 처음부터 콘텐츠를 염두에 두고 개발된 기술로, 기술적 측면에서 접근하는 IT와는 그 출발점부터 다르다. CT는 테크놀로지를 기반으로 감성 공학, 인지공학, 색공학, 디자인 등 다양한 기술이 융합된 것으로 이를 기반으로 창의력을 발휘하여 콘텐츠를 생성한다(김원제, 2007).

결국 CT란 협의의 의미로는 영화, 애니메이션 등 문화상품의 기획, 제작, 가공, 유통, 소비 등과 이에 관련된 서비스에 필요한 기술을 지칭하며, 광의의 개념으로는 공학적 기술뿐만 아니라 인문사회학·디자인·예술 분야의 지식과 감성적 요소를 포함하여 인간 삶의 질을 향상시키는 총체적인 기술이다.

CT는 콘텐츠 기획, 제작, 가공, 유통 및 소비과정 전반에 걸쳐 필요한 지식과 기술을 뜻한다. 콘텐츠산업은 CT에 기반하는 '문화예술(원천) + 테크놀로지(콘텐츠로 전환) + 콘텐츠(비즈니스 콘셉트 적용)'라는 결합(융합)을 통해 문화상품(콘텐츠 혹은 서비스)을 만들어내는 것이다. CT는 문화산업의 재화인 콘텐츠 상품의 작품화(창작, 기획), 상품화(제작, 표현), 서비스(유통, 마케팅) 등 전체 가치사슬의 각 단계마다 개입하여 부가가치를 더하는 역할을 한다(문화체육관광부, 한국콘텐츠진흥원).

'미디어콘텐츠+첨단기술'은 미래 미디어콘텐츠산업의 성패를 좌우하는 열쇠로 작용할 것이다. 이를 위해서는 독창적 CT 기술력이 필요하다. 기술적 자립이 없다면 기술에 대한 높은 로열티를 지불하게 되어 콘텐츠 개발로 인한 이익을 보장할 수 없게 된다. 창작 및 제작자는 실현이 불가능한 상상의 세계를 CT를 활용하여 가상세계를 현실화시키는 한편 막대한 제작원가를 절감할 수 있다.

콘텐츠산업 전반에 CT의 활용이 증가하면서 기술력이 융·복합 콘텐츠 시장의 성패를 결정하는 요소로 작용하고 있다. CT 기술의 수준이 콘텐츠의 질을 좌우하는 중요한 변수로 부상하고 있는 것이다. CT 기반 콘텐츠로 높은 수익률을 올리고 있는 예로는 애니메이션과 게임을 들 수 있다(이기현, 2010).

2) 국내 문화기술정책 동향

우리나라 정부는 CT의 중요성과 잠재력을 인식하여 CT를 국가핵심기술 및 미래 국가 유망기술로 선정하여 중점 지원하고 있다. 2001년 8월 '국가 6대 핵심기술 IT, BT, NT, ST, ET, CT'로 선정된 CT는 2003년 8월 '차세대 10대 성장동력산업'에 디지털콘텐츠산업이 선정되면서 널리 알려지기 시작했다. 2005년 8월 과학기술부는 〈미래 국가유망기술 21〉(2015~2030)에서 '시장성'과 '삶의 질 향상'을 위한 기술로 '감성형 문화콘텐츠기술'을 선정했다.

현재 CT 연구개발은 문화체육관광부와 한국콘텐츠진흥원이 주도적으로 진행하고 있는데, 본격적으로 CT R&D가 추진된 것은 5년 정도에 불과하다. 문화체육관광부와 한국콘텐츠진흥원(구 한국문화콘텐츠진흥원)은 미래 성장동력 중 하나인 CT 육성전략 체계화를 위해 2005년 7월에 〈CT비전 및 로드맵〉을 수립하여 발표하였으며, 2007년에는 기존 CT 로드맵을 기초로 CT의 체계적·종합적 육성을 위한 실질적 실행계획 수립을 목표로 한 문화기술개발 5개년 계획을 수립하였다.

2008년 8월 문화부는 콘텐츠 진흥체계 일원화와 융합시대에 부응하는 새로운 CT R&D 정책방향 정립을 위해 각계 전문가로 구성된 CT R&D 기획단을 발족·운영하였으며, 2008년 11월에는 기획단에서 수립된 CT R&D 기본계획을 통하여 공청회를 실시하였고, 12월에는 국가과학기술위원회에 보고·발표함으로써 향후 CT R&D 발전의 기반을 마련하였다.

2009년 5월 콘텐츠산업 진흥정책을 총괄적으로 추진하기 위해 '한국콘텐츠진흥원'이 공식적으로 출범하였다. 국내 콘텐츠 진흥기관으로서 기존의 '한국문화콘텐츠진흥원', '한국방송영상산업진흥원', '한국게임산업개발원', '문화콘텐츠센터', '한국소프트웨어진흥원의 디지털콘텐츠사업단' 등이 통합된 것이다. 이로써 게임, 방송 등 현재의 주력 콘텐츠산업은 물론 새로운 시장 창출이 기대되는 융합형 콘텐츠까지 포괄하는 콘텐츠 전 분야에 대한 산업육성기능을 종합적으로 수행하는 기반이 마련되었다.

세계 5대 콘텐츠 강국 실현을 위한 한국콘텐츠진흥원의 6대 중점 추진 방향 중 하나로 '문화기술 역량 강화'가 설정되었는데, 원천기술과 응용기술에 대한 연구를 차별화하여 진행하고, 콘텐츠 기획부터 개발, 상품화 단계까지 특화된 기술 개발을 지원해 한국 콘텐츠 수준을 도약시키는 것을 목표로 하고 있다(이기현, 2010).

현재 한국콘텐츠진흥원은 게임, 3D 입체영상, 가상현실, 차세대 융합콘텐츠 등 차세대 유망기술 확보에 중점을 두고, 해외시장 진출을 위한 글로벌 프로젝트 기반을 위한 지속적인 지원을 하고 있다. 콘텐츠산업의 경쟁력 있는 혁신 비즈니스모델 발굴을 위한 '서비스 R&D'도 단계적으로 확대 중이다.

3) 해외 문화기술정책 동향

글로벌 콘텐츠시장을 선점하기 위한 치열한 경쟁 속에서 주요 선진국들은 경쟁력 있는 콘텐츠 및 관련 기술CT 개발에 국가적 역량을 집중하고 있다. 콘텐츠시장의 성장 속에서 주요 선진국은 이미 축적된 고도의 기술력을 바탕으로 콘텐츠산업 강국의 위상 확보를 위한 지속적인 투자와 지원을 강화하고 있다. 이러한 내용은 **표 8-1**에 정리되

표 8-1 각국의 콘텐츠산업 진흥 및 CT 관련 정책 동향

국가	진흥정책 및 추진전략
미국	• 콘텐츠산업은 군수산업과 함께 미국을 이끄는 핵심산업 • 시장주도형 콘텐츠산업육성을 통해 민간 중심의 콘텐츠산업 간접 지원 • AFI(국가설립), MIT Media Lab(국가지원) 등 통해 CT 연구개발 활성화
EU	• 2005년 新리스본전략의 틀 속에서 i2010 발표, 핵심성장 분야에 디지털콘텐츠 포함 및 융·복합 콘텐츠 시대의 새로운 유통채널 및 IPR 확보 중요성 강조 • 특히 영국의 경우 문화산업을 '창조산업(Creative Industry)'으로 명명, 1997년부터 미래전략산업으로 육성 • 영국의 3C Research, 독일의 ZKM, 프랑스의 IRCAM을 중심으로 관련 연구개발 활성화
일본	• 콘텐츠를 활용한 문화창조 국가건설을 목표로 일본 소프트파워를 높여 국가브랜드 구축을 총괄할 수 있도록 상위진흥체계 구성(지적재산기본법 제정) • 2004년 6월 콘텐츠진흥법을 제정하고, 범정부 차원에서 신기술 R&D지원 • DMC 등 국가지원하에 CT 연구개발 활성화
중국	• 콘텐츠산업 육성 전담기구 '국가동만유희산업진흥기지(國家動漫遊戲業振興基地)' 설립, 향후 5년 안에 콘텐츠산업 규모를 연 5,000억 달러 규모로 키울 방침 • 개방·개혁 정책 후 시장경제를 도입하면서 문화산업 급속 성장

자료: 이기현(2010). 한국콘텐츠진흥원. 문화체육관광부.

어 있다.

미국, 유럽, 일본 등 주요 선진국들은 국가 차원의 연구개발로 콘텐츠분야의 신기술 개발 및 시장 개척에 앞장서고 있다. 미국에서는 미디어·엔터테인먼트산업이 군수산업과 함께 미국경제를 견인하는 2대 산업이 되고 있다. 영국은 창조산업을 국가의 미래 전략산업으로 육성하여 이미 세계에서 기술 혁신을 선도 중이고, 프랑스는 문화산업 지원 영역을 애니메이션, 게임, 디지털콘텐츠 산업으로 확대하고 있다. 일본은 세계 제2의 문화산업 강국을 목표로 문화산업을 육성해 왔다. 최근 일본 정부는 콘텐츠 해외유통, 지적재산권 보호, 우수인재양성 등에 적극적으로 나서고 있다.

미국, 일본, 프랑스 등 선진국은 오래전부터 정부의 차원에서 지원연구기관을 설립하여 CT 분야 융합연구 등을 진행하고 있다. 미국의 AFI American Film Institute, MIT 미디어랩Media Lab, 일본의 디지털미디어콘텐츠Digital Media Contents, 독일의 ZKM, 프랑스의 IRCAM, 영국의 3C 리서치Research 등이 대표적인 예이다. 이들 기관에서는 인문 사회, 예술, 공학 등 학제 간의 실질적인 융합연구가 매우 활발하게 이루어지고 있으며, 예술과 산업적 수요 기반의 기술 개발이 활성화되어 있다. 정부-대학-산업으로 이어지는 기술 파이프라인 구축이 그 기반이 되는 것이다.

한편 CT 분야에 대한 국가 간, 기업 간(또는 제휴기업 그룹 간) 기술표준 경쟁이 치열해

져 표준 및 지적재산권을 통한 기술패권주의가 부각되고 있는 상황이다. 글로벌화의 가속으로 소수의 세계적 표준만이 생존하는 시대가 되고 있다. 기술의 핵심이나 원천을 보유한 국가는 자국의 표준을 국제규격화하려는 승자독식체제의 압박을 강화하고 있다. 응용기술만을 보유한 국가는 그것을 국제표준과 일치시켜 시장 진출의 확대를 꾀하고 있다. 투자 규모의 확대, 다자간 협력 필요성 증대, 새로운 차원의 불확실성 감소 노력 등에 따라 향후 CT 글로벌화는 가속화될 전망이다.

4) 시사점

미래사회의 문화기술에 대한 융합은 소비자의 니즈needs에 따라 편리하게 선택하여 감각을 만족시킬 수 있는 콘텐츠의 환경 기반을 조성하고, 수요자의 입장을 철저하게 반영할 수 있는 감성지향 콘텐츠 환경을 만드는 것이 바로 CT가 지향하는 미래 설계의 비전이다. 기존의 감성문화에 대한 연구가 요구되면서 공학에 콘텐츠를 접목시켜 '문화감성'이라는 새로운 융합기술을 개발해야 한다는 목소리가 크다. 아울러 인문 · 사회과학을 포함한 융합연구가 필요한데, CT가 바로 이러한 요건을 충족시켜 준다.

문화기술은 선진국 역시 우리나라와 마찬가지로 개발 초기단계이다. 앞으로 세계시장의 빠른 성장과 주도권 경쟁이 전망되므로 현 시점은 국가적 전략이 필요한 시기이다. 이러한 전략은 21세기 미래사회의 융합과 지속적인 국가경쟁력 제고와 삶의 질 향상을 위한 핵심수단이 될 것이다. 따라서 문화기술을 정책적으로 국가전략과학기술로 지정함과 동시에 핵심기술의 확보가 필요하다. 선진국에 비하면 걸음마 단계인 우리나라 콘텐츠산업의 첨단화를 통한 혁신이 무엇보다도 절실하다. 이를 위해 정부의 적극적 투자와 국민이 창조적 가치가 시급하다.

4 교차문화

1) 교차문화 비교

교차문화 비교cross-cultural comparison란 사회학, 정치과학, 여타 사회과학에서 어느 사회의 한 가지 혹은 몇 가지 특성의 존재나 부재를 다른 사회에서의 그러한 특성의 존재, 부재를 참조하여 상호 관련시키거나 설명하기 위하여 널리 사용하는 방법이다. 이때 비교되는 특성을 명확히 하는 것이 중요한데, 예를 들어 그것이 개인적 퍼스낼리티personality의 측면인지, 유사한 위치에 있는 사람들의 집단적 측면인지, 사회제도나 국가사회적 특성인지를 분명하게 밝혀야 한다.

이러한 비교는 양적으로 수행되거나(예: 인간관계영역 자료철), 혹은 질적으로 수행되기도 하고(예: 세계종교에 대한 베버Weber의 연구), 혹은 두 가지의 조합으로 수행되기도 한다(예: 구디《생산과 재생산》(1976), 국내 경제의 조직에 관한 연구). 어떠한 경우에서든 변수라고 부르는 두 가지 이상의 특성 간 상관관계의 발견은 결코 그 자체로 어떤 현상의 설명을 구성할 수는 없다. 이러한 비교는 반드시 그 목적을 위한 이론적 틀로 논리적으로 통합되어야 한다(사회문화연구소, 2000).

2) 교차문화 모델

지금까지 많은 심리학자들이 교차문화적응 관련 이론과 모델을 제시해 왔다. 특히 새로운 문화로 적응하는 단계를 정리한 모델에 의하면 교차문화적응 단계는 U-곡선의 양상을 이룬다. 이주민 혹은 유학생들은 해외생활 초기에 새로운 문화에 대한 관심과 기대감으로 허니문단계를 경험하지만, 시간이 지나고 현실적인 문제에 직면하면서(평균적으로 3~6개월 후), 문화충격culture shock을 받게 된다. 문화충격이란 해외에서 외부인이라는 느낌을 받으면서 움츠러들고 우울, 불안 등의 증상을 경험하는 것이다. 이러한 문화충격시기가 지나면 현지의 언어와 문화, 관습 등을 배우며 문화적응을 경험하게 된다(주로 1~2년 정도 걸리는 것으로 나타나 있음). 또한 오랜 해외생활 후 본국으로 돌

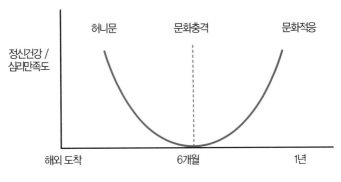

그림 8-3 교차문화적응이론의 U—곡선

자료: Gullahorn & Gullahorn(1963).

아오는 경우의 재적응과정 역시 비슷한 U—곡선의 형태를 보인다. 그래서 총 교차문화
적응의 과정은 **그림 8-3**과 같이 W—곡선(두 개의 U—곡선)을 이루게 된다.

그러나 모든 이주민과 유학생들이 같은 문화적응양상을 보이는 것은 아니다. 개인마
다 각 단계에서 느끼는 강도와 기간이 다르고, 어떤 사람들은 U—곡선 단계에 맞추어
적응하다가 갑자기 전 단계로 돌아가기도 한다. 조기 유학생의 경우, 명문대학에 들어
가고자 하는 일차목표를 이룬 후, 예상치 못한 혼란을 겪을 수도 있다. 이들은 미국 현
지에서 직장을 얻기를 원하지만, 취업비자문제로 어려움을 겪거나 장기 유학생활로 인
해 한국의 직장문화에 적응하기 어려울 거 같아 귀국을 고민하게 된다.

3) 교차문화의 학문적 연구

교차문화의 연구를 통해 우리는 피아제Jean Piaget, 1896~1980[27]가 주창한 추론의 유형과
단계의 순서가 보편적이라는 것을 알 수 있다. 또한 여러 영역에서 일어나는 인지발달
의 속도에도 차이가 있음을 알게 되었다. 피아제가 관찰한 아동은 5~7세에 보존 개념
을 획득했는데, 호주 원주민 아동은 10~13세에 이러한 개념을 알게 되었다(Dasen, 1994;

---

27 스위스의 심리학자. 어린이의 정신발달, 특히 논리적 사고 발달에 관한 연구를 통하여 인식론의 제반문제를 추구하였
다. 그는 정신병 환자의 임상진단방법을 응용하여, 어린이와 대화를 나누면서 어린이가 가진 사고과정의 하부구조를
밝혔다.

W. Cogan et al., 1994). 원주민 아동은 수 과제보다 공간 과제에서 더 일찍 구체적 조작수준을 보여 주었으며 서양의 아동은 그 반대였다. 이러한 차이는 원주민이 공간기술을 아주 중요하게 여기지만 수량화는 별로 중요하게 여기지 않는다는 점을 고려하면 이해할 수 있다. 원주민들은 호주의 사막 이곳저곳으로 옮겨 다니고, 사냥하고, 수집하고, 물을 찾지만 소유물이 별로 없어 수를 자주 세지 않는다. 그들의 수 단위는 5까지밖에 없고, 다섯 이상은 모두 '많은'이라는 단어로 표현한다.

인지발달에 기여하는 또 다른 문화적 변수는 공식적 교육이다. 발달심리학자들에 의하면 공식적 교육을 받을 수 있는 문화에서 성장하는 아동은 학교에 다니지 않거나 교육의 기회가 없는 아동에 비해 발달단계를 더 빠르게 통과한다는 사실이 나타났다(Mishra, 1997; M.K. Aydinol et al., 1997). 게다가 형식적 조작사고가 공식적 교육과 아주 강한 상관을 보여서, 어떤 심리학자는 형식적 조작사고는 피아제가 주장했듯 보편적 발달과정의 결과가 아닌 특수한 학습경험의 결과로 인식한다(Samuel E. Wood et al., 2012). 교차문화의 중요성을 인식한 유럽위원회는 2008년을 상호문화대화의 해로 정하고, 다양한 문화와 더욱 개방적이고 복잡한 환경에 대한 시민들의 지식과 이해를 늘리는 데 노력하고 있다(European Commission, 2007). 2001년 영국의 중요한 상호문화주의 모델은 상호문화적 대화와 소통을 전제로 하며, 이러한 상황을 뒷받침하는 두 가지 중요한 정책 문서를 들 수 있는데, 첫 번째가 바로 캔틀Cantle의 보고서(Home Office, 2001)이다. 이 보고서는 서로 다른 문화집단 간에는 보다 빈번한 접촉이 필요하다는 점을 강조한다. 보고서의 핵심은 '공동체의 융화 증진, 접촉을 통한 상호이해 증진, 다양한 문화들 간의 상호존중'으로 보다 부유하고 다양성을 가진 영국을 만드는 것이다. 교차문화적 접촉cross-cultural contact을 강조한 것이다.

캔틀의 보고서가 발표된지 6년 후에는 〈우리의 공유된 미래Our shared Future〉(2007)라는 제목의 보고서가 통합융화위원회Commission on Integration and Cohesion에 의해 발표되었다. 보고서의 내용은 영국의 상호문화주의의 비전과 분석에 관한 것이었다.

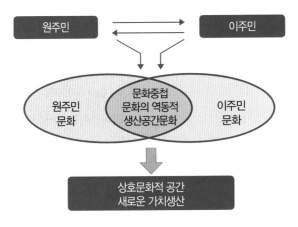

그림 8-4 상호문화적 공간의 형성

자료: 김태원(2012).

 창조적 콘텐츠

1) 콘텐츠 산업의 등장

콘텐츠산업의 미래는 기본적으로 넓은 의미의 문화적 내용물이며, 다양한 방식으로 제작·가공되어 미디어를 통해 유통되는 인간의 표현물이다. 변화된 콘텐츠산업 환경에 따라 2002년 제정된 온라인디지털콘텐츠산업발전법의 명칭을 2010년 5월 19일 콘텐츠산업진흥법으로 전면 개정하는 한편, 디지털콘텐츠를 포괄하는 콘텐츠의 개념과 융합콘텐츠 등 새롭게 등장한 분야를 포함하는 콘텐츠산업의 개념을 재정립하였다.

이 법에서 '콘텐츠'란 "부호·문자·도형·색채·음성·음향·이미지 및 영상 등(이들의 복합체를 포함)의 자료 또는 정보"(제2조제1항 제1호)로, '콘텐츠산업'이란 "경제적 부가가치를 창출하는 콘텐츠 또는 이를 제공하는 서비스(이들의 복합체를 포함)의 제작·유통·이용 등과 관련한 산업"(제2조제1항 제1호)으로 정의되었다. 이러한 법 제정을 통해 우리는 콘텐츠산업 관련 정책의 범위 및 내용이 명확히 정립될 것으로 기대할 수 있다(이기현, 2010).

2) 과학적 창의성

창의성은 과학자에게만 필요한 것이 아니며 과학에서의 창의성이 문학이나 예술에서의 창의성과 완전히 일치하는 것도 아니다. 교육학적으로 창의성은 사고의 확장과 수렴, 독창적 문제해결로 정의되고 호기심과 흥미, 독립성, 개방성, 몰입성이 요구된다고 본다. 결국 창의성은 사회적 관행이나 전통으로부터의 자유를 필요로 하고 성공적인 결과가 전제되어야 한다. 아무리 독창적인 생각으로 문제를 해결하더라도 결과가 만족스럽지 못하면 창의적인 것으로 인정을 받지 못하는 것이 현실이다.

과학적 창의성을 강조하려면 실패에 대한 사회적 수용 자세가 선행되어야 한다. 실패에 대한 책임을 과도하게 강조하면 창의성은 설 자리가 없어진다. 그렇다고 실패에 대해 지나치게 너그러우면 사회가 감당할 수 없는 수준의 방종과 낭비가 초래되기도 한다.

3) 해외 창조적 콘텐츠 현황

(1) 영국

영국은 창조산업을 '개인의 창조성, 기술, 재능 등을 이용하여 지적재산권을 설정하고, 이를 활용하여 부와 고용을 창출할 수 있는 잠재력을 지닌 산업'으로 정의하며, 창조경제 및 관련 산업 육성을 21세기 장기비전으로 제시하여 정부주도적인 정책을 수행하고 있다. 창조산업의 기본 개념은 문화산업보다 더 큰 범주에 속하며, 2008년 관련 사업 규모가 1,013억 달러에 이르러 미국(6,122억 달러), 일본(1,161억 달러)에 이어 세계에서 3위를 차지하고 있다(PWC, 2008).

표 8-2와 같이 현재 영국의 창조산업분야는 고용 인력과 해당 분야가 영국경제에서 차지하는 중요성 측면에서 평가할 때, 오랜 시간동안 영국경제에서 핵심을 차지했던 금융산업분야를 넘어설 정도로 성장하고 있다.

표 8-2 영국의 주요 창조산업의 규모　　　　　　　　　　　　　　　　　　　　　단위: US$ 백만

국가	2005	2006	2007	2008	2009	2010	2011	2012	2013	09-13 CAGR
방송	12,337	13,484	14,549	15,726	15,844	15,985	16,621	17,873	18,928	3.8
영화	6,453	6,055	6,312	6,504	6,640	6,873	7,237	7,713	8,336	5.1
비디오게임	2,667	3,048	3,915	4,730	5,097	5,379	5,658	6,152	6,776	7.5
출판	6,150	6,152	6,368	6,331	6,104	5,983	5,941	6,037	6,231	−0.3
음악	3,479	3,179	2,925	2,406	2,250	2,185	2,103	2,029	1,974	−3.6

자료: PWC(2009). Global Entertainment and Media Outlook: 2009~2013.

영국의 방송시장 규모를 살펴보면, 2008년 기준 총 약 157억 달러로 유럽 국가 중 최대 규모를 자랑하며, 꾸준한 성장을 통해 2013년에는 약 190억 달러 규모에 이를 것으로 전망된다. 또한 영국은 세계 10위의 영화 생산국으로 해당 산업이 32억 파운드의 부가가치를 창출했다.

유럽에서 가장 많은 게임 제작업체를 보유하고 있는 영국은 미국, 일본에 이어 세 번째로 큰 게임 제작 국가이다. 영국의 게임산업의 규모는 2005년부터 꾸준히 성장하여 2009년에는 50억 달러에 이르렀다. 당시 보고서에 따르면 영국의 게임산업은 계속 성장하여 2013년에는 67억 달러 규모까지 성장할 것으로 예측되었다(Oxford Economics, 2010). 출판산업의 경우 여전히 가장 많은 콘텐츠를 생산하고 있으며 6,700여 개의 출판사가 연간 220억 파운드 규모의 출판물을 판매하고 20억 파운드 규모를 수출하고 있다 (PWC, 2009).

영국은 기본적으로 문화예술을 '사회적 배제social exclusion'의 문제를 해결하는 방안으로서 바라보면서, 예술위원회와 영화위원회 같은 주요 문화지원기관을 중심으로 문화활동에의 참여를 증진시켰다. 이와 더불어 문화적 다양성 추구를 위해 소수 인종의 문화 참여 증진 및 문화예술분야 인종차별 철폐를 위한 정책에도 적극적으로 나서고 있다. 이처럼 관련 정책이 사회 발전에 기여하는 측면뿐 아니라 영국은 문화정책이 경제적인 효용을 가져오는 측면에도 주목하여 관련 산업을 국가경제의 새로운 성장 동력으로 인식하고 이를 '창조산업'으로 다시 정의하였다(한국문화콘텐츠진흥원, 2009).

영국은 유럽에서 가장 큰 규모의 창조산업을 보유하고 있는 국가이다. GDP를 고려하면 세계에서 가장 큰 비중을 보이고 있다. 이처럼 창조산업은 국가적 자산이며 경제

적으로 매우 중요한 역할을 한다.

(2) 프랑스

　프랑스는 정보통신기술의 혁신과 디지털경제의 발전이라는 세계적 추세에 뒤늦게 합류했음에도 불구하고 다른 나라의 발전성과에 초조해 하며 이들을 따라 성급히 발의 속도를 높이려 하기보다는 프랑스 사회의 전반적인 상황을 잘 파악하고 디지털경제를 프랑스의 상황에 맞게 재조정하면서 발전시키려는 차분하면서도 치밀한 모습을 보였다. 이렇게 프랑스 정부가 디지털경제의 구축에 신중을 기하는 것은 경제 성장에 바탕을 둔 경제적 가치 외에 프랑스가 역사적으로 키워 온 공공성과 민주주의적 가치를 잘 반영할 수 있는 디지털경제를 만들어 가고자 하기 때문이다.

　다른 여러 국가들보다 양적 · 질적으로 뛰어난 유형 · 무형 문화자산을 물려받은 프랑스는 이 자산을 보존 · 복원하는 것을 최우선 과제로 삼고 있다. 프랑스 정부는 디지털융합시대에서도 세계적 문화대국이라는 타이틀을 놓치지 않기 위해 다양한 정책적 연구과 전략 수립에 집중하며, 디지털경제에 부합하는 새로운 문화진흥정책을 만들어 가는 중이다.

　현재 프랑스의 인터넷문화콘텐츠산업분야가 지닌 문제점을 진단해 보면 해결책을 크게 두 가지 방향에서 모색할 수 있다. 인터넷상에서 문화콘텐츠의 합법적 제공에 대한 구체적인 방안 마련과 이제까지 불법 다운로드로 인해 불이익을 당했던 문화콘텐츠 제작 · 보급분야에서 문화 생산활동에 대한 합당한 대가를 받을 수 있도록 하는 대책 마련이 바로 그것이다. 여기서 문화콘텐츠란 음악, 책, 영상물 이렇게 세 가지를 지칭한다.

(3) 일본

　일본의 콘텐츠산업은 세계 최대의 경쟁력을 지니고 있다. 그들은 미국 다음으로 커다란 시장을 가지고 있다. 2008년 기준으로 11조 8,391억 엔의 규모를 지닌 일본의 콘텐츠산업은 상당 부분이 해외 수출로 이어지는 미국과 달리 대부분이 국내 소비를 통해 시장이 형성되었다는 점이 특징이다. 따라서 일본 당국은 지속적인 일본의 콘텐츠산업의 육성과 경쟁력 강화를 위한 다각적인 노력을 강구 중이다.

일본의 콘텐츠 유통은 멀티유즈 및 온라인 유통의 증가가 특징이다. 먼저 인터넷의 보급으로 콘텐츠 유통분야의 변화를 살펴보면, 1차 유통시장만을 대상으로 콘텐츠가 유통되었던 과거와 달리, 인터넷으로 2차 유통시장을 대상으로 하거나 멀티유즈가 일반화되고 있는 현상이 두드러지고 있다. 일본의 콘텐츠 시장을 1차 유통시장과 멀티유즈시장으로 구분하면, 전체 콘텐츠 시장에서 멀티유즈시장이 차지하는 비중이 점차 커지고 있다.

온라인 유통으로 인해 가장 극적인 변화를 겪은 분야는 음악이다. 2004년 온라인 유통이 20% 수준에 머물렀던 음악은 2008년에 약 50%까지 증가했다. 이후 비디오 및 게임 콘텐츠의 온라인 유통 역시 증가하고 있다. 특히 게임 콘텐츠의 온라인 유통 증가는 눈부시다. 일본은 전통적으로 소니의 PS와 닌텐도 DS로 대표되는 콘솔게임의 보급이 일반화된 국가이다.

일본 정부가 콘텐츠산업에 거는 기대는 막대한 산업 규모와 콘텐츠 산업의 활성화로 인한 국가 이미지의 제고이다. 콘텐츠산업은 부가가치가 높고 고용 규모가 크다. 특히 일본의 콘텐츠산업은 만화, 애니메이션을 중심으로 해외에서 높은 인기를 구가한다는 점에서 향후 성장 가능성이 높은 분야이다. 나아가 일본 콘텐츠의 국제적 경쟁력 확보는 일본에 대한 국가적 관심의 향상으로 이어진다는 점에서 관광 수요의 증대와 지역 경제 활성화에 기여하는 바가 적지 않을 것으로 기대된다. 또한 이러한 관심은 일본의 공산품, 식품, 서비스와 같은 산업의 수요까지 확대될 수 있기 때문에 정부 차원에서 콘텐츠산업 활성화에 적극 노력하고 있다.

또한 콘텐츠의 창조, 보호 및 활용의 촉진에 관한 법률에 콘텐츠 산업의 기반 조성과 필요한 정책 지원, 행정기관의 역할 등을 명기하고, 구체적으로 콘텐츠 인재 육성과 자금 조달, 권리 침해, 공정 경쟁, 일본판 '바이돌법'을 도입했다. 콘텐츠의 창조, 보호 및 활용의 촉진에 관한 법률에 '바이돌법'을 도입함으로써 일본에서는 국가로부터 콘텐츠 제작에 관해 위탁받은 제작자가 저작권을 발주자로부터 양도받을 필요 없이 2차 이용을 할 수 있게 되었다. 이러한 법제도의 도입으로 일본 정부는 경제적 파급효과의 확대를 꾀할 수 있었다.

일본의 문화산업은 일부 해외에서 인기가 있는 장르가 있지만, 해외에서의 인기가 곧바로 비즈니스로 이어지는 않고 있다. 일본 제조업체 역시 일본문화를 제품의 경쟁력 강화로 연계시키지 못함에 따라 최근 한류와 같은 한국 콘텐츠의 인기로 인해 일본이 경쟁력을 갖고 있던 자동차, 가전제품 등의 시장까지 영향을 받는 상황이다.

표 8-3 문화산업대국 지향의 원칙 및 시행방안

기본 원칙	시책
전략적으로 생각하고 지원을 집중	창조인재의 창의성 발휘
일본 시각의 판매 강요보다는 현지	유통·창조·발신을 토대로
파트너와의 윈-윈(win-win)관계 구축	문화의 산업화와 수익 창출
개별 판매보다 일본 라이프스타일 전체를 프로모션	재팬 브랜드의 확산

자료: 이기현(2010).

일본의 산업은 전체적으로 성장세가 둔화되고, 해외 진출이 일부에 국한되고 있는다는 점에서 글로벌화와 문화산업을 연계할 필요성이 있다. 그에 대해 일본 정부가 내놓은 대책은 표 8-3과 같다.

일본은 창조인재의 창조성 발휘를 위해서 일본을 세계 최첨단 크리에이티브 인재가 모이는 거점으로 육성하고, 전 세계로 크리에이티브 인재를 배출하여 크리에이티브 인재가 상호교류하는 환경 조성에 나설 계획이다. 이를 위해 '글로벌 크리에이터즈 포럼'을 창설하여 세계의 크리에이터들에게 활동 장소를 제공하고, 프로듀서·디자이너들에게 유학을 지원하며, 출입국 및 비자 규제완화로 크리에이티브 인재의 수용환경을 정비하는 것 등을 거론하고 있다. 표 8-4는 일본 콘텐츠 산업의 미래목표에 대한 것이다.

현재 일본 정부는 매우 구체적으로 콘텐츠산업의 미래 목표를 제시하고 있다. 경제 산업성이 밝힌 2020년까지 일본 콘텐츠산업의 달성할 목표는 콘텐츠산업의 시장 규모를 15조 엔 규모에서 20조 엔으로, 해외 수출액을 현재의 0.7조 엔에서 2.3조 168엔까지 확대한다는 것이다. 콘텐츠 관련 산업의 고용인력도 31만 명에서 36만 명으로 5만

표 8-4 일본 콘텐츠 산업의 미래 목표

국가	2010년	2020년
시장 규모	15조 엔	20조 엔
해외 수출	0.7조 엔	2.3조 엔
고용 인력	31만 명	36만 명
산업 경쟁력	해외 매출 비중 상위 10위	해외 매출 비중 상위 5위

자료: 이기현(2010).

명 정도 증가시킬 계획이다.

전체적으로 일본 정부의 콘텐츠정책은 장기적 관점에서 정책 입안이 이루어지고 있다는 점이 정책의 실현가능성을 높이고 있다. 일본은 2000년대 이후 지속적으로 콘텐츠정책을 체계적이고 일관성 있게 제시했다. 그 과정에서 정부 부처의 변화도 없었으며 기존의 정책을 연계하여 정책이 일관성 있게 추진되고 있다. 이러한 일관된 정책 추진이야말로 콘텐츠정책에서는 필수불가결한 요소이다. 이러한 점은 상대적으로 단기적 정책을 추진하고 있는 한국의 정책 기관이 참고할 만한 부분이다.

4) 창조적 콘텐츠의 미래 잠재력

콘텐츠의 발전은 미디어기술과 불가분의 관계에 있다. 콘텐츠의 다양화 역시 미디어기술의 발전에 따라오는 수반현상concomitance으로 이해할 수 있을 것이다. 콘텐츠가 미디어기술에 의존적이라는 점은 그다지 새로운 사실이 아니다. 여기서 미디어기술이란 오늘날의 첨단기술만을 뜻하는 것이 아니라, 정보와 지식을 매개하고 유통시키는 넓은 의미의 모든 매개기술을 의미한다. 인간의 창조적 활동의 결과물들은 다양한 미디어를 통해 유통되고 있으며, 앞으로 이러한 발전 추세는 더욱 가속화될 것이다.

지금 세계는 정보혁명을 넘어 제4의 물결, 즉 창조혁명의 시대로 빠르게 진입하고 있다. 창조사회란 인간의 상상력과 창조성이 핵심자원인 사회이며, 과거의 엘리트 지식계층이 아닌 창조계층이 주도하는 사회이다. 창조사회에서 창조성의 가치는 단순히 경제적 부의 창출을 넘어 개개인의 삶의 질 제고와 만족감, 국경을 초월한 인류공동체의 풍요와 번영을 가져올 핵심가치가 된다. 이질적이면서도 다양한 인간의 창조적 자산이 사회 발전의 벡터가 되는 창조사회에서 인간의 창작물로서 콘텐츠가 사회 · 문화 · 경제 모든 분야에서 핵심적 요소로 주목받는 것은 당연한 일이다. 또한 콘텐츠산업은 소규모 창업이 용이한 미래형 일자리 창출산업이다. 2009년 각 산업의 고용 유발계수를 살펴보면 반도체는 4.9, 자동차는 7.2, 전 산업 평균 고용 유발계수는 8.6인데 반해 문화서비스의 경우 12였다(한국은행, 2010. 산업연관표).

이러한 산업구조의 변화 속에서 콘텐츠 생태계의 유기적 관계가 확산되고 콘텐츠와 전통산업 간의 융합이 확산되며, 언제 어디서나 콘텐츠에 접속하고 이용할 수 있는 초연결 hyper connection사회가 도래하면서 일반인들이 콘텐츠를 이용하고 소비하는 동기와 방식 역시 근본적인 변화를 겪고 있다. 콘텐츠는 단순한 '소유'의 대상이 아닌 '체험'과 '향유'의 대상으로 진화 중이다.

창조사회의 도래와 함께 인간의 감성, 상상력, 창조성(포괄하여 인간성 humanities) 회복에 대한 기대는 더욱 증가할 것이다. 콘텐츠가 부상함에 따라 기술과 산업이 문화예술과 접목하면서 다양한 문화적 표현기술들 CT; Culture/Contents Technology이 등장하고 있는 것이 좋은 예이다. 문화적 표현기술은 인간의 감수성을 표현하고 전달하고 수용하는 전 과정에 걸쳐 막강한 효과를 발휘한다. 콘텐츠산업이란 바로 이러한 다양한 문화기술에 기반하여 전통적인 문화유산과 문화예술과 같은 인간의 창조적 자산들과 무한히 결합하면서 재생산의 과정을 거치며 성장하게 될 것이다. 인간의 창조와 혁신은 문화예술과 콘텐츠, 기술과 산업 모든 영역에서 일어나고 있는 21세기를 가로지르는 핵심적인 가치가 될 것이다. 또한 이는 우리가 호모 사피엔스 이후로 수많은 시행착오를 거쳐 찾아온 인류의 꿈을 실현하는 길이 될 것이다(이기현, 2013).

5) 창조적 미래시나리오 도출

앨빈 토플러 Alvin Toffler의 말처럼 21세기는 단순한 기술의 개발을 넘어 융합을 통해 새로운 가치를 창출하는 '융합의 시대'이다. 세계경제의 패러다임이 단순한 기술의 개발을 넘어서 융합을 통해 새로운 가치를 창출하는 시대로 급속히 전환하고 있다. 지난 2002년 미국과학재단은 미래 과학기술의 틀로 '융합기술 CT; Convergence Technology'을 제시하고, 그 개념을 '인간의 능력을 향상시키기 위해 나노기술 NT, 바이오 BT, 정보 IT, 인지과학 CS 등 네 가지 첨단기술 간에 이루어지는 상승적 결합'으로 정의하였다. 10여 년이 지난 지금, 세계는 서로 다른 2개 이상의 기술, 산업, 인문학 등이 소통하는 융합시대에 접어들었다.

기술적 접근은 단순히 '미래가 어떻게 될 것이다 What will be.' 또는 '미래는 어떻게 될수 있다 What could be.'라는 결과를 도출하게 된다. 현재의 기술적·환경적 틀 안에서 선형적 예측을 하기 때문에 우리가 상상할 수 있는 '보편적 미래예측'에 머무르는 경향이 있는 것이다. '미래가 어떻게 되어야만 한다 What should be.'는 미래시나리오를 도출하는데 매우 중요한 요소이다. 그렇다고 해서 인문학적 접근만 고수할 경우, 실현가능성이 결여된 공상소설에 그치게 된다. 따라서 기술이 원하는 미래가 아니라, 사람이 원하는 미래를 예측하고, 시나리오를 만들기 위해서는 기술과 인문의 융합적 접근이 필수적이다.

　최근 소비자의 제품 선택기준에서 뛰어난 기술이 여전히 중요한 가운데 '감성'이 구매의 결정적 요인으로 부상함에 따라 인문학적 요소는 먼 미래의 예측뿐만 아니라 신제품 기획과 같은 가까운 미래 예측에도 중요한 역할을 한다. 제품을 사용하는 소비자의 니즈는 단순한 기능보다는 차별성과 감성을 중시하며, 기술에 감성이 융합된 디자인과 콘셉트, 매력과 브랜드 이미지 등을 추구하고 있다. 애플의 아이맥, 아이팟, 아이폰 등은 이러한 감성의 대표적인 사례이다. 애플은 '기술＋감성의 융합시대'를 정확히 이해하고 있는 것으로 평가되고 있다. 뛰어난 기술뿐 아니라 디자인과 같은 감성적인 가치가 복합화될 때 소비자에게 새로운 가치를 제공할 수 있는 것이다.

 ## 6 미래사회의 문화적 융합의 전망

　문화기술은 고수익, 급성장을 요구하는 시장을 창출하고, 원천기술이 없어도 상상력·창의력만으로 성공할 수 있는 새로운 가치 혁신을 위한 돌파구이므로 지속적 성장 가능성이 높다. 체험경제시대에는 스토리와 감동이 있는 콘텐츠에 대한 요구가 확산될 것이며, 콘텐츠의 산업적 가치가 부각되면서 융합기술CT을 기반으로 한 콘텐츠산업이 블루오션 시장의 가치를 인정받으며 성공적인 비즈니스 시장을 개척할 것으로 예상된다.

　이는 문화적 측면에서 융합적인 콘텐츠 개발을 촉진시키고 있으며, 이러한 면에서 국내 내수시장이 이미 포화상태에 이른 한국이 동북아의 중국, 일본 등과 협력하여 북미, 유럽, 동남아, 남미 시장 진출에 선도적 역할을 할 것으로 전망된다(박진, 2013).

　성공적인 문화융합을 이끌기 위해서는 대중의 심리를 반영한 그리고 새로운 트렌드를 이끌 수 있는 문화적 요인을 충족시켜야 한다. 또한 융화문화를 이끌 선구자인 창의력을 지닌 융합인재 육성을 해야 한다. 또한 융합의 핵심 키워드인 소통을 위한 방안을 구축해야 할 것이다.

　문화기술 콘텐츠산업 강국으로의 도약을 위한 미래의 기술 트렌드는 바로 '창조적 융합기술'이다. 이는 새로운 부가가치를 창출하는 수단이다. 융합과학에 기초한 미래형 첨단기술의 융합은 인간의 문화 향상에 기여할 전망이다.

inquiry subject
탐구 주제

네트워크 사회를 설명하는 법칙 중 '카오스의 법칙(kaos's Law)'이라는 것이 있다. 네트워크에서의 창의성은 네트워크의 다양성에 비례한다. 네트워크를 통해 다양한 생각과 관심이 만나면 그 속에서 새로운 아이디어가 나오고 창의성이 발현될 수 있다. 서로 다른 생각의 만남은 창의성의 계기가 될 수 있다. 일단 만나고 교류하고 소통하는 것이 필요하고 그런 다음 융합되는 것이 중요하다. 경영컨설턴트 프란스 요한슨은 아이디어와 생각의 교차점이 창조와 혁신이 일어나는 지점이라 주장하며 르네상스시대를 연 메디치가를 예로 들었다.

이탈리아의 명문 메디치가문은 15세기 피렌체에서 창조와 혁신의 온상지였고, 르네상스의 문을 열어젖힌 주체였다. 메디치가문의 최전성기는 로렌초 데 메디치(Lorenzo de' Medici) 시기였는데, 이 당시 어린 미켈란젤로를 받아들여 숙식을 같이하며 그의 천재성을 꽃피웠다. 메디치가문의 후원 아래 서로 다른 분야의 재능과 지식을 갖춘 과학자, 예술가, 시인, 철학자들은 활발히 교류하였고 그 과정에서 창조적인 결과물을 내놓았는데, 이것이 근대 르네상스를 이끈 원동력이 되었다. 이렇게 여러 분야의 만남과 협력을 통해 창조적 결과물들이 생성되는 것을 일컬어 요한슨은 '메디치 효과(the Medici Effect)'라고 명명했다.

2005년 한국에서 출간된 프란스 요한슨의 《메디치 효과》는 이런 융합을 통한 창조의 힘에 대한 설득력 있는 설명을 담고 있다. 그는 "이질적인 역량을 능숙하고 유연하게 융합했던 메디치 가문으로부터 창조경영을 배워야 한다."고 주장한다. 융합과 교류를 통한 메디치 효과의 사례는 오늘날 경영현장에서도 어렵지 않게 찾아볼 수 있다. 통신개발 엔지니어 에릭 보나보(Eric Bonabeau)와 생태학자 기 테로라는 우연히 개미가 먹이를 찾는 방법에 대해 이야기를 나누었다. 개미가 먹이를 쉽게 찾는 이유는 탐색 개미로 하여금 페르몬을 뿌리게 하여 그 냄새로 개미들이 길을 찾아가는 것이라는 기 테로라의 설명에서 에릭 보나보가 아이디어를 얻어 만들어 낸 것이 바로 통신상의 라우팅(routing, 경로 정하기)이다. 이렇게 창조적 아이디어나 발명은 전혀 다른 분야로부터 우연하게 나오는 경우가 많다. 사회과학의 많은 이론이나 학설도 그 원류를 따져 보면 생물학으로부터 나왔다. 가령 다윈의 진화론을 사회에 적용한 것이 허버트 스펜서의 사회진화론이다. 사회과학의 '유기체론'은 '생물유기체'라는 개념에서 유래했으며 '조직'이나 '기능' 등의 용어도 모두 생물학 용어이다. 사회과학과 자연과학의 대화나 교류는 창의적 아이디어의 발단이 될 수 있다. 인접학문 간의 교류보다는 이

▶계속

질성이 심한 학문 간의 교류에서 창의적인 아이디어가 나올 가능성이 높다. 가령 사회학과 인접학문인 인류학과의 대화보다는 사회학과 의학, 공학 또는 자연과학과 같은 전혀 다른 분야와의 협력이 더 창의적 연구가 될 가능성이 크다.

프랑스의 미래학자 자크 아탈리는 인류의 역사를 정주사와 이동사의 대립으로 파악하면서 미래는 유목적 질서가 지배할 것이라 예측했다. 아탈리는 인류는 원래 노마드(유목민)였고 역사상 잠깐 동안 정주성에 머물렀다 다시 노마드로 돌아가고 있다고 진단했다. 그가 미래 질서의 속성으로 들고 있는 '노마디즘(nomadisme)'은 특히 이동성, 속도, 변화에 초점을 둔다. 이동을 통해 기존의 경계가 허물어지고 새로운 문화와의 교류와 융합이 이루어지며 이를 통해 창조적 변화가 이루어질 수 있는 것이다. 요한슨이 이야기하는 메디치 효과는 분야의 경계가 허물어지는 이른바 교차적 아이디어에서 나온다. 교차적 아이디어란 이질적 지식이나 기술이 하나로 모아지는 교차점(intersection)에서 창출되며, 이 지점에서 창조와 혁신의 폭발, 즉 메디치 효과가 나타난다는 것이다. 르네상스 시대에 나타난 메디치 효과 역시 이런 교차적 아이디어를 통해 이루어진 성과였다.

좀 다른 이야기지만, 국제정치학자 사무엘 헌팅턴은 문명의 충돌은 이질적인 문명이 조우하는 이른바 문명의 단층선(fault line)에서 일어난다고 주장했다. 국제정치의 관점에서 문명 간의 충돌은 위기요인이 될 수 있다. 하지만 문명 간의 조우를 잘 이용하면 새로운 문명을 탄생시키는 원동력이 될 수도 있다. 문화 간의 조우나 문화적 다양성은 잘만 융합된다면 조화나 창조의 새로운 기회가 될 수도 있는 것이다.

자료: 과학기술과 인문사회, 문화예술의 소통과 융합, 과학기술정책연구원(2009).

▶ 한국에서의 '메디치 효과(Medici Effect)'의 현 주소를 탐색해 보자.
▶ 기술과 문화의 융합이 우리 인류에게 어떠한 영향을 미칠 것인지 생각해 보자.

Chapter ❾

교육적 융합

　요즘 융합이라는 학문의 세계에서는 예술과 과학의 서로 다른 분야를 접목시키는 융합교육을 통해 창의성을 부추기고, 연구의 세계에서는 전공분야 영역을 벗어나 서로 다른 분야와의 연구융합을 꾀하여 융합원천기술을 비약적으로 향상시키고 있다. 새로운 접근방식을 도출하는 융합교육이 예술과 과학의 만남을 통해 이루어진다는 것이다. 즉 물리와 음악같이 한 분야와 다른 분야를 융합하는 일이 창의성의 핵심이라고 정의하였고, 창의성은 학생들의 상상력을 부추기는 원동력이 되었다고 강조하고 있다.

　이와 같이 학문 간 융합은 신지식을 창출한다. 훌륭한 인재는 사회에 나가서 훌륭한 일을 하는 사람이다. 이제 21세기에는 스킬(skills)이 중요하다. 현재에 없는 일을 하고, 현재에 존재하지 않는 직업에 종사하고, 현재에 존재하지 않는 물건들로 이루어진 경제를 살아가야 할 학생들에게 STEAM 교육을 해야 한다.

　직업의 수가 점점 늘어나는 추세이므로 단순한 지식 전달보다는 핵심 스킬 위주로 교육이 변화해야 한다. 우리 교육은 변화하는 세상에 적응할 수 있도록 대비해야 한다. 21세기 직업이 요구하는 핵심 스킬을 크게 두 가지로 꼽는다면 첫째는 새로운 지식을 빨리 배우고 응용하는 능력이고, 둘째는 문제해결력, 커뮤니케이션, 팀워크, 기술의 사용, 혁신 등의 21세기 스킬을 매 프로젝트마다 적용하는 노하우이다.

　이제 한국의 경제와 기술 수준은 발달을 쫓아가는 사람에서 앞서가는 사람으로 변해야 한다. 'fast follower'에서 'first mover' 즉, 혁신가로 변해야 하는 시점이다. 소비시장에서는 기술뿐만 아니라 디자인도 중요한 요소가 되었다. 물건을 빠른 시간에 정교하게 만들어 내는 산업사회에서는 지식을 알기 쉽게 빨리 가르치는 것이 좋은 교육이었지만, 새로운 지식 창출의 시대에는 흥미와 자신감을 갖고 창의적으로 탐구하는 사람, 즉 새로운 도전을 즐기는 사람을 양성하는 교육이 좋은 교육이다.

　성적은 우수한 데 자신감이 없는 사람보다 성적이 좀 낮더라도 스스로를 믿고 즐기는 사람이 오래 간다. 이러한 인재를 양성하기 위해서는 학생들을 칭찬하고 격려하면서, 지식 전달과 함께 지식을 창출하는 방법을 가르쳐야 한다. 이것이 융합인재교육에서 문제를 설계하고 해결하는 과정을 통해 지식을 창출하는 방법, 지식을 스스로 깨우쳐 가는 과정을 중시하는 이유이다. 그간 우리 교육은 과정보다 결과를 지향해 왔다.

　이제 학생의 생각이 드러나고 나타날 수 있는 개별화 교육으로 교육방법이 바뀌어야 한다. 교사가 어려운 것을 쉽게 잘 가르치는 교육에서 한 단계 도약하여 학생 속에서 이끌어 내는, 학생 중심의 STEAM(Science, Technology, Engineering, Arts & Mathematics) 교육이 요구된다. 학생 중심의 STEAM 교육은 학생 스스로 탐구하고 관찰하며 맥락적인 이해를 바탕으로 규칙과 패턴을 발견하고 문제를 해결하는 과정으로 이해되어야 한다.

1 개념적 정의

학문의 세계에서는 예술과 과학의 서로 다른 분야를 접목시키는 융합교육을 통하여 창의성을 부추기고, 연구의 세계에서는 전공분야 영역을 벗어나 서로 다른 분야와의 연구융합을 꾀하여 융합원천기술을 비약적으로 향상시키고자 한다.

'창의성이 국가경쟁력이다.'라는 기획 기사에서도 알 수 있듯 전혀 다른 분야를 접목하여 새로운 접근방식을 도출하는 융합교육이 예술과 과학이라는 만남을 통해 이루어지고 있다. 한 예로 물리를 전공한 학생이 방에 사람이 들어설 때마다 다른 음악을 들려주겠다는 아이디어를 낸다. 그들은 음악을 전공한 학생들과 팀을 이루어 온도와 빛 센서를 교실에 설치하여 센서를 통해 들어오는 신호를 컴퓨터와 신시사이저에 연결해 개인별 주제곡이 흘러나오도록 시스템을 구상하고 만드는 데 성공했다. 이러한 사례처럼, 한 분야와 다른 분야를 융합하는 일이 창의성의 핵심이다. 또한 창의성은 학생들의 상상력을 부추기는 원동력이다.

이처럼 미래사회의 교육적 융합은 미래의 과학기술분야 인재에게 지식뿐만 아니라 상상력, 인간의 감성까지 아우를 수 있는 균형감각이 필요하다는 것을 알려 준다. 과학적 지식을 바탕으로 기술과 공학적인 요소를 다룰 수 있고, 예술적 감성까지 포용할 수 있으며, 일상의 문제를 수학적 기법을 사용하여 해결할 수 있는 능력이 필요하다.

융합인재교육이라는 명칭에는 콘텐츠 융합이 목적이 아니라 수단이고, 진정한 목적은 융합인재를 기르기 위한 교육이라는 의미가 포함되어 있다. 즉, 융합인재교육이란 과학기술에 대한 학생들의 흥미와 이해를 높이고 과학기술 기반의 융합적 사고 STEAM literacy와 문제해결력을 배양하는 교육을 말한다. STEAM이란 과학 science, 기술 technology, 공학 engineering, 예술 arts, 수학 math의 머리글자를 모은 것이고, 이러한 소양을 길러 주는 것을 융합인재교육이라 부른다.

실제로 Arts는 예술뿐 아니라 인문교양교육을 포함하는 훨씬 넓은 영역으로 확대될 수 있다. 기존 과학기술 교육이 STEM 교육으로 대표되었다면, 융합인재교육은 예술을 포함한다는 면에서 차이가 있다. 아인슈타인은 "상상력이 지식보다 더 중요하다."고 말했다. STEM에 A를 추가한 것은 A가 창의력이자 상상력의 원천이기 때문이다.

기존의 교육과 비교하면 학교의 교육에서 학생들이 어렵다고 생각하는 과학이나 수학 과목을 공학, 기술, 예술 등과 접목시켜 가르치는 것이 바로 융합교육이다. 이론적인 과학, 수학을 실생활과 연계하여 활용하고 적용하는 공학은 기술과 예술의 감성을 연결한다. 기존의 교육이 각 교과목별로 정립된 지식과 개념, 이론을 교과서 중심으로 전달하는 것에 주력했다면, 융합인재교육은 학생들과의 관련성relevance을 강조하여 이것이 어디에 쓰이는지, 왜 배우는지를 이해하고 실생활에 활용할 수 있게 한다. 즉 학생들이 직접 체험하고, 스스로 설계하고 탐구·실험하는 과정을 강조하고, 실생활의 문제해결력을 배양한다.

기존 교과교육과 가장 크게 차이나는 점은 바로 융합이다. 지금까지의 과학교육은 단일 교과 안에서 '쉽고 재미있게' 학생들의 이해와 관심을 높이는 것이 주된 목표였다. 하지만 이러한 교육방법은 현재 다양한 방면에서 이루어지는 학문 간 통합과 융합에 대응하는 데 한계가 있다.

경쟁력 있는 융합교육을 하기 위해서는 융합교육, 융합형 교육인재 그리고 학문 간 융합교육 및 연구라는 기반이 필요하다. 즉 학문 간 융합교육 및 연구가 바탕이 되어 융합형 교육인재를 양성하고, 이러한 인재가 융합교육을 창출하여 융합교육시장을 만들어 가야 한다. 우리 사회는 융합의 중요성을 인지하고 활동 중이지만 아직 융합의 초기 단계일 뿐이다. 진정한 융합시대를 만들고 이끌기 위해서 우리는 교육과 인재양성 측면에서 많은 고민을 해야 한다.

 ## 2 통합교육과정

과학기술이 눈부시게 발달함에 따라 인류의 수명은 연장되고 이에 따라 교육의 모습 또한 변화를 요구받고 있다. 미래학계에서는 만일 인류의 문명이 지금처럼 평화적·안정적으로 발전할 경우, 2020년에 새로운 교육의 시대가 펼쳐질 것으로 전망하고 있다. 이 시기의 교육은 오늘날의 교육과는 전혀 다른 모습인 통합교육과정으로 전개될 것이다.

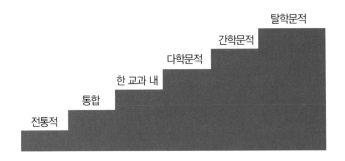

그림 9-1 통합의 연속체

자료: 김진수(2013).

1) 통합교육과정의 정의

통합교육과정integrated curriculum은 교과 영역에 구애 없이 이들을 횡단하여 일정한 기준에 따라 학습 내용 및 경험을 선정·조직하는 교육과정이다. 경험형 교육과정은 거의 이러한 형태를 취하며, 중핵core형 교육과정은 이것의 대표적인 예이다. 교육내용이 통합되면 개개인의 인격도 통합될 것이며, 나아가 사회도 구심점을 중심으로 통합될 것이라는 가정에 그 이론적 근거를 두고 있다. 그런데 학습내용 및 경험을 어떻게 통합시킬 것이냐에 따라 여러 종류의 교육과정이 나타나게 된다. 주제를 중심으로 한 광역broad-field형 과정을 이원화한 중핵형, 학습자의 현재 욕구를 중심으로 한 생성형 등은 통합교육과정의 형태를 취한 것이다(서울대학교 교육연구소, 1994).

우리나라는 1981년부터 적용된 제4차 교육과정부터 통합교과가 도입되었다. 배진수와 이영만(1995)은 통합교과의 도입 필요성 중의 하나로, 학문의 세분화에 따른 분과주의적 교육의 문제점을 극복하기 위한 것과 통합교과를 통하여 통합된 인격, 즉 여러 분야에서 균형적으로 발달하는 자아실현을 지향하는 전인교육을 목표로 하고 있다고 밝혔다.

통합교육과정은 여러 가지 방식으로 정의될 수 있으며, 많은 전문가들은 점점 더 관련성을 갖는 연속체가 있다고 믿는다. 그들은 **그림 9-1**과 같이 통합의 연속체를 전통적traditional, 통합fusion, 한 교과 내within one subject, 다학문적multidisciplinary, 간학문적interdisciplinary, 탈학문적transdisciplinary으로 나타내기도 한다(Drake, 1998).

표 9-1은 김대현(1993)이 통합교육과정의 필요성을 교육 목표, 교육 내용, 교육 방법

표 9-1 통합교육과정의 필요성

영역	필요성(가치)
교육 목표	• 개인이 부딪치는 일상생활의 문제나 사회가 당면하는 문제를 해결하는 능력을 길러 준다. • 민주주의 생활 태도를 길러 준다. • 인지, 정의, 신체의 균형적 개발을 의미하는 전인의 형성을 가능하게 해 준다. • 학교생활의 적응과 만족감이 증대된다.
교육 내용	• 교과 간 내용 중복을 피해 학습자의 불필요한 부담을 덜어 준다. • 교육 내용의 양적 증가에 대처할 수 있다. • 교육 내용의 사회적 적합성을 높일 수 있다.
교육 방법	• 학습자는 학습의 주체로서 참여한다. • 학습의 과정이나 공포나 두려움 없이 편안함과 즐거움을 느끼게 한다. • 학습 경험의 전이 효과가 크다.

자료: 김진수(2013).

의 세 가지 측면에서 제시한 것을 요약 · 정리한 것이다(이영만, 2001).

2) 통합교육과정의 역사

교육을 통합적으로 하기 위한 노력은 오래전부터 있어 왔다. 교육과정의 통합에 절대적 영향을 준 학자는 존 듀이John Dewey이다. 듀이Dewey 이전에는 루소Rousseau, 하버트Herbart, 프뢰벨Fröbel, 손다이크Thorndike 등이 있었다. 듀이Dewey는 많은 저서를 남겼으며, 경험을 유기체와 환경의 통합과정으로 생각하였다. 통합과정에서 개인은 어떠한 요구나 목적 때문에 환경과 상호작용을 하게 된다. 이 과정에서 어떠한 문제에 처하게 되며, 문제를 해결하는 과정에서 경험을 통해 학습하게 된다는 것이다. 듀이는 교육을 결과가 아닌 과정이라고 믿고 문제해결방법을 강조하였다. 그의 철학은 문제해결과정에서 경험의 통합이 밀접하다는 내용을 담고 있다.

듀이는 1896년에 미국 시카고대학에 실험학교를 세웠다. 학교에서 그는 모든 교육의 궁극적 문제란 심리학적 요인과 사회학적 요인을 통합시키는 것이며, 교과는 단지 문명의 발전과정에 따라 조직되어야 한다는 것을 전제로 하였다.

1960년대 미국의 교육에 가장 큰 영향을 미친 사람은 제롬 브루너Jerome Bruner이다. 러시아(구 소련)의 인공위성 스푸트니크Sputnik가 1957년에 발사에 성공한 후, 미국 내에서 경험주의와 진보주의는 많은 비판을 받게 되었다. 스푸트니크 발사로 인해 미국 내에서도 과학교육을 강화해야 한다는 국가정책이 발표되었다. 브루너Bruner와 연구자들은 지식의 구조structure of knowledge를 강조하게 되었으며, 이것이 1960년대와 1970년대 미국 교육의 핵심이 되었다.

교육과정의 통합은 1930년대의 경험 중심의 교육이 주축이던 시기에 가장 활발하게 이루어졌으며, 1940년대의 생활 중심 또는 아동 중심 시기에 정점에 이르렀다. 이후 1960년대의 학문 중심 교육이 주축이던 시기에 쇠퇴했다가, 1970년 이후 다시 부각되었다(김진수, 2013).

3) 통합교육과정의 교육적 기능

잉그램 Ingram, 1979은 통합의 기능 function of integration을 표 9-2와 같이 설명하였다. 그는 통합교육과정의 기능을 인식론적 기능, 심리적 기능, 사회적 기능으로 구분하였다(김진수, 2013).

표 9-2 잉그램의 통합교육과정 기능

영역	필요성(가치)
인식론적 기능 (epistemological function)	지식에 관련된 것으로서, 교육과정통합(curriculum integration)은 교사가 지식을 다루는 데 도움을 줄 수 있다. • 통합교육과정은 지식의 변화에 대처할 수 있도록 한다. • 통합교육과정은 각 교과가 추구하는 목적(purpose)의 의미를 높여 준다. • 통합교육과정은 다른 지식의 영역을 서로 관련짓게(interrelating)한다.
심리적 기능 (psychological functions)	학습의 과정에서 학습자와 학습 내용의 상호작용의 기능이다. 이것은 학습(learning)이 용이하도록 교육과정을 제공하는 것과 학습을 통하여 인격 발달(personality development)을 촉진하는 것이 목적이다.
사회적 기능 (social function)	사회생활을 함에 있어 통합교육과정이 어떠한 이점을 주는가와 관련된 기능이다. 사회적 기능은 협동(sharing)을 통한 교수 · 학습, 간학문적 이슈에 대처하기, 학교와 사회의 연결하기이다.

자료: 김진수(2013).

4) 통합교육과정의 유형

약한 통합인 학문 중심 통합으로부터 강한 통합인 완전 프로그램으로 갈수록 통합의 정도가 심화된다. 이들의 통합 유형은 일련의 연속선상에서 이해해야 한다.

(1) 제이콥스의 교육과정 통합의 유형

제이콥스Jacobs, 1989는 통합의 정도에 따른 교육과정 통합의 설계design 모형을 **그림 9-2**처럼 만들고, 구체적인 설명을 **표 9-3**과 같이 제시하였다.

그림 9-2 제이콥스의 통합교육과정 설계모형

자료: 김진수(2013).

표 9-3 제이콥스(Jacobs)의 통합교육과정의 설계모형

영역	필요성(가치)
학문 중심 통합 (discipline based)	• 가장 낮은 수준의 약한 통합으로서, 각 학문별로 구분되는 교과로 나타난다. • 교과나 학문의 통합을 시도하지 않으며, 한 분야만을 가르치므로 다른 학문과의 관련성을 학습하지 않는다. • 장점은 가장 일반적으로 사용되며, 교사나 학생, 학부모들이 익숙한 모형이다. 그리고 모든 교과의 교육과정, 학습 목표 등이 잘 제시되어 있고, 교사들도 각 전문 영역에 훈련되어 있다. • 단점은 교과가 너무 분절화되어 있어서, 교사가 각 교과의 내용과 관련이 있는 학생들의 욕구에 맞추어 수업활동을 하지 않고, 배정된 수업시간에 따라 하는 것이다.
학문 병렬 통합 (parallel discipline)	• 서로 다른 학문에서 같은 영역이 있을 때 교사가 계열화(sequence)하는 것이다. 즉, 개별 교과의 학습 내용이 변하지는 않고 내용이 제시되는 순서만 바뀌는 것이다. • 장점은 그 절차가 비교적 쉽다는 것이다.
다학문 통합 (nultidisciplinary)	• 학문 병렬 통합보다는 약간 강한 통합으로서 특정한 주제(theme)나 이슈를 중심으로 여러 학문으로부터 내용을 선정해 구성한다. • 장점은 여러 학문을 함께 통합하는 간학문 단원보다 노력이 적게 요구된다. • 단점은 교육과정의 설계, 내용 개정을 위한 계획하기, 교원연수비용 등의 변화에 대하여 저항이 생길 수 있다.
간학문 통합 (ilnterdisciplinary units /courses)	• 서로 다른 교과를 통합하여 새롭게 구성하는 것이다. 교육과정을 설계할 때 개별 학문이나 교과의 관점을 그대로 이용하게 된다. • 장점은 학습자들에게 통합적인 인식론적 경험을 하게 할 수 있다. • 단점은 노력과 변화가 요구된다.
통합일 모형 (integrated day model)	• 전일제(full-day) 프로그램이며, 아동의 세계에서 발현되는 주제(themes)와 문제에 기반을 둔다. • 학교나 국가 차원의 교수요목(syllabus)에 의해서 내용이 결정된다기보다는, 아동의 질문이나 관심으로부터 교육과정이 유기적으로 접근되는 것이다. • 장점은 인위적인 시간표가 없는(natural day) 것이다. • 단점은 기존의 교육과정에 기초하지 않으므로, 교사들의 많은 노력과 계획이 요구된다.

▶계속

완전 프로그램 (complete program)	• 가장 극단적인 형태의 간학문적 접근이다. 학생들은 학교 환경에서 살지만, 그들의 일상적인 생활 속에서 교육과정을 창조한다. • 네일(Neil)의 서머힐(Summerhill) 학교가 이 모형의 가장 잘 알려진 예시이다. • 장점은 가장 통합이 많이 된 프로그램이다. • 단점은 통합에 대한 급진적인 접근임이 분명하므로 가족이나 학교 구성원들의 완전한 합의가 요구된다.

자료: 김진수(2013).

(2) 포가티의 교육과정 통합의 유형

포가티Fogarty는 교육과정 통합에 관한 10가지 모형을 제시하였다(Fogarty, 1995). 그는 교육과정 통합을 단일 교과 내의 통합, 여러 교과 간의 통합, 학습자 통합의 셋으로 표 9-4와 같이 분류하였다.

표 9-4 포가티의 통합교육과정 유형

영역	필요성(가치)
분절형 (fragmented)	• 각 학문이나 교과를 독립적인 관점으로 본다. • 개별 교과의 내용이 훼손되지 않고 남아 있으며, 교과에 대해 명확하고 독립적인 지식을 제공해 준다. • 일반적인 상황으로의 학습 전이가 일어나기 어렵다.
연결형 (connected)	개별 교과들은 분리되어 있지만, 개별 교과 내에서 주제, 개념, 기능들을 통합한다.
동심원형 (nested)	주로 능숙한 교사들이 이용한다. 이 모형은 교사가 사고 기능, 사회적 기능, 그래픽 구성 등과 같이 여러 개의 기능을 기 이 모형은 비슷한 내용의 주제를 여러 개 가르치려고 할 때 적합하다.
계열형 (sequenced)	가르칠 때 주제의 순서를 재구성함으로써 계열화하여 가르칠 수 있다.
공유형 (shared)	이 모형은 서로 다른 학문 영역 간에 서로 공유하고 있는 활동 개념, 기능의 유사성을 벤다이어그램의 중복된 영역으로 구하여 수업을 하는 것이다.
거미줄형 (webbed)	주제 중심으로 교과를 통합하는 방식이다.
실로 꿴형 (threaded)	여러 개의 교과를 실로 꿰듯이 사고기능, 사회적 기능, 다중지능, 기술공학, 협동기능 등을 통합해 가는 방식이다.
통합형 (integrated)	공유형처럼 간학문적 접근을 하지만, 통합의 대상이 되는 교과들을 통합한다.
몰입형 (immersed)	학습자가 내부에서 통합을 한다.
네트워크형 (networked)	학습자가 필요한 네트워크를 스스로 선정하여 통합한다.

자료: 김진수(2013).

(3) 외국 연구자들의 통합유형 비교

이와 같이 통합교육과정의 유형에 관한 이론을 제시한 학자들은 이외에도 많이 있으며, 핀들리Findley는 이들을 비교 분석하였다(Findley, 2000). 표 9-5는 통합의 정도degree of integration를 비교한 것으로 탈학문적 통합방식의 통합 정도가 매우 강한 것을 알 수 있다.

표 9-5 통합의 정도에 따른 통합교육과정 모형의 비교

	최소통합 〈————————————————〉					최대통합
번즈 (Burns, 1995)	–	병렬학문	다학문	간학문	통합	탈학문
드레이크 (Drake, 1993)	–	–	다학문	간학문	–	탈학문
포가티 (Fogarty, 1995)	분절형, 연결형, 둥지형	계열형, 공유형	거미줄형	실로 펜형	통합	몰입형, 네트워크형
제이콥스 (Jacobs, 1989)	학문기반	병렬학문	다학문	간학문	통합	완전 프로그램
코발릭 (Kovalik, 1986)	단일 교과 모형	두 내용 영역	세 내용 영역	넷 이상의 교육과정 영역	전체 통합	–

자료: 김진수(2013).

5) 세계통합교육과정

소프트웨어의 관점에서는 '사이버콘텐츠cyber contents'를 대표적인 킬러 애플리케이션killer application으로 들 수 있다. 사이버콘텐츠기술을 이용하면 앞서 제시한 집단학습의 약점을 간단히 해결할 수 있다. 이처럼 인류가 모듈식 사이버콘텐츠를 개발하여 활용할 경우 종이를 거의 사용하지 않고서도 수준별 개별학습이 가능하고, 내용 수정이 불가피한 상황에서 교과서 개정판을 새로 제작할 필요가 없게 된다. 교육용 콘텐츠산업은 꾸준히 발전하여 표 9-7에 제시한 바와 같이 2020년대 초반에는 맞춤형 개별학습의 시대를 후반에는 세계통합교육과정의 시대를 열게 될 것으로 전망된다.

미래학자들은 다가오는 2020~2060년의 40년을 새로운 교육의 시기로 예측하고 있다. 인류 역사상 교육이 가장 번창하는 이 시기에는 학교시설, 교육과정과 학사일정, 교사와 학생의 개념이 상상하기 어려울 정도로 변화될 것으로 보인다. 뿐만 아니라 장

표 9-6 세계통합교육과정의 교육 패러다임

기간	~1940	1940~1980	1980~2000	2000~2020	2020~2040	2040~2060	2060~2100	2100~
과학기술 패러다임	고전물리학 법칙 시대			전자기력 시대	광속도전 시대	광속 시대	광속초월 시대	시간여행 시대
생활권	지구 대기권 시대			전환기	태양계 시대		은하시대	우주시대
사회 특성	생산강조 사회	소비장려 사회	문화·연예 사회		새로운 교육, 공익사업의 사회		우주활동 사회	
시대특성	종교 주도의 사회		혼돈·전환기		과학기술 주도의 사회			
생활양식	지표면의 수평 이동생활				우주공간의 수직 이동생활			
삼세구분	과거		현재		미래			

자료: 류청산(2013).

수의 시대에 진입함에 따라 종교가 인류 문명에 미치는 영향력이 상대적으로 약화되고, 그 자리를 과학기술이 주도하게 됨으로써 교육 콘텐츠에도 많은 변화가 예상된다. 표 9-6은 세계통합교육과정을 설명한 것이다.

6) 세계통합교육과정을 이용한 사이버학습의 시대

정보기술의 발달로 인해 고등교육분야에서는 사이버 대학이 초·중등 교육에서는 세계통합교육과정이 각각 미래교육의 메가트렌드가 될 것으로 전망된다. 인류의 메모리반도체 기술이 요타$_{Yotta, 10^{24}}$ 수준에 도달하는 2025년쯤 되면 음성인식기술을 바탕으로 인류의 언어를 자유자재로 말하고, 듣고, 읽을 수 있는 컴퓨터가 등장하여 원하는 작업은 물론 서로 다른 언어를 사용하는 상대방과 실시간 소통할 수 있는 통번역 시스템이 구축될 것으로 전망된다. 이에 따라 인류 공통의 교육 콘텐츠들이 하나의 통합된 교육과정으로 개발되어 활용될 것으로 보인다.

이 통합교육과정에서 다루게 될 주요 교육 내용은 인성, 환경, 인권, 노동, 반부패, 생활기술, 스포츠, 예술, 언어, 수리, 과학, 사회, 세계사, 세계지리 등으로 구성될 것이다. 그러나 이러한 것들 중에는 과학과 정보기술에 의해 대체될 수 있는 것이 있는가 하면 대체될 수 없는 것들도 있다. 그 기준은 몸으로 직접 체험하면서 학습할 수 있는지의 여부이다. 예컨대 스포츠와 예술 관련 콘텐츠들, 생활기술을 이용하여 실생활에 유용한 것을 만들어 보는 활동은 아무리 컴퓨터기술이 발달하더라도 대체되기 어려운 속성을 가지고 있는 교육 콘텐츠인 반면 수학과 이론과학, 세계사와 세계지리 등은 사이버상에서 제공되는 3D 학습 콘텐츠를 이용하여 쉽게 대체될 수 있는 속성을 가지고 있다.

사이버콘텐츠를 이용하여 세계통합교육과정을 구축할 경우 급변하는 과학기술과 정보를 신속하게 수정하여 교육현장에서 활용할 수 있다는 장점과 함께 지구의 숲 환경을 보호할 수 있다.

사이버콘텐츠에 의해 대체될 콘텐츠가 상대적으로 많은 교과로는 수학, 이론과학, 이론기술, 세계사와 세계지리를 포함한 사회교과, 그리고 전 세계의 인종이 사용하고 있는 모든 언어 등을 들 수 있다.

7) 경험중심의 감성교육 시대

과학기술이 발전할 경우 다가올 미래에는 인류가 기억력 기반의 인지능력과 운동능력, 그리고 감각능력 등 거의 모든 분야에서 로봇에게 뒤처질 것이라고 한다. 이러한 미래 교육의 메가트렌드를 강화하기 위해서는 학생 개개인의 개성을 존중하고 살려 주는 교육을 실시해야 하며, 하나의 사물이나 현상을 두고서 옳고 그름을 따지기 보다는 다양한 생각을 할 수 있는 교육의 기회를 최대한 제공할 필요가 있다(류청산, 2013).

경쟁력 있는 융합교육을 위해서는 융합기술인재 및 연구라는 기반이 필요하다. 즉, 학문 간 융합교육 및 연구가 기본 바탕이 되어 융합형 기술인재들을 양성하고 이런 인재가 융합기술을 창출하여 교육시장을 만들어 가는 것이다. 우리 사회는 융합의 중요성을 인지하고 활동하고 있지만 아직 초기여서 초점이 맞추어져 있지는 않다. 이에 진정한 융합시대를 이끌기 위해서 우리는 교육과 인재양성 측면에서 더욱 고민해야 할 것이다.

의식기술의 교육이라는 단어에는 이미 미래의 의미가 포함되어 있으므로 지금부터 2030년까지의 시기를 가장 잘 대표할 수 있는 용어로 의식기술시대를 선정하였다. 의식 consciousness은 사람이 깨어 있는 현실세계에서 체험하는 모든 심리 작용과 그 내용을 포함하는 경험이나 현상의 의미를 가지며 반대의 개념으로 무의식 또는 잠재의식이 있다. 의식기술 cyberdelics은 일반적으로 'Conscious Technology'라 표기하는데, 여기에서 의식기술은 '인공두뇌학 cybernetics'과 '환각을 일으키는 psychdelic'이라는 두 단어의 합성어이다.

8) 통합교육과정의 방향

지금처럼 사범대학이나 교육대학에서 집중적으로 교사교육을 받은 선생님들의 비중은 급속도로 줄고, 대신 각 분야별로 전문성을 인정받고 학교와 교실이 아닌 자신만의 특별한 공간에서 활동하는 멘토형 교사가 늘어나게 될 것으로 전망된다. 그렇다면 교육의 모습을 이렇게 변화시키는 결정적인 요인은 무엇인지, 이러한 변화의 경계는 어디쯤인지를 가늠해 볼 수 있다면 교육의 미래 트렌드를 설정하는 데 기준점으로 삼을 수 있을 것이다.

학술적 관점에서 볼 때 미래 인재상과 미래 교육의 핵심개념은 통섭과 융합이다. 미국에서는 미래사회에 수요가 증가할 것으로 예상되는 과학기술분야의 인력을 양성하기 위하여 STEM Science, Technology, Engineering, and Mathematics 교육을 강화하고 있으며, 우리나라에서는 이에 예술 분야를 포함시켜 STEAM 교육을 실시하고 있지만 학문분야의 융합방식에 있어서는 다소 한계가 있어 보인다. 융합인재와 관련된 학제 간 연구를 일컫는 유사용어를 정리하면 **표 9-8**과 같다.

표 9-7 메모리기술 발달에 따른 통합과정 교육환경의 변화와 전망

기간	메모리	기술	미래 사회와 교육의 변화(사용자 층)
1980~1989	10^{03}	Kilo	키보드 중심의 명령어 중심 컴퓨터(전문가)
1990~1999	10^{06}	Mega	마우스 중심의 팝업 메뉴의 등장(교수 + 교사)
2000~2004	10^{09}	Giga	검색엔진과 포털사이트의 웹 1.0(교사 + 학생)
2005~2009	10^{12}	Tera	이동성이 강화된 웹 2.0(교사 + 학생 + 학부모)
2010~2014	10^{15}	Peta	실용학습(just in time learning), U learning, 글로벌 사이버대학, 바이오 컴퓨팅의 시대
2015~2019	10^{18}	Exa	음성인식이 강화된 소통형 컴퓨터, 고도의 과학지능 서비스(H/W+S/Mind-ware)
2020~2024	10^{21}	Zeta	맞춤형 개별학습, 고도의 인공지능사회, 과학적 특이점의 시대 진입(Scientific Singularity)
2025~2029	10^{24}	Yotta	세계통합교육과정의 시대
2030~	10^{27}	Kilo Yotta	기계를 위한 교육과정이 개발·운영되는 시대, 기계 지능의 측정을 통해 인류와 역할 분담, 화학적 방법으로 두뇌의 지적능력 강화

자료: 류청산(2013).

표 9-8 학제 간 통합학문연구법의 분류

접근 방식	적용 사례
융합 학문적 접근 (interdisciplinary studies)	우주개발경쟁(예: 기계공학 + 곤충학)
통합 학문적 접근 (transdisciplinary studies)	융합학문적 접근에 인류학적 관점이 추가되는 경향
연합 학문적 접근 (multidisciplinary studies)	자연·응용과학과 인문·사회과학이 연계되는 경향
교차 학문적 접근 (crossdisciplinary studies)	전혀 무관할 것으로 여겨지는 학문분야 간 연계
내적통합 학문적 접근 (intradisciplinary studies)	단일 학문(교과) 내에서 상호 독립적 관계를 설정한 다음 연관성을 찾아내어 연계

자료: 류청산(2013).

융합학문적 접근법의 기원은 그리스시대로 거슬러 올라간다. 산업혁명 이전까지는 형이상학적 차원에서 거론되다 산업혁명 이후의 기계화시대, 자동화시대를 거치면서 산업과 사회의 전반에 걸쳐 폭넓게 활용되기 시작하였으며, 20세기 중반 이후 본격적인 우주개발 경쟁이 시작되면서 과학기술분야의 대학과 연구소에서 실용적으로 활용되기 시작하였다. 특히 20세기 후반 유전공학과 정보공학의 눈부신 발달로 인해 학제 간 연구가 지구촌 대학의 학위 취득 형태에도 많은 변화를 가져오는 역할을 하게 되었다.

통합학문적 접근법은 융합학문적 접근법과 거의 비슷한 개념으로 1994년부터 사용되기 시작한 용어이다. 문화와 인종 등과 같은 인류학적 관점에서 다양한 분야의 전문가들이 참여하여 사회적 현안문제에 대한 해결방안을 모색하고자 할 때 주로 이용되는 기법이다. 특히 지구촌 교육의 현안문제를 해결하기 위한 접근방법으로 유네스코나 비교교육학회 차원에서 많이 활용되고 있다.

연합학문적 접근법은 제2차 세계대전 당시 미군과 로키드Lockheed사가 협력하여 항공기를 개발하는 과정에서 처음으로 소개되었다. 그 후 1960년대에는 영국에서 국가기반시설을 기획하고 건설을 추진하는 과정에서 건축, 공학, 사회학, 지질학, 조사통계학, 행정학, 경제학 등의 전문가들이 모여 프로젝트를 구성하여 추진하는 데 이용되었다. 최근에는 컴퓨터 보안 관련 분야에서 활용되는 추세이다. 이 연구의 접근방식은 주로 미래를 예측하기 위해 언어와 전공이 다양한 전문가들이 프로젝트 또는 연합체를 구성하여 역할을 분담한 후 연구를 추진하는 형식으로 진행된다.

교차학문적 접근법은 주어진 문제를 해결하거나 특정 학문분야의 발전을 위하여 전혀 관계가 없어 보이는 학문분야를 연계하여 연구를 진행하는 접근방법으로 물리학과 음악, 정치학과 문학 등을 예로 들 수 있다.

내적통합 학문적 접근법은 하나의 학문영역 내에서 상호 독립적인 관점의 영역을 설정한 다음 그 영역들 간의 관계를 새롭게 설정하여 새로운 대안을 모색하거나 현안 문제의 해결 방안을 수립하는 데 이용되는 접근법이다.

3_ 융합인재교육의 배경

국가과학기술위원회는 교육과학기술부, 문화체육관광부, 농수산식품부, 지식경제부, 보건복지가족부, 환경부, 국토해양부 등 7대 부처가 참여하여 수립한 국가 융합기술 발전 기본계획안을 확정하였다. 2009년부터 2013년까지 5년간 시행될 이 계획의 목적은 차세대 기술 혁명을 주도할 융합기술을 체계적으로 발전시켜 의료, 건강, 안전, 에너지·환경문제해결뿐만 아니라 신성장동력인 융합 신산업을 육성하여 융합원천기술의 수준을 2007년 선진국 대비 50~80%에서 2013년 70~90% 수준까지 향상시키고, 융합 신산업을 창출시켜 제조업 수출액 중 첨단기술제품 비중을 2008년 7위에서 2013년 5위로 높여 나갈 계획이라고 강조했다. 그래서 한국과학재단·한국학술진흥재단 등의 연구과제도 영역 간 벽을 허물고 학제 간 연구 프로젝트 신청과제를 공모하고 있다.

지식기반사회에서 우리나라를 포함한 전 세계의 교육은 나름대로 새롭고 희망찬 교육패러다임을 제시하려고 노력하고 있으며 그 노력의 핵심에는 '미래지향적'이라는 방향성이 있다. 구체적으로 미국, 영국, 독일, 캐나다, 호주 등은 각국이 직면한 위기를 극복하고 새로운 발전을 도모하기 위하여, 다시 말해 국가의 핵심역량을 증진시키기 위해 초·중·고 교육과정의 구조와 방향을 변화시키려는 노력을 해 왔다. 이러한 교육개혁의 흐름은 우리나라에서도 예외가 아니다. 국제적으로 관심을 모으고 추진되고 있는 이러한 교육개혁의 중심에는 국가의 핵심역량을 증진시키기 위하여 교과 간 및 교과 내 교육내용을 통합·연계하고자 하는 구상이 있다.

최근 들어 교육계에서도 이와 같은 시대적 흐름에 맞는 인재를 양성하기 위한 STEM 교육의 중요성을 인식하고 교육과학기술부와 한국과학창의재단에서 2011년부터 융합인재교육STEAM을 추진하고 있다. STEAM과 같은 용어가 빈번히 사용되고 등장하는 데서 볼 수 있듯 이미 많은 국가들이 교육의 현장에 융합의 철학을 품으려는 노력을 기울이고 있다.

이는 통합적 STEM 교육으로 교육에서의 융합과 통합의 노력을 강조하는 정의이다. 이에 따르면 STEM 교육은 과학, 기술, 공학, 수학 등의 학문들을 내용과 방법의 맥락에서 의도적으로 통합하고 기술적·공학적 설계 중심의 학습 접근방법을 핵심으로 하고 있으며 이러한 시도를 언어, 사회과학, 예술까지 확장시킬 수 있다. 이 정의에서 눈여겨 봐야 할 단어는 바로 '의도성'이다. 그 학문적 특성상 STEM의 과목들은 학교현장에서 의도적으로 통합되어 교육될 수 있으며 이를 통해 학생의 학교현장, 나아가 국가에 긍정적인 역량 증진을 가져올 수 있을 것이라는 믿음에서 많은 교육계의 전문가와 행정가들이 막대한 교육예산을 들여 연구하고 실천해 온 바 있다. 이러한 정의에 따르면 최근 우리 정부가 교육계의 혁신을 위해 준비하고 실천하고 있는 STEAM 교육도 같은 맥락이라는 것을 알 수 있다. 즉 과학적 발전과 기술적 혁신 속에는 다양한 협력collaboration과 의사소통communication이 필요하며 그 영역 또한 매우 다양할 수 있다는 기본 취지를 공유한다.

기존 교육방식은 정립된 지식과 개념을 위계에 따라 학생들로 하여금 주어진 지식과 정보를 수동적으로 습득하게 했다. 융합인재교육은 과학, 수학에 대한 이론과 개념을 실생활과 연결시켜 이해하고, 스스로 문제해결의 열쇠를 찾을 수 있도록 유도한다. 특히 과학, 공학, 기술, 예술, 또는 수학의 연결이 실생활과 연계하는 부분에서 자연스럽게 이루어진다. 왜 이 문제를 풀어야 하는지, 또 어떻게 해결해야 하는지 여러 관점에서 바라보는 학습을 하면서 창의적인 사고력이 자라는 것이다.

4 국내의 융합인재교육

우리나라에 소개된 STEM 교육 관련 연구와 실천의 한계는 미국을 비롯한 선진국에서 이루어지고 있는 융합교육 관련 연구와는 다른 경향을 나타낸다. 우리나라는 STEM 교육을 단순히 '과학기술 공학수학의 학문적 통합' 정도로 이해한다. 우리나라와 같이 교과에 대한 애착과 자부심이 강한 국가교육과정체제에서 이러한 정의는 매

표 9-9 융합인재교육 콘텐츠 개발 내용

콘텐츠 유형	주요 내용
주요 주제 융합형	과학기술 분야의 최신 연구 동향, 주요 이슈 또는 현안과 관련 있는 주제 중심의 유형별 프로그램
첨단제품 활용형	실생활에서 사용하는 첨단제품 속에 적용된 과학기술 원리를 학생들에게 쉽게 전달하는 프로그램
과학·예술 융합형	과학기술과 예술의 상호촉진 과정을 통해 학생들의 창의성을 높일 수 있는 프로그램

우 바람직하지 못하다. STEM 교육이 추구하고 있는 융합교육의 철학을 조금 더 면밀히 검토하면 이 정의에 문제가 있다는 것을 쉽게 알 수 있다. 단순한 정의에서 출발하는 것은 좁은 범위의 연구에서는 매우 합리적일 수 있지만 진정한 STEM 융합의 가치와 철학을 파악하는 데에는 한계가 있기 때문이다.

융합인재교육을 효율적으로 추진하기 위하여 교육부와 한국과학창의재단에서는 여러 가지 사업을 지원하고 있다. STEAM 리더스쿨, 교사연구회, 파이오니어 pioneer 교사 등 선도그룹을 확대하여 학교현장에 융합인재교육을 확산한다. 시범사업에서 개발되고 발굴된 우수 콘텐츠는 일선학교에 보급하고 학생들의 체험탐구활동을 강화하여 융합인재교육의 저변을 확대한다. 또한 학교급별로 학습 여건에 차이가 있으므로 융합인재교육 수업방식을 차별화하여 현장 수용성을 확대한다. 기본적으로는 융합인재교육을 잘 구현할 수 있는 교과연계형 수업을 장려하고, 학교별 상황을 고려하여 다양한 형태의 수업을 진행한다(한국교육개발원, 2012).

우선 STEAM 리더스쿨과 교사연구회 등에서 발굴된 우수 사례를 발굴하고 분석하여 일선 학교에서 활용할 수 있도록 보급한다. 시범사업 사례들은 학교 현장에서 활용할 수 있도록 재구성하여 인터넷에 보급하고 교육자료로 축적된다. 이러한 내용을 정리하면 표 9-9와 같다.

1) 융합인재교육의 목표

융합인재교육STEAM의 목표는 기존의 주입식·암기식 교육을 학생들이 즐겁게 배울 수 있는 체험·탐구·실험 중심으로 전환하여 초·중등학생들의 과학기술에 대한 흥미와 이해·잠재력을 높이고, 이를 바탕으로 미래 과학기술사회의 변화를 선도하여 국가경쟁력을 강화하는 것이다. 세부 목표는 다음과 같다.

- 첫째, 융합적 사고와 실생활의 문제해결능력을 배양하여 미래사회에 필요한 창의적 과학기술 인력을 양성한다.
- 둘째, 과학기술에 대한 흥미와 동기 부여로 과학기술분야로의 진출을 유도한다.
- 셋째, 일상생활에서 첨단과학기술 이슈를 활용하여 대중의 과학화를 이룬다. 콘텐츠 융합은 실생활의 문제해결에서 수반되는 수단이고, 목적은 융합적 사고를 하는 융합형 인재양성이다. 융합인재교육STEAM이 지향하는 최종 목표는 과학기술분야의 국가경쟁력 강화이다.

2) 융합인재교육의 핵심

융합인재교육이 추구하는 교육의 이론적 근거를 정립하기 위하여 교육과학기술부와 한국과학창의재단은 '융합인재교육 실행방향 정립을 위한 기초연구'를 추진하였다. 이 연구의 결과로 융합인재교육 학습 준거frame를 도출하였다. 학습 준거는 융합인재교육의 현장 적용을 위한 가이드라인이자 프로그램의 판단 기준으로 활용될 수 있다. 융합인재교육 준거에서 강조하는 세 가지는 상황 제시, 창의적 설계, 감성적 체험이다.

첫째, 상황 제시는 학생들이 주어진 상황의 실생활 문제를 자기 문제로 인식하도록 동기부여하기 위한 장치이다. 이는 교사 주도의 수업에서 학생 중심의 수업으로 전환하는 것을 의미하고, 학생들이 문제에 몰입하도록 해 준다. 학생이 문제를 자기 문제로 인식하고 학습 주제에 관해 관련성relevance을 확보하기 위해서는 수업을 시작할 때 훨씬 정교한 시나리오 제시나 발문이 필요하다.

둘째, 창의적 설계creative design는 주어진 상황에서 문제를 해결하기 위하여 창의적으로 설계를 하는 과정을 의미한다. 실생활 문제에서 나타나는 여러 가지 제약 조건 속에서 문제를 정의하고 최선의 해결책을 만들어 나가는 과정이 바로 창의적 설계과정이다. 설계과정에는 여러 학문의 지식이 필요하고, 모둠 활동의 경우 구성원 간 협동이 문제해결에 중요한 열쇠를 제공할 수 있다. 창의적 설계과정은 기존의 수업과 비교했을 때 학생 개개인의 생각이 구체적으로 표현되고 드러나도록 운영해야 한다. 창의적 설계는 학생들의 문제 정의 능력과 문제해결 능력을 증진시키는 데 그 목적이 있다. 과학적 이론은 대개 이상화된 모형들이다. 실생활의 문제나 직업 세계에서 수행하는 실제 과업은 이상화된 모형과 달리 여러 가지 제약 조건과 한계가 존재한다. 창의적인 설계과정은 이러한 산업현장에서 일하는 방식으로 실생활 문제를 해결하는 능력을 배양하는 역할을 한다. 이러한 창의적 설계과정은 과학보다는 공학적인 문제해결 방식과 더 가깝다. 창의적 설계는 문제를 정확히 인식하는 것에서 시작된다. 주어진 제약 조건과 한계 안에서 문제를 해결하는 과정은 과학기술 및 산업현장에서 실제로 사용되는 방법이다. 개인의 문제에서는 여러 학문분야의 지식들이 자연스럽게 융합된다. 창의적 설계는 주어진 상황에서 창의성, 효율성, 경제성, 심미성을 발현하여 최적의 방안을 찾는 종합적 과정이라고 할 수 있다.

셋째, 감성적 체험은 학생의 흥미와 동기 부여를 위한 요소이다. 학습에 대한 성공을 경험하면, 새로운 문제에 도전할 수 있는 용기가 자라게 된다. 이를 통해 문제에 몰입하는 능력도 자란다. 학생들의 활동에 대한 피드백과 성과에 대한 보상이나 격려를 통해 학생들의 감성적 체험을 강화할 수 있다.

이와 같은 단계를 통해 융합인재교육은 학생들이 자신과 연결된 문제를 해결하고, 더 나아가 또 다른 학습을 스스로 하고 싶도록 유도한다. 이러한 선순환적 구조가 완성되면 과학기술에 대한 관심과 흥미를 높이는 것과 더불어 과학기술분야로 진출을 유도하는 두 가지 목표를 동시에 달성할 수 있다.

3) 융합인재 프로그램

융합은 르네상스시대에도 시도되었다. 《사람의 마음을 얻는 법》(2011)에는 메디치가문에서 창의성을 위해 융합을 장려한 이야기가 나온다. 또한 융합인재교육 프로그램의 초기 단계에는 STEAM의 각 분야 중 두 과목 혹은 세 과목 간의 어색한 연계나 융합이 나타나 있다.

융합인재교육을 처음 수업에 적용하는 교사들은 각 요소의 적절한 융합을 어려워하며, A요소가 없으니까 노래를 부르고, T요소가 없으니까 만들기를 했다. 융합인재교육은 조금씩 발전하면서 각 요소들이 억지스럽게 들어가지 않고 문제상황, 맥락에 적합한 전개가 가능해지고, 실생활 문제를 다룰 때에도 STEAM이 문제에 따라 자연스럽게 수반되는 프로그램으로 전개되었다.

2011년 융합인재교육 현장 실천 결과, 기계적이고 어색한 융합 프로그램을 실행했음에도 학생들은 즐거워했다. 또한 교사가 프로그램을 억지로 붙였음에도 학생들의 결과물에 나름대로의 융합이 나타났다. 다만 앞으로는 실생활문제를 해결하기 위해 필요한 각 요소들이 보다 자연스럽게 연결되어야 하고, 융합이 되었을 때 납득할 만한 융합의 사유가 있어야 한다. 아리스토텔레스는 이야기가 관객의 마음을 움직여 카타르시스를 불러일으키려면 반드시 극적인 통일을 이루어야 한다고 했다. 마찬가지로 교사와 학생들의 감성적 체험을 불러일으키는 프로그램이 되기 위해서는 S, T, E, A, M이 따로 이루어지기보다는 극적인 통일을 이루어야 한다.

4) 정책제언

이상과 같이 세계적으로 교육개혁에서 자주 언급되고 있는 STEM 교육의 시작과 그 경향 등에 대해 간단히 살펴보았다. 여기에는 상당한 어려움이 있지만 여러 맥락에서 보면 STEM 교육이 실천되고 연구되는 과정에서 과학교육과 공학교육 관련 최근 연구에서도 화두가 된 지 오래이다. 하나의 새로운 교육의 흐름과 경향이 자리 잡기 위해서는 그 사회를 구성하고 있는 사회·문화에 대한 철저한 이해와 고찰 그리고 적극적인 사회기반조성이 필요하다.

우선 통합적인 STEM 교육의 경향과 흐름이 우리나라에 미치는 영향을 고려하되 우리나라 특유의 교육문화와 당면문제를 면밀히 살펴보아야 한다. 철저한 고찰과 예비검증과정 없이는 아무리 혁신적인 교육정책·제도를 도입한다 해도 또 다른 사회적 문제를 야기할 수 있다. 아울러 면밀히 고찰된 STEM 교육의 철학과 가치를 적극적으로 알리고 융합인재 양성을 위한 사회기반 조성에 힘써야 한다. 해외 국가의 사례에서 쉽게 찾아볼 수 있듯 교육기관뿐 아니라 지역연구기관과 기업체가 STEM 교육의 철학과 가치를 이해하고 적극적으로 협조한다면 더 효과적인 정책실천을 할 수 있을 것이다. 특히 지역공과대학을 운영하고 있는 대학을 중심으로 청소년 공학교육을 확대하고 적극적인 기여와 관련 프로그램 운영을 적극 권장할 것을 제안한다.

둘째, STEM 교육을 위한 다양한 시도에 대한 연구를 격려하고 이에 대한 교사의 연수와 실천을 장려해야 한다. 우리나라의 경우에도 STEM 교육의 가치와 중요성에 대해 인식하고 있는 교사들이 있지만 이를 실천하기 위한 다양한 전략을 개발하고 타 교과에 대한 열린 마음을 확산시킬 기회가 절실히 필요하다. 이를 고려할 때 교과 간의 학술적 교류와 통합교육 관련 교육대학원 운영 등이 시도될 필요가 있다.

STEM 교육이 한철 유행과 같이 지나갈 것이라고 생각하는 시각도 있지만 이는 국가의 역량과 국민 개개인의 역량이 달린 문제이므로 가볍게 접근해서는 안 될 것이다. 이는 국가경쟁력 향상과 글로벌 인재양성을 위해 국가적 차원에서 정책적으로 연구되어야 하며, 모범적인 사례와 합리적인 모형을 찾아 우리나라 실정에 맞는 STEM 교육을 활성화시켜 나가야 할 것이다.

5 국외의 융합인재교육

세계의 교육개혁 관련 논의에서는 공통적으로 21세기 사회 발전에 꼭 필요한 과학, 기술공학, 수학을 나타내는 'STEM' 또는 'STEM 교육'이라는 단어가 빈번하게 출현하고 있다.

STEM이란 1990년 1대 미국 NSF National Science Foundation에서 과학기술, 공학, 수학의 약칭으로 사용되었던 용어로 초기에는 SMET이라고 불렸으나 발음상의 문제로 STEM으로 바뀌어 사용되고 있다.

이 용어는 교육정책이나 교육 관련 연구에서 자주 사용되면서 오늘날 미국, 영국, 호주 등 교육개혁의 핵심 키워드로 자리 잡고 있다. 미국 외에 STEM 교육을 하는 국가로는 영국, 핀란드, 대만, 이스라엘 등이 있다.

1) 미국의 융합인재교육

최근 미국의 과학교육 기술교육, 공학교육 그리고 수학교육단체[28]들은 각기 다른 학문적 배경에도 불구하고 그 융합의 가치에 주목하고 다른 학문들과의 융합에 적극적으로 한 목소리를 내고 있다.

---

28 미국공학교육인증(Accreditation Board for Engineering and Technology), 미국과학교육협회(American Association for the Advancement of Science), 미국국립연구회(National Research Council), 국제기술교육협회(International Technology Education Association, 2000), 미국수학교육회(National Council of Teachers of Mathematics) 등 모든 단체들이 교과내용과 방법의 융합적 시도에 대해 긍정적인 입장을 취하고 노력하고 있다.

샌더스Sanders는 STEM 교육이 지닌 통합적인 성격integrative characteristics에 주목하여 그 가치를 다음과 같이 설명하고 있다(Sanders, 2006).

- 첫째, 학교교육에서 융합의 가치는 철저하게 학생 중심적인 교육관에서 출발하여 학생들의 학습동기, 학업성적, 학습태도 등을 향상시키는 데 초점을 두는 것으로 볼 수 있다.
- 둘째, 지나치게 학문적·전문적인 과학·수학·기술교육과정의 문제점을 제시하고 특히 과학교육과 수학교육이 현실과 지나치게 동떨어져 있어 학생들의 학습동기가 매우 떨어져 있다는 점을 지적하고 있다.

국제수학과 학업성취도 평가 결과에서 드러난 미국의 낮은 성취도와 학습동기가 문제점으로 지적되면서 미국 내 과학·수학교육자들은 현재의 모습을 제대로 성찰할 기회가 필요하게 되었다. 그들은 수업방법의 변화, 특히 과학과 수학의 실천적인 활용에 관심을 두게 되었고 이러한 관심과 실천은 융합교육의 시도로 나타났다. 다시 말해 과학교육자들과 수학교육자들은 융합의 가치를 그들 학문에 대한 학생들의 학습태도, 학습동기, 학업성취도의 향상에 두며(Kwon, H et al., 2008), 이는 수업방법과 교육과정의 혁신으로 이어지고 있다.

(1) 미국 STEM 교육

미국의 STEM 교육은 과학, 기술, 공학, 수학의 과목이나 주제 또는 이슈에 초점을 둔 정규교육과 비형식교육을 의미한다. 미국 STEM 정책의 논거는 STEM 인력 보급을 위한 파이프라인이 충분하지 않다는 것이다.

대통령과학기술자문위원회PCAST는 향후 10년 동안 100만 명의 STEM 분야 전공인력이 추가로 요구되겠지만, 인력수요 대비 75%를 공급하는 수준에 그칠 것이라고 전망했다.

미국 STEM 분야의 인력 통계를 보면 대학 입학생 수 대비 졸업생 수, 분야 취업자수 등을 다각도로 분석하고 있다. 미국은 1년에 대학에 입학하는 학생 수를 100으로 했을 때, STEM 전공으로 졸업하는 학생은 19, STEM 학위를 받고 STEM 분야에서 일하는 사람이 10, STEM 분야에서 졸업하고 10년 후 STEM 분야에서 일하는 사람은 8이라고 분석한다. 미국의 STEM 교육은 미래 최고급 인재 경쟁에 대비한 정책으로 오바마 대통령은 탁월한 STEM 교사는 깊은 지식과 내용을 가르치는 강력한 스킬이 필요하다고 주장하며 추후 10년 동안 10만 명의 유능한 교사 확보가 시급하다고 제안했다.

미국은 STEM 학위와 교사 자격증 둘 다 획득하고, 학교현장 실습을 강화하는 등 STEM 교육과 STEM 교사교육 프로그램 개발, 탁월한 STEM 교사에 대한 지원과 보상을 추진 중이다. 미국과학아카데미의 과학연구협의회 NRC는 2012년 K-12 과학교육의 틀에서 과학교육의 3차원 설계를 권고했다. 3차원은 과학과 공학 실천, 과학과 공학 공부를 통합하는 교차개념과 물상과학, 생명과학, 지구 및 우주과학, 공학·기술·과학의 응용으로 구분되는 4개 분야에 대한 핵심 아이디어이다. 이는 과학교육 틀 내에 공학교육이 매우 밀접하게 포함되어 있음을 나타낸다.

GEO-Teach Geoscience Teacher Training는 교사들에게 높은 수준의 교육과정과 기자재를 쉽게 활용할 수 있도록 전문성을 높여 지구과학에 대한 학생들의 이해도 증진을 추구한다. 학생 아웃리치 지원 프로그램의 예시로 비형식과학교육 ISE은 언제 어디서나 학습할 수 있는 학교 밖(비형식) 환경에서의 STEM 학습을 위한 지원 프로그램이다.

ISE 프로그램의 예시로는 박물관에서의 STEM 프로그램 개발, 입체 구형 디스플레이를 활용한 아웃리치 프로그램 개발, 해양로봇을 활용한 STEM 교육 프로그램 개발 등이 있다. 극지연구와 교육은 북극에 관한 과학기술 연구결과를 교육과 아웃리치 프로그램으로 연결시키는 것을 지원하는 프로그램이다.

(2) NASA의 STEM 교육 프레임

그림 9-3과 같이 NASA는 워싱턴 내 수많은 기관과 협약을 맺고 협약을 한 산하교육기관 소속 교사들에게 교수방법을 제공하기 위하여 주기적으로 교사연수를 개최하고 있다.

해당 연수는 NASA와 협약된 기관의 교사들과 학생들에게 무료로 개방하며, 교사들은 소속기관의 연수 기간 외에도 언제든 교수를 위한 자료를 찾을 수 있다. NASA는 그들에게 웹사이트, 교재 등을 제공하여 교사들이 필요한 자료들을 활용할 수 있게 한다.

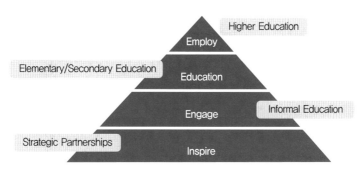

그림 9-3 NASA의 STEM 교육 프레임

자료: 한국교육개발원 한국과학창의재단(2012). 현장 적용 사례를 통한 융합인재교육의 이해.

이렇게 개발된 자료들과 발굴된 장소들은 다시 교육과정과 연계·재구성하여 학생들에게 제공되고, 학생들은 가정으로 돌아가 가정체험학습을 이용하여 여러 체험학습을 실시했다. 학교에서 실시하는 체험학습은 1학기, 2학기 각 1회에 불구하지만 교사들이 제공한 여러 가지 정보를 바탕으로 학생들은 개별적으로 체험학습을 실시하고 있다. 이러한 NASA의 노력은 다른 여러 기관에 영향을 끼쳐 많은 단체와 기관이 대학생들의 여러 가지 사회적 경험을 위하여 인턴제도를 실시하여 그들이 사회적 경험을 쌓고 재능을 북돋울 수 있게 한다.

2) 영국의 융합인재교육

(1) 영국의 STEM 교육

최근 영국은 과학과 혁신에 대한 STEM 분야 인재를 안정적으로 공급하고 유지하기 위해 STEM 교육 관련 지원을 확대하고 있다. 영국 정책의 목표는 비즈니스와 연결된 세계 최고의 과학 기초가 가능하도록 과학과 혁신환경을 만드는 것이다. 혁신환경을 위하여 세계 최고의 연구 탁월성 확보와 과학자, 공학자, 기술자의 공급 등을 주요 주제로 다루고 과학, 기술, 공학과 수학 과목의 교수학습을 증진시키는 비전을 포함하고 있다.

영국은 우수한 과학기술력을 바탕으로 경제 성장을 지속시키기 위해서 과학기술정책 및 과학교육개혁 정책을 추진하고 있다. 이러한 개혁 방향은 2004년에 발표된 '과학과 혁신을 위한 기본틀 2004~2014인 Science & Innovation Investment Framework 2004~2014를 통해 영국이 세계 수준의 선도자 역할을 수행하기 위해서 STEM 교육 정책이 필요함을 표명하였다. STEM 교육의 배경은 대학의 STEM 분야 전공자 감소에 대한 우려에서 비롯되었다. 기존의 STEM 교육정책은 여성 소수민족 등의 소외계층들을 STEM 영역으로 효과적으로 유인하지 못함으로써 기존의 STEM 정책에 대한 재평가의 필요성이 제기되었다.

(2) 영국 교육 프로그램

영국은 수학, 물리학, 화학을 중요하지만 취약한 과목으로 정하고 정부기금 3억 5천만 파운드를 전략적으로 지원한 결과 수학, 물리학, 화학 등 기초과학 분야의 학생 수가 증가세로 돌아섰다. 잉글랜드 지역에서 화학과는 4.4%, 물리학과는 3.3% 증가하였다. 특히 과학교사와 강사의 질, 과학·수학에서 좋은 성적을 거두는 학생 수, 고등교육에서 과학·공학·기술·수학 선택 학생 수 등을 중점 관리하고 있다.

구체적으로는 매년 A레벨 물리, 화학, 수학 선택학생 수 증가, 핵심 3단계(11~14세) 말에 레벨 6 학생 수 증가를 관리하고 있다. STEM 4개 과목을 핵심교과로 설정하고, 4개 분야의 전문가 정책자문그룹을 운영한다. 또한 기업−기관−학교연계로 STEMNET을 구축했다. STEMNET은 과학기술 앰배서더 프로그램을 운영한다. 25,000명 이상의 자원봉사자들이 젊은 학생들에게 도움을 주고 있다. STEM 클럽은 학교 시간과 교육과정을 벗어나 학생들이 탐구하고 조사하는 것을 도와준다. STEMNET은 45개의 지역조직을 통하여 학교와 산업체를 연결하여 STEM교육의 양과 질을 높이는 STEM 자문단 네트워크를 운영한다. 영국은 요크대 내 국립과학교육지원센터NSLC를 설립하여 영국 내 지역교육청과 초·중등 과학교사와 네트워크를 형성하고 전문 연수와 창의적 교수학습방법에 대한 연구를 담당하고 있다. 100여 명의 직원들이 연수 전에 교사들에게 요구사항을 받아 분석하여 프로그램을 개발하고, 연수 후에는 철저하게 피드백을 하고 있다.

3) 핀란드의 융합인재교육

핀란드는 수학·과학 교육개선사업LUMA 실시(1996~2002) 후 세계 최고의 교육 강국으로 부상하였다. 인구가 500만 명인 핀란드는 모든 학생을 인재로 생각하고 키우고 있다. 'LUMA프로젝트'의 목표는 핀란드의 수학·과학 지식의 수준을 국제적인 표준으로 끌어올리는 것으로, 이공계 대학 신입생 수와 과학Ⅱ를 시험 보는 학생 수, 과학Ⅱ를 수강하는 학생 수가 부족하다는 문제인식에서 출발하였다.

1996년 교육부에서 LUMA Joint National Action을 수립하였는데, 2002년부터 LUMA 프로젝트를 추진하였다. LUMA란 핀란드어로 과학 luonnontieteet 및 수학 matematiikka의 머리글자 두 개를 줄인 것이다. 핀란드 정부는 우수한 학생들의 이공계 진학을 지원하기 위하여 2004년에 헬싱키대학에서 초·중등학교–대학–기업체를 연계하는 LUMA 센터를 설립하였다. 그들은 기업연계 등을 통한 대대적인 투자를 추진하여 수학·과학 문제해결에 착수하였다. 우수 이공계 진학생 양성을 위하여 2004년에는 헬싱키대학에 '초·중등학교–대학–산업체'를 연계하는 중앙조직체인 LUMA 센터를 출범하고, 모든 학교급에서 자연과학·수학·컴퓨터공학에 관한 학습·연구·교수를 증진하여 과학과 수학교육의 중요성을 강조하고 대대적인 지원을 추진하고 있다.

4) 대만의 융합인재교육

최근 대만에는 MST와 STEM 통합교육에 관심을 갖고 연구하는 학자들이 늘고 있다. 대만사범대학의 유Yu 교수팀은 일본에서 2011년 11월에 개최된 아태지역국제기술교육학술대회ICTE에서 MST와 STEM 교육에 관하여 '대만에서 과학과 기술 학습모형 개발에서 MST 개념학습 적용하기'라는 제목의 논문을 발표하였다.

5) 이스라엘의 융합인재교육

이스라엘은 1992년에 '과학·수학·기술교육위원회'를 설립하여 과학 및 수학교육의 개혁을 시도하였다. 학교교육에서 정보기술, 컴퓨터 활용을 강조하고, 과학과 예술교육의 통합을 위해서 1990년에 과학예술영재학교IASA를 설립하여 융합적 인재를 양성하고 있다.

6) 국외 융합인재교육이 주는 시사점

국외 STEM 정책의 특징에서 우리는 다음과 같은 시사점을 찾을 수 있다. 첫 번째로 STEM 인력 확보와 대학과 산업체의 연계, 그리고 교사연수이다. 우선 인력확보 측면을 보면, 미국의 통계는 필요한 일자리 수와 배출되는 인력 수, 취업 후 10년 후에도 STEM 일자리를 가지고 계속 일하는 사람까지도 분석한다. 미국과학재단에 의한 지원, 교육부DOEd, 보건인적 서비스부HHS 등 여러 부처에 걸쳐 STEM 교육이 추진되고 지원된다. 또한 NASA 교육의 틀에서 보듯이 STEM 교육은 비형식교육과 학교교육, 대학, 취업까지 고려해서 이루어진다. 영국의 STEM 정책도 마찬가지로 세계 최고의 연구 탁월성 확보를 전제로 과학자, 공학자, 기술자의 공급 등을 주요 주제한다. 핀란드도 500만 명 모두를 인재로 양성하는 정책이다.

두 번째로 대학과 산업체 등의 STEM 교육 참여를 보면 기관 및 단체가 민간협의회를 구성하거나 활발하게 연계하고 있다. 미국은 카네기재단, 구글, 빌 & 멜린다 재단 등 115개의 다양한 기관·단체가 STEM교육 강화를 목적으로 민간협의회를 구성하여 활동한다.

세 번째로, 연계성과 전문성이다. 영국은 STEMNET을 구축하여 기업-기관-학교가 연계되고, 핀란드의 LUMA센터 역시 초·중등학교-대학-산업체를 연계하고 있다. 교사연수의 경우 미국은 10만 명의 STEM 교사 확보를 주요 목표로 내세우고 있으며, 영국은 NSLC를 통하여 체계적으로 지역교육청과 연계하여 리소스를 확보하고 연수를 추진한다. 핀란드의 LUMA센터는 워크숍, 여름연수, LUMA과학축전을 통하여 교사의 전문성 신장을 지원한다.

 # 창의적 융합인재교육

창의력은 우리 안에 내재되어 있다. 다양성과 새로운 사고방식, 열린 마음과 주류에 안주하지 않는 모습이 창의력을 깨울 수 있다. 창의력은 우리 시대의 열쇠이며 미래 세대의 핵심이다.

　지속적 국가경쟁력 제고와 국민 경제발전을 위하여 과학기술분야에 대한 안정적인 재정 투자 여건을 조성하고 창의적인 우수 이공계 인력을 양성하는 것이 무엇보다도 중요하다는 인식하에 우리 정부도 2004년 3월 3일에 국가과학기술경쟁력 강화를 위한 이공계지원특별법을 제정하였다. 이공계 인력육성·지원에 대한 범부처 차원의 기본 계획이 시행됨에 따라 국가적으로 필요한 기술분야 인력을 양성·활용하는 사업에 대하여 전략적으로 고민하고 대책을 마련하는 것이 가능해졌다.

　또한 각 부처 차원에서 추진해 온 이공계 인력육성사업을 총괄하게 됨으로써 기술별·분야별 특성을 반영한 인력육성·지원 사업을 추진할 수 있었다는 점에서 그 의의가 크다고 하겠다.

　경제발전의 패러다임이 급격하게 변화하고 있다. 산업별 고용구조의 변화, 해외로부터의 직접투자 증가, 연구개발사업, 국제화 진전에 따른 인력 이동의 확대, IT와 전통산업의 융합에 따른 신산업 창출 등 지식기반사회의 구축을 가속화시키는 주변 환경 변화에 적절히 대처하기 위해서는 우수인력양성이 반드시 필요하다.

　최근 우리나라가 저출산·고령화 사회로 진입함에 따라 2018년부터는 대입정원이 고교 졸업자를 초과하고 청년층과 중년층의 비중은 지속적으로 감소하는 반면, 고령층 인구가 증가할 것으로 예상된다. 이러한 변화와 함께 녹색 융·복합 등 사회적 기술 수요 변화 등의 향후 정책 환경의 변화를 감안하여 필요한 연구개발사업을 추진하고 이를 위한 인력을 양성하는 것이 무엇보다 중요하다.

　세계경제에 상호의존성이 점차 증가하고 있다. 이에 능동적으로 대처하기 위해서는 필요한 창의적 인재를 확보하고 체계적으로 지원하는 것에 우선순위를 두지 않을 수 없다.

1) 창의적 인재양성의 시대적 배경

　국가경쟁력은 산업의 발달과 직결된다. 창의성은 언제나 중요한 가치 중의 하나였지만 현 시대의 국가 산업 발전에 있어 창의성은 특별히 더 중요하다. 여기에는 두 가지 이유가 있다.

　● 첫째, 세계적으로 창의성이 중요시되고 있기 때문이다.

● 둘째, 우리나라가 더 이상 선진국을 따라가는 위치에 있지 않기 때문이다.

세계적 흐름을 살펴보면, 지난 20년 간 경제적 패러다임이 포스트산업경제→ 정보경제→ 디지털경제→ 창조경제로 변화했다(Peters & Araya, 2010). 창조경제란 아이디어 혁신 창의성 등에 기반하는 경제체제를 의미한다. 21세기는 이전과 다른 복잡하고 다면적인 이슈들이 문제가 되며 이에 대응하기 위해 다양한 분야를 넘나들면서 창의적이고 가치 있는 대안을 제시할 수 있어야 한다. 따라서 이러한 능력을 가진 창의적 인재의 양성이 중요한 국가적 과제로 등장하게 되었다.

우리나라의 국제적 위상을 살펴보면, 6 · 25 전쟁 이후 폐허만 남아 있던 대한민국은 선진국들이 산업혁명을 거쳐 200여 년 동안 이루었던 산업의 발전을 지난 60여 년 동안 이루어냈다. 제2차 세계대전 이후 독립해서 이렇게 일어선 나라는 세계에서 대한민국이 유일무이하다고 해도 과언이 아니다. 이러한 성장의 배경에는 대한민국 국민의 독특한 교육열이 자리하고 있다. 전쟁 중 피난을 가서 당장 삶의 터전이 사라진 상황에서도 천막 아래 책도 없이 맨땅에 앉아야 하는 학교에 학생들이 가득했다. 많은 시행착오가 있었지만 한국은 선진국의 기술을 열심히 배우면서 산업을 발전시켰고, 그들의 교육체계를 열심히 배워 미래를 위한 인재들을 키웠다. 그 결과 우리나라는 여러 영역에서 선진국의 대열에 들었다. 이제 대한민국은 반도체 통신 등 세계 최고를 자부할 수 있는 첨단의 영역을 지닌 나라가 되었다. 이는 우리가 따라가면서 배울 대상이 급격히 감소하고 있음과 동시에 무에서 유를 만들어 내는 창의적 인재들이 점점 더 필요해진다는 것을 의미한다(과학기술정책연구원, 2011).

2) 21세기 창의적 인재교육의 특성

차세대 교육을 생각한다는 것은 미래의 계획과 직결된다. 세계 각국이 자국의 미래에 대해 체계적으로 계획을 세우기 시작한 것은 20세기 후반에 들어서이다. 초기의 미래계획은 앞으로 발전하게 될 과학기술을 예측하고 그러한 예측에 근거하여 정보를 생성하여 과학기술 투자의 우선순위를 결정하는 것이었다. 이 시기 패러다임에서는 경제적 발전이 중심에 있었으며, 미래연구를 통해 생산성 · 경쟁력 · 경제 성장으로 이어지는 과학기술 혁신을 이루고자 하였다. 2000년대로 넘어오면서 미래연구는 사회적 수요를 반영하게 되었으며, 점차 사회일반의 주제로 그 중심이 이동하였다. 이전 미래연구

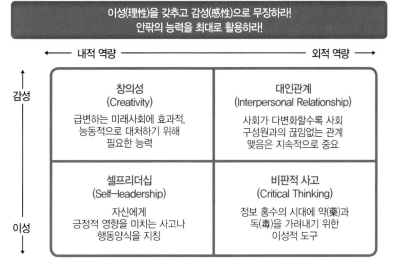

그림 9-4 창의적 미래인재의 조건

자료: 권정은(2010). 변화하는 미래, 새로운 인재.

의 결과는 환경에너지, 안전, 고령화, 보건의료 등 사회·환경적 과제들을 다루는 데 적합하지 못하다는 것이 점차 드러나게 되었다.

이러한 미래연구의 경향을 볼 때 21세기의 창의인재는 그림 9-4에서 알 수 있듯이 자기 전문분야에서의 창의성과 더불어 사회의 다양한 영역에 대한 관심을 갖출 것이 요구된다. 예를 들어 새로운 과학적 지식을 탐구하고 기술을 개발할 뿐 아니라 자신의 연구결과가 다양한 사회적·환경적 과제들에 기여하는 바에 대해서도 새로운 관점을 제공할 수 있어야 한다. 다시 말해 미래가 필요로 하는 인재는 자신의 전문분야에서 뛰어날 뿐 아니라 자신의 영역과 직접적인 관련이 없는 사람들과 교류하며 협력을 끌어내며 다양한 영역의 사람들의 필요를 반영한 복합적이고 창의적인 대안을 제공할 수 있어야 한다.

이러한 교류와 협력의 필요성은 세계 각국의 과학교육과정에도 반영되고 있다. 예를 들어 지구온난화, 화석연료 등 사회적 이슈가 되고 있는 주제에서 출발하여 과학개념을 도입한다든가 통합 또는 융합과학 등의 접근을 할 수 있다. 교사와 학생 사이 그리고 학생과 학생 사이의 사회적 상호작용을 증진시키기 위한 방법으로는 조별활동이나 협동학습 프로젝트 중심과제 등 다양한 방법이 활용되고 있다. 또한 연구기관과 학교가 협력관계를 맺어 학생들이 보다 현장감 있는 교육을 경험하기도 한다.

3) 정책 방안

　정부는 이러한 기본계획이 성공적으로 실현될 수 있도록 매년 연도별 시행계획을 수립·추진하고 각 사업별 추진 실적을 점검하여 부족한 부분을 지속적으로 보완·발전시킬 계획이다. 이를 위하여 과학기술 인재 육성 관련 사업에 대한 조사·분석 체계를 구축하고 인재 육성 정책수단별 효과와 주요 선진국의 과학기술 인재 정책 동향과 사례를 분석하여 사업별 시행계획에 반영한다. 또한 과학기술인재정책의 과학화를 위해 과학기술인재 종합정보체계를 구축해 나갈 계획이다.

　국내·외 과학기술인재에 대한 통계자료의 조사·분석을 통해 관련 자료의 현황을 파악하여 정부의 인재양성 추진방향에 대한 로드맵을 구축하고 기존 과학기술인재통계를 활용하여 생애주기별 교육 및 노동시장의 흐름 등을 분석하며 국가의 전략적이고 유망한 특정 과학기술분야 인력에 대해서는 수급 불균형이 최소화될 수 있도록 관련 대책을 마련·시행한다. 그리고 과학기술 인재정책의 효율적·체계적 추진을 지원하고 수시로 주변 환경 변화 및 기술개발 동향을 반영하기 위하여 관련 전문가 및 정책수요자들과의 긴밀한 협력 체제를 구축·운영해 나간다.

　이를 통해 자라나는 청소년들이 과학에 더욱 흥미를 갖게 되고 과학기술을 통한 일자리 창출 비중이 늘어나 우수한 고급두뇌들이 우리나라로 모이고 우리나라 대학 및 연구기관이 세계적인 대학 및 연구기관으로 변화되는 것이 현실화될 것으로 기대된다. 기본계획의 당초 목표를 달성하기 위해 무엇보다 중요한 것은 산·학·연의 지속적인 관심과 지원이며 특히 필수적인 것은 기본계획을 뒷받침하는 국민적 지지이다.

4) 시사점

　창의적 인재양성의 성장 중심 관점은 교육으로서 아직 미숙하지만, 학생의 관심과 그에 따른 선택을 존중하며 그로 인해 발생할 수 있는 실수 및 실패의 가능성을 수용하는 등 높은 성취도를 추구한다는 점에서 차별화된다.

　창의성교육의 핵심은 학생의 자발성이다. 이미 알려진 경로에 따라 많은 지식을 빠르게 흡수하는 것으로 교육의 효과를 측정하는 자세를 이제는 지양해야 한다. 알려진 경로에 따라 그 틀 안에서 우수한 수행결과를 내는 것을 훈련받은 학생들이 자라 창의성을 발휘할 것을 기대할 수는 없다. 학생의 창의성 존중에는 교사의 자율성 존중이 전제되어야 한다. 정해진 틀 안에서 기대되는 바를 수행하지 않을 때 불이익이 생긴다면 교사가 자율성을 발휘할 수 없다. 교사의 자율성을 인정하고 보장함으로써 학생의 창의성이 제대로 성장하도록 하는 제도적 보완이 속히 이루어지기를 바라는 바이다.

7 미래사회의 교육적 융합의 전망

미래 한국의 융합인재교육을 위한 발전방향은 다음과 같다.

● 첫째, 융합인재교육 사업과 별개로 현장에서 이미 실천하고 있는 융합인재교육 수업에 적합한 다양한 주제로 융합형 콘텐츠, 첨단제품 활용형 콘텐츠, 과학예술 융합형 콘텐츠 등 우수 콘텐츠를 개발하여 보급해야 할 것이다.
● 둘째, 첨단과학의 내용을 담은 콘텐츠를 개발하고 학교 현장에서의 활용성을 높이기 위해 개발과정에서 리더스쿨, 교사연구회 등을 통해 적용성을 점검해야 할 것이다.
● 셋째, 설계기반 프로그램, 기술교사를 위한 STEAM 프로그램, 예술교사를 위한 STEAM 프로그램 등을 개발해야 할 것이다.

국제적 추세에 부응하고 우리 경제가 혁신주도형 성장을 지속하기 위해서는 국가 내외의 고급인력을 적극 유치하여 총 생산성을 제고할 필요가 있다. 이를 위해서는 고급인력들이 해외에서 공부하고 돌아와 충분한 역량을 발휘할 수 있도록 좋은 조건을 만들어 주어야 한다. 또한 국내 고급두뇌 활용지원 방안 마련이 필요하다. 고급두뇌와 중소기업과의 공동연구 지원 등을 통해 기업 활용도를 제고하고, 창업 촉진 지원책을 마련함으로써 국내 고급두뇌 활용도를 높여야 한다.

아울러 해외 고급인재 유치작업체제와 메커니즘을 세워야 한다. 미국, 캐나다, 일본, 중국 등과 달리 한국은 국가 차원의 해외 고급두뇌 확보전략이 아직 미흡한 실정이다. 해외의 고급인력을 확보하기 위해서는 외국인 근로자를 위한 사회·문화시설 확충, 다문화사회 관련 각종 프로그램 운영, 교육 및 연구개발환경의 개선, 다양한 고급 일자리 창출, 글로벌 우수인력 활용을 위한 네트워크 구축을 해야 한다.

과학기술의 발전 속도가 가속화될수록 창의성이 경제적 가치 창출의 원동력이 되기 때문에, 창의적 인재양성이 특히 선진국들의 교육 및 경제정책의 화두가 되고 있다. 예를 들면, 유럽연합에서는 2009년을 '창의성과 혁신의 해'로 선포하고, 창의성과 혁신이 개인은 물론 사회, 경제발전에 기여함을 강조하였다. 미국에서는 1990년대 말부터 21세기에 요구되는 역량(21st century skills) 계발을 위한 교육 개혁을 적극 추진하고 있다. 국제연합(UN)은 2010년에 창조산업 분석을 통해 창의성, 지식, 문화, 기술이 일자리 창출, 혁신, 사회통합을 주도하게 됨을 보여 주었다. 이와 같이 특히 선진국에서 창의성 교육을 크게 강조하는 데에는 무엇보다 경제적 동기가 크게 작용하고 있다.

예를 들어 영국의 경우, 1990년대 후반부터 정책 결정자들은 창의성교육을 미래 글로벌 경제에서 경쟁력을 확보하기 위한 방안으로 강조하였다. 이를 위해 예술분야와 같은 특정 분야만이 아닌 인간의 모든 활동분야에서 창의성 계발이 이루어져야 함을 주장한다. 우리나라 또한 혁신주도적 경제단계로 이행하기 위해서는 '창의적 인재'를 양성하기 위한 교육시스템의 구축이 절실하다는 데 교육계는 물론 경제계 및 사회 전반의 공감대가 확산되고 있다. 무엇보다 1990년대 이후 지식산업이 크게 늘어나면서 '모방형 인재'보다는 '창조형 인재'에 대한 사회경제적 요구가 높아졌기 때문이다.

그럼에도 한국교육은 극심한 입시 경쟁과 지식 위주의 주입식교육방식으로 인해 창의력과 독창적 사고력이 희생되고 있다. 또한 대졸 미취업자의 높은 비율로 교육의 과잉과 역량불일치(skill mismatch)가 심각한 사회문제로 제기되고 있다. 따라서 미래사회에서 직면하게 될 노동시장의 변화에 적합한 역량을 갖춘 인재를 키우는 것은 국가 경제 및 사회의 사활이 걸린 문제라 할 수 있다. 창의성은 또한 고등사고능력을 가진 존재인 인간의 존엄성을 가장 잘 보여 주는 특성이라 할 수 있다. 인간이 미래의 급변하는 환경에 잘 적응할 수 있도록 하는 힘뿐만 아니라, 필요에 맞게 환경을 변화시킬 수 있는 힘이 바로 창의성에서 나온다. 바람직한 교육은 이러한 창의적 잠재력을 최대한 이끌어 내 발현되도록 하기 위한 과정이어야 한다. 인간이 보편적으로 지닌 창의적 잠재력을 이끌어 내고자 하는 교육활동이 개인의 자아실현은 물론, 사회발전과 경제발전에 기여하기 위해서는 이들 간의 선순환 구조를 만들어야 할 것이다.

다시 말해, 창의적 인재가 경제적 생산성을 높이고 동시에 사회공동체의 역량 강화에 기여할 뿐만 아니라, 경제 발전과 사회공동체의 역량 강화가 다시 창의적 인재양성을 촉진하고 지원하기 위해서는 사회적 · 경제적 환경의 조성이 이루어져야 할 것이다.

자료: 한국교육개발원(2011). 21세기 창의적 인재양성을 위한 교육의 미래전략 연구.

▶ 급변하는 환경에서의 교육의 목적과 방향을 탐구해 보자.

Chapter ❿

지식정보기술적 **융합**

21세기 지식정보화사회는 네트워크를 통한 유기적 복합화, 통섭과 융합에 바탕을 둘 것이다. 미래사회에서는 인간과 기술이 융합되어 사람들이 물리적인 공간과 가상공간에서 동시에 생활하게 된다. 이전에는 엘리트층만의 지식정보의 생산자 역할을 했지만 이제는 대중이 직접 지식정보의 생산자 역할을 하고 있다.

과학기술의 발달과 융·복합화로 인해 유비쿼터스시대가 구현되고 바이오경제시대가 도래할 것이며 나노기술의 발달과 함께 기술분야 간 융·복합화가 가속화될 전망이다. 정보통신기술은 더욱 스마트해지고 감성화될 것이며 하드웨어 중심의 융합에서 소프트웨어, 콘텐츠까지 포함하는 융합으로 발전하고 있다. 나노기술은 전통적 산업과 연계하여 기술 혁신을 선도하며 IT, BT 등과 융합하여 차세대 핵심적 성장동력이 될 것이다.

1 개념적 정의

지식정보의 원천은 매우 다양하기 때문에 다중의 협업으로 효율성을 높일 수 있는 분야가 무한하다는 인식을 가져야 한다. 지난 20세기 동안 세계적으로 새로운 지식이 엄청난 속도로 탄생했다. 지식의 문제는 인간의 본질적인 관심거리였으며, 그 지식의 생산문제뿐만 아니라 이를 관리하는 문제에 이르기까지 개인뿐만 아니라 국가에서도 관심을 가졌다. 소위 백과사전파라고 불리는 사람들은 지식을 정리하고 그것을 집대성함으로써 새로운 지식을 탄생시키는 원동력의 역할을 해 왔다. 21세기에 들어서면서 지식 증가의 양만큼 인간이 해결해야 할 과제들도 상대적으로 많이 증가하였다.

과학기술과 교통물류기술 융합의 가속화인 과학기술은 인류의 역사에서 사회 전반의 변화와 문명의 진보를 가져왔다. 18~19세기에 등장한 증기기관과 철도는 산업혁명을 이끌었고, 20세기 초반의 전기와 철강은 제2차 산업혁명을 유도했다. 나아가 20세기 후반의 컴퓨터와 인터넷은 정보화시대를 열었다. 이러한 과학기술의 진보는 21세기에 더욱 속도를 내면서 인류와 세계의 대변혁을 주도할 것이다. 21세기로의 과학기술 발전의 근간은 무엇보다 융·복합화의 가속화에서 초래될 가능성이 높다. 정보통신, 생명, 나노 등의 분야에서 융합의 가속화가 일어나고, 이에 따른 과학기술 발전은 과거에 상상 속에서나 가능했던 일들을 현실화시킬 전망이다.

1990년대 후반부터 시작된 인터넷의 발달은 기술 발전의 패러다임을 한순간에 바꾸어 놓았다. 이제 전 세계 어느 곳에서도 시공간을 초월한 특히 시간적인 지연은 더 이상 발생하지 않는다. 전 세계에서 발생되고 있는 수많은 사건을 우리는 직접 보지 않고도 언제든 생방송으로 시청이 가능하다. 우리나라에서 개발된 기술 정보 또한 실시간으로 세계 경쟁국들이 확인할 수 있다. 정보통신기술의 발달은 컴퓨터, TV 등을 통해 과학기술을 포함한 현대사회의 변화 속도를 가속화시켜 매 순간 변화가 빛의 속도로 빨라지고 있다. 이러한 정보를 실시간으로 공유함에 따라 예측할 수 없는 불확실함이 우리에게 영향을 미치고 있다. 즉 과거에 비해 국가와 국가 간, 조직과 조직 간은 물론이고 개개인까지 예측불허의 불안한 사회에 직면하고 있다.

우리는 소셜미디어를 활용하여 다중집단이 지식정보의 생산에 참여하고 국가나 기업이 이를 관리할 수 있는 기반을 마련함으로써 개인 또는 국가 간 지식정보의 차등을 줄여나가야 한다.

2 지식정보통신기술의 융합

컴퓨터가 처음 나왔을 때는 무수한 데이터가 저장되고 검색되었지만, 이제는 내가 원하거나 사용할 수 있는 정보만 골라서 제공해 주는 기술들이 나오고 있다. 단순한 데이터가 정보로, 이것이 다시 지식으로, 최종적으로는 지혜로 승화되는 시대가 온다. IBM은 슈퍼컴퓨터와 브레인칩을 이용해 의사결정이 가능한 컴퓨터를 개발하고 있다.

지식정보는 에너지와 자원문제, 환경·식량·빈곤문제, 도시문제, 테러 등 다양한 분야에 걸쳐 단순히 윤택한 인간 삶의 문제보다 안전한 인간 삶을 유지시키는 데 필요한 생명과학, 바이오테크놀로지, 나노테크놀로지, 정보기술, 환경기술, 에너지기술, 생산기술, 인문과학과 사회과학 등을 포함한다.

인터넷 사용자가 20억 명이 넘고, 가입된 휴대전화가 60억 대가 넘으며, 10억 개 이상의 수많은 하드웨어 장치들이 광대한 실시간 다중 네트워크 안에서 통신하면서 인간 활동의 모든 부분을 지원하고 있다. 사고방식과 정보, 기술이 수렴되어 이루어지는 새로운 형식의 문명이 세계 도처에서 시작되고 있다.

휴대폰은 GPS, 전화, 카메라, 자명종 시계, 연구보조원, 투사기, 음악 플레이어, 손전등, 신문, 영화관, 번역기, TV 등 수천 개의 응용프로그램을 가진 복합 컴퓨터로 이미 개인의 동반자가 되었다. 컴퓨터 네트워크에 의해 형성되는 가상공간은 상업적 경쟁, 사상적 적들, 정부 및 극단주의자들이 허위정보를 퍼뜨리는 수단이 되고, 사이버 범죄자와 사법기관의 전쟁터가 되기도 한다. 전 세계에서 발생되는 모든 사이버 범죄의 규모는 연간 1조 달러에 달한다.

우리는 미래형 정보전쟁에 대처하는 법을 배워야 한다. 그러지 못하면 가상공간에 있는 모든 형태의 정보를 믿지 못하게 될 수도 있다. 전자정부시스템은 주민들이 자신들이 선출한 정치인으로부터 귀중한 정보를 받고, 피드백과 그밖에 필요한 조치들을 시간 낭비 없이 할 수 있는 구조를 만들어 줄 것이다. 전자정부시스템은 정도의 차이는 있겠지만 전 세계 국가의 대부분에서 시행되며, 유엔이 회원국들의 전자정부상태를 비교·평가할 것이다(박영숙 외, 2014).

1) 미디어의 컨버전스화

미디어의 디지털화가 가속됨에 따라 기존의 상이한 전송체계가 점차 하나로 통합되는 추세를 보이고 있다. 미디어의 융합은 사업자, 네트워크, 서비스, 단말기의 차원에서 이루어지고 있다. 또한 서비스도 융합하고 있다. 서비스의 통합은 각종 미디어사업자가 기존에 제공하던 서비스 이외에 다른 서비스를 부가하여 제공하는 것이다.

최근에는 타 사업자와 전략적으로 제휴한다. 미래의 미디어는 단일 서비스 중심이라기보다는 복합적 형태의 서비스가 일반화될 것이다. 소셜미디어와 관련된 미래 모습의 주요 전망은 표 10-1과 같다.

표 10-1 미디어와 관련된 미래 모습의 주요 전망

국가	진흥정책 및 추진전략
'가상현실사회' 제롬 글렌 (유엔미래포럼 회장)	• 2025년에는 '사이버 나우(cyber now)'가 상용 • 모든 사람이 '사이버 나우'라 불리는 특수 콘택트렌즈와 특수 의복을 통해 24시간 사이버 세상과 연결 • 사이버 나우: 24시간 실시간으로 인터넷에 연결된다는 의미
'인공지능사회' 윌리엄 하랄 (조지워싱턴대 교수)	• 2030년쯤 되면 로봇과 인간이 공존하는 시대가 도래하고 '인공지능'을 통한 3차원 세계로 나아갈 것 • 앞으로는 가치나 목표, 지각이 중요한 '영감(靈感)의 시대'가 될 것이며, 많이 알고 있는 것보다 알고 있는 것을 바탕으로 내리는 선택이 핵심 경쟁력이 될 것
'드림 소사이어티 (꿈과 감성의 사회)' 롤프 옌센 (드림컴퍼니 대표)	• 이성, 과학, 논리가 지배하는 시기에서 탈피하여 상상력과 감성이 중요한 '드림 소사이어티(dream society)'로 진입 • 산업사회의 잔재인 넘쳐나는 공급과, 정보사회의 장점인 풍부한 정보는 까다로운 소비자를 만들어냈고, 이에 부응하기 위해 기업은 상품과 서비스에 감성적 가치를 덧붙여야 함
'하이콘셉트 · 하이터치' 다니엘 핑크 (미래학자)	• 논리적 · 선형적 능력이 중요한 정보화시대에서 점차 창의성 · 감성 · 직관이 중시되는 '개념의 시대'로 이동 • 예술적 · 감성적 아름다움을 창조하는 하이콘셉트, 공감을 이끌어 내는 능력인 '하이터치' 능력을 갖춘 인재가 필요
'바이오경제' (데이비스 · 데이빗슨)	• 1950년대 이후의 정보경제에 이어 2020년대부터는 지능 컴퓨터, 유전공학, 극소화 기술에 기반한 '바이오경제'로 진화 • 바이오경제는 단순히 생명공학에 기초한 경제라기보다는 정보기술과 바이오 관련 기술이 융합도어 창조되는 경제

자료: 한국정보화진흥원(2010). 미래사회의 새로운 가능성과 ICT의 역할.

2) 온라인서비스

오프라인 신문매체에게 온라인서비스 개발과 활용은 종이신문의 한계를 벗어나 독자를 발굴하고 인지도와 영향력을 제고한다는 차원에서는 새로운 뉴미디어 사업의 하나로 평가되고 있다. 이에 따라 선발 신문사를 중심으로 온라인서비스 강화에 박차를 가하고 있다. 그들은 기존의 오프라인적 관점에서 탈피하여 온라인 서비스 부서를 확충하고 담당인력을 육성하며 서비스 종류를 다원화하고 있다.

신문매체의 오프라인 · 온라인의 공동발전과 상호협력과 연계는 매체의 상호 시너지를 높이는 상호보완적인 기능을 할 수 있을 것으로 평가된다. 표 10-2는 해외 미디어 기업의 생존전략 사례를 나타낸 것이다.

표 10–2 해외 미디어 기업의 생존전략 사례

구분	주요 내용	사례
온라인 전략	• 뉴스 기업의 웹사이트 전략 – 네트워크 저널리즘 – 독자 커뮤니티 – UCC	• IndyMom(엄마들의 커뮤니티) • SanomaWSOY(소비자) • Spotted(UCC 활용모델) • izal(뉴스 블로그) • 47NEWS(지역신문 집대성) 등
모바일 전략	• 뉴스의 개인화 – 위치 기반 정보 – 모바일 광고	• NYT(부동산매물서비스) • m.TBO(지역행사) • CincyMobile(개인화서비스) 등

자료: 한국언론재단(2008). 해외 미디어기업의 생존전략.

3) 미래 콘텐츠기술

미래에는 콘텐츠기술이 더욱 중요시된다. 언론 미디어 상품은 창조적 상품으로서 기술 외적인 면(기획, 스토리텔링, 스타 등)이 중요하지만 네트워크에서 시간과 공간에 구애받지 않으며 콘텐츠를 자유롭게 이용하고 공유할 수 있는 기술적 바탕이 절대적으로 중요하다. 새로운 상상이 기술을 통해 구현되기도 하지만 새로운 언론미디어기술이 새로운 상상을 낳을 수 있는 시대가 되고 있는 것이다. 따라서 미디어 기술 개발의 방향성을 명확히 하고 시너지를 극대화하기 위한 기술과 서비스를 종합적으로 고려한 정책적 논의가 필요하다(최창섭, 2013).

4) 통신기술과 인문의 융합

통신기술과 인문의 융합은 R&D가 제대로 진행되는지 체크하기 위해 필요하다. 이를 위해 경영학, 공정관리, 회계학이 필요할 것이다. R&D 자금 중 사람에 쓰는 비용을 대폭 늘려 일자리를 만들어 내고 전략을 통해 이 나라의 산업을 발전시켜야 한다. 그림 10–1과 표 10–3은 통신기술의 발달단계를 설명한 것이다.

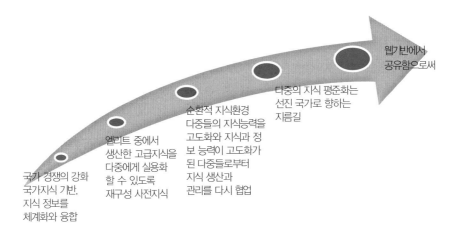

그림 10-1 국가지식 · 정보체계화와 융합모델

자료: 이상규(2013).

표 10-3 통신기술의 발달단계

1세대	1984	이동 중 음성통화
	1990	인터넷시대
2세대	1996 1997 1999~2000 1999 2004 2005.5	• 문자 메시지, 디지털 CDMA • Six Degree 북미 지역 최초의 SNS • LiveJournal, Cyworld, Lunar Storm, Ryze, Tribe.net, LinkedIn, Friendster 등장 • 소셜미디어, '아이 러브 스쿨', 2000: '내 친구 담임', 2003: SK컴즈가 '싸이월드' 인수, 2009: '미투데이' • SNS 시대, 블로그, 위키스, 팟 캐스트, 포럼즈, 콘텐츠 커뮤니티, 마이크로 블로깅 등 • IT분야 Guidewire Group의 Chris Shipley가 소셜미디어 활용 제안하여 facebook 론칭 • 손가락 글말 SMS 시대, KTF의 2005년 5월 SMS 발신 건수가 20억 8,616만 건으로 음성 통화 발신 건수 20억 4,669만 건 능가
3세대	2006	• 영상통화, 무선 인터넷 • 트위터가 미국 팟캐스팅 회사에서 출발 • 4세대 2011 LTE, 앱, 파일, 동영상
미래	–	• 안경스타일, 의류의 형태, 윌로글라스(휘는 유리화면 등)

자료: 김광옥(2013). 미래가 보인다. 글로벌 미래 2030: 휴먼 커뮤니케이션의 미래. p. 379.

　　현재는 SNS 시대이다. 이는 매년 발전하는 스마트폰과 연결하여 모든 지식과 전 세계 그리고 정치를 포함한 문화 분야 등에서 급속히 퍼져가고 있다. 한 예로 페이스북은 2012년 3월 현재 전 세계 8억 5천만 명을 넘어 9월에는 9억 5천만 명에 이른다. 6개월에 1억 명이 느는 속도이니 지구상의 성인들을 모두 포용할 기세이다. 미래사회의 변

화를 넘어서 전략적으로 또한 과학적으로 기술을 융합한다는 점에서 기대할 만한 주요
국의 기술융합에 대해서 살펴보자.

5) 주요국의 기술융합

(1) 미국

미국의 과학재단NSF은 2002년 6월에 나노기술NT-바이오기술BT-정보기술IT에 인
지과학기술 Cognitive Science, Cognitive Technology이라는 4가지 첨단기술 간에 이루어지
는 상승적 결합으로 정의한 '인간수행능력의 향상을 위한 융합기술 NBIC; Converging
Technologies for Improving Human Performance'을 발표하였다.

이들이 도출한 미래융합기술은 앞으로 10~20년 동안 나아가야 할 미래과학기술의
방향과 목표로 우리가 일상생활에서 최적의 최고의 능력을 발휘할 수 있도록 하자는
것이다.

그림 10-2와 같이 나노기술로 창조되는 물질·기계를 통해 풍요롭게 살고, 바이오기
술로 창조되는 의료의 약으로 오래 살며, 정보기술로 창조되는 유비쿼터스 지식으로
멋진 사랑과 예술을 창출하고, 인지과학기술로 창조되는 인공물들soft or hard artifacts을
활용해 인간 능력을 향상시키자는 것이다(한국산업기술진흥원, 2010).

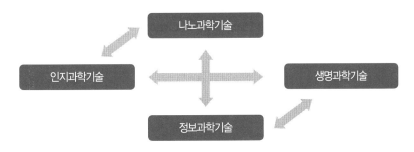

그림 10-2 미국과학재단이 2002년에 도출한 NBIC 융합기술

자료: Roco, M. C. & William Sims Bainbridge(2002).

(2) 유럽

유럽 E_HLEG European High-Level Expert Group은 **그림 10-3**과 같이 2004년 7월 7에 CTEKS Converging Technologies for the European Knowledge Society 전략의 일환으로 미국의 NBIC에 인문사회과학을 포함시켜 공통의 목표를 추구하면서 서로에게 기능성을 주는 기술 및 지식체계로 정의하고 있다.

그들은 융합기술을 Nano - Bio - Info - Cogno - Socio - Anthro - Philo - Geo - Eco - Urbo - Orbo - Macro - Micro - Nano 기술의 융합으로 정의했다(E_HLEG, 2004).

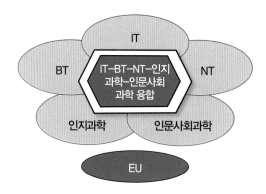

그림 10-3 유럽이 2004년 도출한 융합기술의 정의

자료: E_HLEG(2004).

(3) 일본

일본은 2004년에 IT, BT, NT 등 신기술 간 융합혁신을 통해 7대 신성장 산업[29]을 집중 지원하는 신산업창조전략을 수립하였다. 2004년에 4대 중점분야IT, BT, NT, ET, 중단기 간에 실용화가 가능한 기술 위주의 융합기술개발전략인 〈Focus 21〉[30]을 수립하였고, 제 3기 과학기술기본계획[31]을 수립하여 IT, BT, NT, ET 등 4대 전략분야 및 융합기술분야 에 중점 투자하려는 계획을 갖고 있다.

---

29 2005년 연료전지정보가전로봇, 콘텐츠, 헬스케어, 환경에너지, 비즈니스 지원 서비스 등에 873억 8엔 투입.

30 일본에 강점이 있는 제조기술 기반의 IT, BT, NT, ET 등 신기술 간 융합기술 상용화 전략.

31 2007년 미래형 상품·서비스의 창조(128억1엔), 타분야와 지식·기술의 융합촉진(40억 엔) 등 새로운 시장을 개척 하는 혁신의 창출분야에 2,294억 2엔을 배정.

(4) 한국

융합기술의 정의 확대(안)는 **표 10-4**와 같다. 한국은 2007년 4월 4일에 국가과학기술위원회가 정의한 IT, BT, NT의 신기술 간의 융합기술을 국내외에서 통용하고 있는 사항을 반영하여 무한한 가치창출이 보장되는 제품·서비스 시장의 블루오션으로서 창조적 가치를 창출할 수 있도록 융합기술에 대한 정의를 확대하고 있다.

교육과학기술부는 7개 [32] 부처가 참여하여 수립한 국가융합기술발전 기본계획(2009~2013)을 2008년 11월 18일 국가과학기술위원회에서 최초 확정하여 발표하였다(교육과학기술부, 2008). 기존 '융합기술' 개념은 신기술 간 결합으로 한정되어 과학, 기술, 문화 등과의 창조적 융합이 강조되는 경제·사회적 요구에 배치된다는 점을 고려한 것이다(한국산업기술진흥원, 2010).

표 10-4 융합기술의 정의 확대(안)

변경 전(2007. 4, 국과위)	변경 후
IT, BT, NT 등의 첨단신기술 간 상승적 결합을 통해 미래사회 및 국가 공통의 목표 달성을 위한 과학기술적 한계를 극복하여 경제와 사회의 변화를 주도하는 기술	IT, BT, NT 등 신기술 간 또는 이들과 기존 제품·산업·학문·문화 간의 상승적인 조합·결합을 통해 경제·사회적 파급 및 수요 충족을 위한 창조적 가치를 창출하는 기술

자료: 교육과학기술부(2008).

3 아날로그와 디지털의 융합

가까운 미래에는 융합을 통해 지식이 생성되고 제품개발 및 시장창출이 이루어진다. 아날로그analog융합이 먼저 다양하게 발전하였고 그 영향으로 디지털digital융합이 세상의 주목을 받으면서 디지털융합도 발전하기 시작하였다. 지금부터 아날로그 융합과 디지털 융합의 전반적인 구성에 대하여 살펴보고자 한다.

---

32 당시 관계부처는 교과부, 문화부, 농심품부, 지경부, 복지부, 환경부, 국토부이다.

1) 아날로그와 디지털 이해

디지털의 모태는 아날로그세상이다. 아날로그세상은 물질로 이루어져 있으며, 그것의 최소 단위는 원자이다. 아날로그세상은 자연이 주도하는 세상이다. 자연과 더불어 인간이 도구와 기계로 만들어 놓은 노동의 산물 역시 아날로그세상의 중요한 구성요소이다. 인간은 자연의 물질적인 대상을 가공하여 물질 인공물을 만들 뿐만 아니라 기호와 상징을 활용하여 비물질적인 문화적 산물도 창조한다. 그런데 컴퓨터의 등장으로 말미암아 아날로그세계를 구성하는 자연, 물질적인 인공물, 비물질적인 문화적 창조물을 모두 디지털로 전환할 수 있게 되었다.

자연과 물질, 인공물과 문화적 창조물은 다음과 같은 방식으로 아날로그에서 디지털로 전환된다. 예를 들면, 스마트폰으로 강가를 달리는 스포츠카를 사진으로 찍으면 하나의 이미지 콘텐츠가 만들어진다. 그것을 온라인 사진동호회에 디지털 파일로 올리면 자연 풍경과 더불어 인간이 만든 인공물도 디지털로 전환된다. 이때 눈에 안 보이는 작가의 생각과 행동의 결과물도 디지털 생산물의 원료가 된다. 이처럼 자연, 인공물, 인간의 생각과 행동이라는 세 가지가 디지털의 원료인데, 이 중에서 인간의 생각과 행동이 디지털화에서 가장 중요하다.

디지털화의 방식은 간접적 디지털화와 직접적 디지털화로 나눌 수 있다. 직접적 디지털화는 컴퓨터 프로그램을 이용하여 곧바로 디지털 저작물을 생산하는 것이다. 간접적 디지털화는 이미 있는 자연이나 노동의 산물을 디지털로 전환하는 것이다. 각종 전환기를 이용하여 아날로그를 디지털로 전환하는 것이 간접적 디지털화다. 실물을 스캔받거나 기계 카메라로 찍은 사진을 디지털카메라로 다시 찍는다든지 종이에 쓴 글자나 그림을 스캔받는 것이 간접적 디지털화다. 직접적 디지털화는 디지털카메라로 사진을 찍거나 디지털펜으로 그림을 그리는 방식에 의한 디지털화다. 이것은 아날로그에서 디지털로 전환시키는 것이 아닌 디지털로 바로 만드는 방식이다. 최근에는 직접적 디지털화가 증가하는 경향이다.

하드웨어와 소프트웨어가 복합하면서 빛의 속도로 가속화되어 가고 있는 '디지털세상'이다. 유비쿼터스ubiquitous 환경을 통해 언제, 어디서나 자유로운 이용이 가능한 열린 공간은 인간의 삶을 질적으로 높여 준다. 또한 수많은 부가가치를 창출해 준다. 이러한 현대의 흐름은 인간의 상상력과 창의성을 보다 많이 요구한다. 우리는 기술을 통해 적용함으로써 인간을 발견하고 그 기술 속에 상상력과 창의력을 발휘하게 된다(김진

표 10-5 시대에 따른 정보의 변화

3차 산업혁명인 정보사회	단일 정보의 중요성
현재	빅데이터의 사회로
앞으로	의미와 정보의 관련성 시대로

자료: 김광옥(2013).

송, 2011).

아무리 기술이 발달하고 첨단기기의 도움을 받아 편안하고 안락한 삶을 산다 할지라도 그것을 만들고 누리는 대상은 '인간'이다. 감정과 이성을 동시에 갖고 있고 합리와 비합리적 사고를 가지고 있는 인간이 스스로를 위해 만든 문명의 이기에는 아날로그적 감성과 디지털적 이성의 흔적이 남아 있다. 기술이 디지털인 하이테크와 아날로그인 로우테크로 나누어져 있더라도, 자연의 모든 현상이나 인간의 생체 움직임은 디지털과 아날로그가 동시에 일어나는 것이라 볼 수 있다. 예를 들면 새로운 테크놀로지, 첨단 기술로 보는 스마트폰 개발은 경제적인 이윤이나 사업적인 효율성을 가져다주었다. 이 때문에 인간은 동일한 욕망에 기초한 동일한 언어를 습득할 수밖에 없다.

아날로그와 디지털의 차이점은 구성요소이다. 아날로그는 원자로 이루어진 것이고, 디지털은 0과 1로 조합된 비트[33]로 구성된다. 아날로그는 기본적으로 원자의 집합으로 우리가 만질 수 있는 물리적인 것이다. 반면 전자를 단속하거나 연결해서 0과 1을 만들고 그것을 이용해 표현하는 것을 디지털이라고 한다.

미래의 커뮤니케이션 수단은 기존의 말, 글, 몸짓에서부터 눈동자, 표정, 냄새 등 몸에서 나오는 홀로그램을 직접 만질 수 있을 뿐 아니라 홀로그램이 시청자를 만질 수도 있게 된다. 촉각과 생각이 주 발신지가 되고 현실과 가상의 경계는 사라진다. 인간이 정신적인 영상에 지나지 않는 존재가 될 위험도 있다. 표 10-5는 시대에 따른 정보의 변화를 설명한 것이다.

---

33 비트는 다른 정보를 알려주는 신종 비트를 동반한다. 손쉽고 혼합하는 특징을 지닌 비트는 미디어 융합을 이끌어낸다. 이때 융합은 전보기술의 급속한 발전으로 모든 정보가 디지털 형태로 축적되거나 제공되는 과정을 의미한다.

2) 아날로그융합

아날로그융합은 주어진 장치에서 발생되는 연속된 물리량을 이용하여 두 개 이상의 사물을 통합하는 것이다. 예를 들어 자동차의 라디에이터 radiator에 연결되어 있는 자동온도조절기 thermostat는 엔진 냉각수의 온도를 일정하게 유지하는 온도조절장치이다. 엔진 냉각수의 온도가 높아지면 금속이 팽창하여 밸브를 열어 줌으로써 뜨거운 물을 내보내 엔진의 온도를 낮춘다. 온도가 낮아지면 금속이 수축하여 밸브를 닫아 줌으로써 엔진의 온도가 다시 올라가게 된다. 서모스탯 thermostat은 금속이 온도의 높낮이에 따라 팽창하고 수축하는 물리적인 성질을 이용하여 온도계와 개폐기의 기능을 통합한 것이다(이병욱, 2012).

3) 디지털융합

디지털의 속성은 급속한 디지털기술 발전을 이끌어 내었다. 모든 부문에서 디지털화 현상이 이루어지고 있다. 이러한 디지털화 현상은 21세기의 생활환경 변화를 유도하였다. 그림 10-4는 디지털기술 발전과 미래융합을 설명한 것이다.

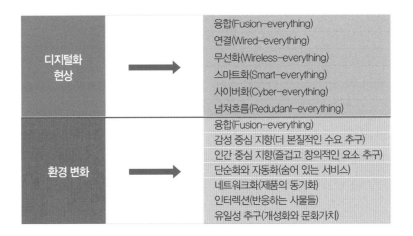

그림 10-4 디지털기술 발전과 미래융합

자료: 한국산업기술진흥원(2011), 세상을 바꾸는 생각들 융합문화 형성.

디지털융합은 컴퓨터(반도체) 기술을 이용하여 두 개 이상의 사물을 화학적으로 통합하는 것이다. 자동차의 배전기 distributor는 실린더의 스파크 플러그 spark plug에 전기를 공급하는 장치이다. 과거에는 로터가 회전하며 포인트와 접촉해 전기를 각 스파크 플러그에 제공했다. 이 경우 오래 사용하면 포인트 간격이 벌어지거나 불순물이 끼어 성능이 저하되는 일이 발생한다. 그러나 지금은 물리적 방식으로 배전기를 만들지 않고 전자회로를 이용하여 전자식으로 각 실린더의 스파크 플러그로 전기를 배전한다. 전자식 배전기는 반도체기술을 이용하여 엔진의 회전축과 전기 발생기를 결합하여 스파크 플러그에 전기를 공급하는 융합 제품이다.

4 네트워크융합

네트워크융합은 통신망을 통한 미디어와 미디어망을 통한 통신을 의미한다. 이 망은 유선망과 무선망, 회선망과 패킷망, 미디어와 통신이 융합된 복합서비스를 멀티미디어 통신 단말기와 정보가전 기반 디지털홈 등 다양한 환경에서 언제 어디서나 안전하고 일관성 있게 이용할 수 있는 통합 네트워크이다. 사업자의 융합은 TV사업자가 네트워크를 이용하여 전화 또는 인터넷서비스를 제공하고, 방송서비스에 통신서비스가 융합된 데이터 방송이 도입되어 데이터, 영상, 음성, 소프트웨어, 스트리밍서비스 등의 디지털 콘텐츠를 TV, PC, 스마트 모바일, DMB 등 다양한 단말기를 통해 서비스할 수 있게 된다(안종배, 2013).

사회연결망의 이해는 소셜미디어가 확산됨에 따라 나타난 현상으로 개인의 소셜네트워크가 확장되었다. 이러한 네트워크에서 흐르고 있는 정보들과 정보 교류의 관계를 연구하는 학문으로 웹매트릭스 webmetrics가 새롭게 떠오르고 있다. 이는 인터넷에 기록된 정보를 이용해 커뮤니케이션의 행태를 정량적으로 분석하는 연구방법을 통칭한다(김광옥, 2013).

한국은 아시아지역의 자유무역 선도자 free trade promoter 역할도 하고 있다. 한국은 이미 아시아에서 싱가포르를 비롯한 ASEAN 및 인도와 FTA(또는 CEPA)를 체결하였고, 현재 중국, 인도네시아, 베트남, 호주, 뉴질랜드와 자유무역 협정을 교섭 중이며, 이와 별도로 한·중·일 3국 자유무역협정을 추진 중이다. 한국은 아시아에서 미국 및 유럽

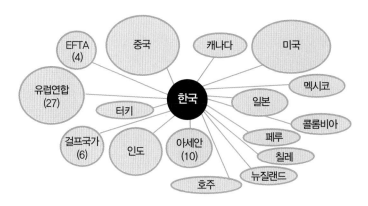

그림 10-5 한국의 글로벌 FTA 네트워크

자료: 김광옥(2013).

EU과 자유무역협정을 동시에 맺고 있는 유일한 나라이기도 한데, 현재 교섭 중인 한중 FTA가 성사될 경우 한국은 세계에서 미국, EU, 중국 등 세계 3대 경제권과 모두 FTA 를 맺은 유일한 나라가 된다. 이렇게 한국은 자유무역 네트워크 확대를 통해 아시아는 물론 글로벌 자유무역 네트워크의 허브hub로 부상하고 있다.

이와 같이 한국은 아시아의 지속가능한 발전을 위하여 경험공유 및 개발지원을 통해 다양하게 기여하고 있으며 앞으로 한국의 이러한 개발지원자development supporter 역할 이 두드러질 것으로 전망된다. **그림 10-5**는 한국의 글로벌 FTA 네트워크를 설명한 것 이다.

정보통신 측면에서 온라인을 통한 세계 일원화 현상에 대한 관심은 날로 증대하고 있다(ICT, 2012). 무선네트워크, 다중접속기술, 애드혹 네트워크ad-hoc, 센서네트워크와 새로운 인터넷 기술은 세계를 하나로 연결시키는 수단의 일부분이다. 오늘날 모바일 기기는 이미 개인 전자동료companions화되어, 컴퓨터, GPS, 전화, 카메라, 프로젝터, 뮤직플레이어, TV 등의 기기를 통하여 지역과 세계의 정보자원을 상호결합시킨다.

표 10-6의 인터넷 월드스탯internetworldstats.com에 따르면, 2011년 12월 기준, 전 세계 인구의 32.7%에 인터넷이 보급된 것으로 나타났다. 아시아의 인터넷 사용자는 전 세계 사용자의 44.8%를 차지하지만 보급률은 13.5%에 불과하다. 반면에 북미지역은 인터넷 사용자 비중은 12.0%이지만 보급률은 78.6%로 높게 나타났다.

표 10-6 세계 인터넷 보급률 및 사용자(2011)

지역	지역 인구당 보급률(%)	전세계 인구 중 사용자 비율(%)
아프리카	13.5	6.2
아시아	26.2	44.8
유럽	61.3	22.1
중동	35.6	3.4
북미	78.6	12.0
중남미	39.5	10.4
오세아니아, 호주	67.5	1.1

자료: Internet World Stats, www.internetworldstats.com.

　　인터넷의 성장과 진화는 1990년 아치archie, 1993년 베로니카veronica, 1995년 알타비스타altavista와 야후yahoo, 1998년 구글google, 그리고 한국의 다음daum, 네이버naver까지 상당히 익숙하면서도 한편으로는 아련한 이름의 사이트들인데, 이들이 바로 검색엔진 서비스이다. 초창기 검색엔진 서비스는 사용자를 끌기 위한 무한경쟁을 시작했고, 이를 바탕으로 정보서비스 위주의 인터넷이 활성화되기 시작했다. 그리고 점차 인터넷 서비스는 구매, 게임, 운송, 레저 등 거의 전 산업에 접목되며 퍼져나갔다. 다음의 그림 10-6은 전 세계의 인터넷 이용자 수이다.

　　이러한 인터넷의 진화는 인터넷의 성장과 더불어 소통방식도 진화해 나갔다. 초기 인터넷은 서버/클라이언트와 같은 사용자의 일방적 접속 서비스 개념으로 시작하였

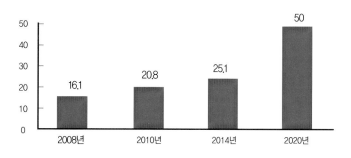

그림 10-6 전 세계 인터넷 이용자 수

자료: NSF, eTForecasts(2010).

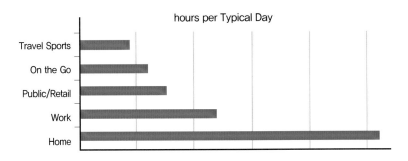

그림 10-7 모바일 기기의 일인당 하루 평균 사용시간

자료: Cisco IBSG Mobile Study(2012).

다. 즉, 인간과 기계와의 일방향 소통이었다. 하드웨어적·소프트웨어적 진화로 인해 인터넷의 접근가능성이 높아지고 서비스의 질이 높아짐에 따라, 전 세계 인터넷 사용자 수는 폭발적인 성장, 이른바 '폭풍 성장'을 하였다. 세계 인터넷 인구는 2010년 20.8억 명에서 2014년 25.1억 명으로 늘어나고, 2020년에는 인터넷 인구 50억 시대에 진입할 것으로 전망된다. **그림 10-7**은 모바일 기기의 일인당 하루 평균 사용시간을 나타낸 것이다.

최근에는 SNS Social Network Service와 같이 누구라도 서비스 제공자가 될 수 있는 구조가 되었다. 점차 실시간 위주의 서비스로 진화하고, 장소에 상관없는 소통이 가능해지고 있는 추세이다. 인간과 인간의 소통이 가능해진 것이다.

과거 30년의 분석을 통해 10년 후 인터넷의 미래를 전망하면, 인터넷은 향후 에너지와 같이 인간생활과 뗄 수 없는 존재로 자리 잡을 것이다. 또한 협력적 Join 성격을 띠게 되어 국가 간 경계가 없는 세계 공통의 시스템으로 진일보할 것이 예상된다.

최근 스마트폰과 태블릿 PC, 클라우딩컴퓨팅으로 대표되는 모바일 ICT(정보통신기술)의 발달로 인해 원격근무(스마트워크)가 도입되고 있다. 향후 유비쿼터스 기술은 공간정보, 이러닝 e-learning 등 다방면에서 언제, 어디서나, 누구에게나 다양한 개인에 맞는 맞춤형 서비스를 제공함으로써 보다 발전된 유비쿼터스 환경이 실현될 것으로 예상된다. 권위 있는 학자들이 전망한 거시적 미래사회에서의 ICT 관련 미래 트렌드 전망의 주요 내용은 **그림 10-8**과 같다.

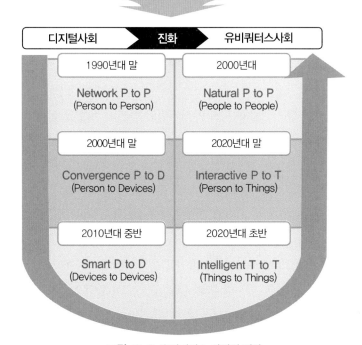

Natural Sociery
- 사람과 사람의 관계에 충실해지는 사회
- 사물에 내재된 u-IT를 의식 없이 사용
- u-IT는 사회공동체 활동 지원 기술 발전
- 기계를 배제하고 인간관계를 중시

P to P(Culture)
Culture/Community compution, Natural communication
- 새로운 사회문화 형성
- 문화 중심 기술 활용, 사회적 커뮤니케이션 중요
- 사물을 통한 사람 간 연결(디지털화된 사물은 사람 간 연결의 매개체)

Interactive Society
- 사람과 사물의 관계가 새롭게 정립된 사회

P to T(Experience)
Natural Interaction/증강현실, Life Style Computing
- 생활환경의 자연스러운 경험
- 디지털 사물의 편리하고 쉬운 사용
- 오감기술
- 새로운 사용법의 디지털 사물(일상생활 지원)
- 테이블, 벽, 창문, 옷, 의자 등의 Interaction

Intelligent Society
- 모든 사물에 컴퓨팅 기능이 내장된 사회
- 단일 디바이스 활용의 한계 극복
- 다양한 사물 정보처리 서비스 제공
- 사용자 디바이스의 다양화 · 보편화

T to T(Embedded)
- 디바이스의 사물화, 사물의 디지털화
- 사물의 특성을 반영하는 임베디드기술
- RFID 기술, 에너지 공급과 생성기술
- 네트워크화된 디지털 사물
  (생활사물의 디지털 · 네트워크화)
- 테이블, 벽, 창문, 옷, 의자 등의 네트워크화

디지털사회	진화	유비쿼터스사회

1990년대 말	2000년대
Network P to P (Person to Person)	Natural P to P (People to People)
2000년대 말	2020년대 말
Convergence P to D (Person to Devices)	Interactive P to T (Person to Things)
2010년대 중반	2020년대 초반
Smart D to D (Devices to Devices)	Intelligent T to T (Things to Things)

그림 10–8 유비쿼터스 사회의 진화

자료 : 한국정보화진흥원(2008).

유비쿼터스에 대한 낙관론자들은 유비쿼터스가 도입 초기에 일부 개인이나 기업에 한정되어 제공되었지만, 공공재나 정부서비스의 유비쿼터스화가 실현되면 빈부 격차에 관계없이 누릴 수 있는 환경으로 발전할 것이며, 보편화에는 시간이 변수라고 주장한다. 유비쿼터스의 부정적 견해론자들은 유비쿼터스로 인한 일상생활에서의 편리성이 삶의 질 향상과 직접적 관련이 있을 것인가에 대해 회의적인 입장이다. 노동의 불안정화, 기계에 대한 의존성 심화, 극단적인 개인주의 사회의 도래 등이 유비쿼터스 컴퓨팅 환경의 부정적 측면으로 거론되고 있다.

인터넷은 중동의 '재스민 혁명'이라는 새로운 변혁을 이끌었고, 일본 대지진 때 긴급통신의 역할을 훌륭히 해냈다. 이러한 통신의 발달로 2015년까지 모바일 기기의 수가 70억 대를 넘을 것이라 한다. 한마디로 사람보다 기기의 수가 많아지는 것이다.

가까운 미래에 인터넷은 아주 보편적인 서비스가 될 것이다. 마치 우편이나 전화처럼 말이다. 이런 것이 가능하기 위해서는 네트워크의 뒷받침이 있어야만 한다. 네트워크는 기술 발달과 함께 투자와 확충이 꾸준히 진행될 것이다.

5 물리적 보안과 IT 정보보안의 융합

개인, 기업, 국가의 유·무형자산 및 인적자원의 안전과 보호를 위한 제반활동에 사용되던 전통적·물리적 보안기술은 9·11 테러 이후 테러 및 범죄예방을 위해 CCTV를 중심으로 IP 기반 기술과 지능형 영상인식 SW기술의 융합을 통해 지속적인 진화를 거듭하고 있다.

최근 물리적 보안과 IT 기술 기반의 정보보안으로 양분화되어 있는 영역 자체가 융합되고 있는 추세이며, 이러한 융합의 중심에 있는 것이 융합보안관제이다. 융합보안관제는 출입통제시스템, CCTV 등 개별적으로 운영·관리되어 왔던 물리적 보안영역과 IT 통합보안관제시스템을 하나의 관리 범위 안으로 통합함으로써 보안관리의 체계성을 확보하고 정보 유출 및 침해사고를 획기적으로 예방, 차단, 사후 추적 등을 가능하게 해 준다(최진묵, 권정옥, 2010).

요즘 정보 유출이 심각한 사회문제로 부각되고 있다. DDoS와 웜, 바이러스 등과 같은 악의적인 공격으로 인한 네트워크 피해는 점점 커지고 있다. 사람들은 새로운 보안

위협이 발생할 때마다 소프트웨어 패치 등의 형태로 보안시스템을 열심히 개발해 왔다. 하지만 이러한 방식의 해결책은 결코 보안위협에 대한 근본적인 해결방안이 될 수 없다. 인터넷 보안위협의 근본적인 문제는 운용을 위해 개방성을 지향해야 하는 인터넷의 구조적 불완전성에서 오기 때문이다. 일례로 IPv4는 보안을 전혀 고려하지 않고 설계되었다. 따라서 미래 인터넷은 스팸, 웜, DDoS 공격 등 다양한 보안공격으로부터 완벽하게 안전할 수 있도록 설계되어야 한다(서재철, 2013).

6 IT 기술과 인문융합

1) 기술–인문 융합의 대두

지난 20세기는 과학기술의 세기라 할 만큼 과학기술의 진보가 인류 역사에 큰 변화를 일으키게 되었다. 특히 핵기술nuclear technology, 운송기술transportation technology, 석유화학기술petrochemical technology, 정보통신기술information Telecommunication technology, 바이오제약기술biopharmaceutical technology 등의 발전은 에너지의 공급, 인구의 급격한 증가 및 이동, 수명의 연장, 지식의 소통 등에 과학기술이 획기적인 변혁을 일으키는 혁신의 중심에 서게 되었다. 물론 부작용도 만만치 않아서 20세기는 양차 세계대전을 비롯한 수많은 분쟁의 소용돌이 속에 휩싸였으며 과도한 화석연료의 사용으로 지구온난화를 비롯한 기후 변화로 인해 인류의 지속가능성에 대한 위협이 증대되었다.

과학과 기술은 삶의 질을 증진시키고 인간의 존엄성을 향상시키는 데 기여하였으나 과학과 기술의 발전이 더욱 세분화·전문화되면서 문제를 해결하거나 대안을 제시하는 역량과 효율이 떨어지는 현상도 나타나게 되었다. 21세기에 들어 이러한 현상에 대한 자각과 반성을 통하여 과학기술 R&D의 새로운 트렌드로 과학기술 분야 간의 융합과 통섭의 개념이 대두되기 시작하였다.

18세기 중엽부터 시작된 산업혁명으로 인한 산업경제시대가 200년을 지속되다 융합을 통한 창조경제시대가 예견되고 있으며 이러한 창조경제시대에서는 기술과 인문의 융합이 창조적인 발상의 출발점이 되어 새로운 삶의 가치를 창출하는 데 기여하게 될 것이다.

2) 기술-인문 융합의 필요성

기술분야 간의 융합은 새로운 가능성을 낳은 것은 사실이나 결국 그 궁극적인 목표는 인간의 삶에 새로운 가치를 제공하는 데 있다. 미국을 중심으로 한 NBIC의 경우 그 목표를 인간성능의 향상에 두고 있으며, 유럽을 중심으로 한 CTEKS의 경우 미래의 지식기반 사회를 주도할 기술의 개발을 목표로 한다. 결국 인류사회가 안고 있는 많은 문제들을 해결할 수 있는 기술을 목표로 하고 있는 만큼 기술 개발의 비전-목표-임무Vision-Goal-Mission 설정에 있어 이를 뒷받침할 인문학적 통찰력이 요구된다.

반면 인문학과 과학기술 간 융합은 대부분 인문학의 제 분야에서 급속하게 발전하는 과학기술과 자연스럽게 융합되어 인문학의 연구나 확산을 촉진시키는 형태로 이루어져 왔다. 예를 들자면 도서관이 전자도서관으로 바뀐다든지, 문헌의 데이터베이스화, 이러닝e-learning 등 새로운 기술의 출현에 따라 기존의 인문학을 업그레이드하는 방향이 주류였다.

3) 기술-인문 융합의 접근

지식과 기술이 나날이 심화되는 현대사회에서 인문과 기술의 양방향 지식을 섭렵하고 있는 인재를 육성하는 일을 어려운 일이다. 이는 오히려 불가능에 가깝다고 할 수 있다. 선진국의 경우 이러한 현상을 오래전부터 직시하고 서로 다른 영역의 지식을 효과적으로 활용하기 위한 방법을 연구하는 데 많은 노력을 기울여 왔다. 그 결과 MIT, 스탠포드 등 대학을 중심으로 다학제 간 교육과 연구가 꾸준히 이루어졌으며 이는 오늘날 애플, 구글, 페이스북 등 혁신기업이 성장하는 밑거름이 되었다. **그림 10-9**는 기술인문융합창작 비전을 나타낸 것이다.

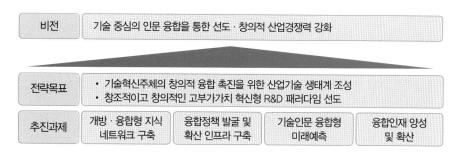

그림 10-9 기술 · 인문융합창작 비전

자료: 서재철(2013).

새로운 시도인 만큼 외부의 많은 관심과 우려가 집중되고 있다. 다만, 아직까지 우리 나라가 기술-인문 융합에 대한 접근이 초기수준인 점을 감안한다면 단기적인 성과에 집착하기 보다는 장기적인 지원과 격려 속에서 융합 활성화를 위한 실험적인 다학제적 실험과 연구가 활발하게 진행될 수 있기를 기대한다.

4) 기술-인문 융합의 기대효과

기술-인문학 융합현상은 현재 글로벌 시장의 판도를 뒤흔들고 있을 뿐만 아니라, 향후 우리 미래의 삶을 바꾸어 놓을 핵심 키워드가 될 것으로 예상된다. 세계적이 미래학 자인 짐 데이터James Dator는 "상상력과 창조성이 국가경쟁력의 중심이 되고 있으며, 앞으로 상상력과 감성을 기반으로 하는 경제 · 사회가 도래할 것이다."라고 언급한 바 있으며, 핸리 젠킨스Henry Jenkins는 "융합사회는 매체의 융합과정에 의해 단순히 기술변화의 양상만 드러나는 것이 아니라 기존의 산업, 시장, 장르 그리고 정보 수용자간의 관계를 변화시킬 것"으로 예측한 바 있다.

최근 글로벌 경제의 양극화, 불확실성이 가속화되는 상황에서 그간의 기술개발의 목적은 경제적 성장에만 초점을 두고 진행되어 온 탓에 많은 부정적 문제점을 야기했다. 이제는 기술개발의 관점을 'I'가 아닌 'We'의 관점에서 접근할 필요성이 있다. 'We'의 관점으로 전환하기 위해서는 인문학적인 통찰력을 기술개발 과정에 활용할 필요가 있으며 이를 통해 현재 전 지구적으로 직면하고 있는 제3세계에 대한 지원, 온난화, 범죄 증가 감소와 더불어 인류가 공존하는 건설적인 미래사회 설계에도 기여할 것으로 기대된다(서재철, 2013).

미래사회는 테라tera와 피코pico시대이다. 국제단위계Int'l System of Units에는 융합融合, Convergence과 분화分化, Divergence라는 두 가지가 있는데 이 둘은 우주, 물리, 화학, 생물 관저에서 서로 연관성이 있는 상보성Complementarity이다. 우선 하나는 시간과 공간상에 정보나 물질을 쌓아 올리는 Building-Blocks 융합 단위이다. 누가 먼저 다음 5세대인 피코(조분의 1, Trillionth)에 진입하는 공정기술을 발견하느냐에 따라 미래의 부가 결정될 것으로 보이지만, 대략 2020년에는 피코 단위에 진입하고 2030년에는 피코시대가 열릴 것으로 예측된다(차원용, 2013).

7 미래사회의 지식정보기술적 융합의 전망

과학기술의 발전이 인류의 풍요로움만을 가져다주지 못할 것이라는 우려가 제기되어 왔다. 실제로 우리 주변에서 과학기술의 역효과에 따른 결과를 어렵지 않게 찾아볼 수 있다. 향후 다가오는 미래에는 과학기술의 진화가 가속화될 것이며, 일부에서는 기계문명이 인간을 통제하는 세상이 도래할 것이라는 우려가 있다.

우리는 앞으로도 과학기술의 산물이 주는 긍정과 부정의 양면을 경험하게 될 것이다. 또한, 먼 과거부터 현재까지의 사실을 유추함으로써 가까운 미래에 어떤 행태로든 싱귤래리티singularity가 도래할 것을 예측할 수 있다.

미래사회의 모습은 어떻게 발전할 것인지, 지속적 미래 발전을 위해서는 어떻게 준비해야 할지에 대한 방향을 제시함으로써 국민의 인식을 제고하여 지식정보와 정보통신기술을 효율적으로 융합하기를 기대해 본다.

표 10-7 주요국의 빅데이터 활용 현황

국가	활동분야	내용
미국	국토보안	• 9.11 이후 미국은 국토안보부를 중심으로 테러·범죄 방지를 위한 범정부적 빅데이터 수집, 분석 및 예측체계를 도입 – 부시행정부의 국토안보부 장관인 마이클 치토프(Michael Chertoff)는 국토보안을 위한 빅데이터 추진현황 언급 – 국내외 금융 시스템의 개인, 기관의 금융거래 감시로 자금 세탁 및 테러 자금 조달 색출 강화
	치안	• FBI의 종합 DNA 색인 시스템(CODIS) – DNA포렌식, 클라우드 DNA 분석 등 '빅DNA데이터'의 활용을 통해 2007년 45,400건의 범인 DNA Hit rate 달성 – 1시간 안에 범인 DNA 분석을 위한 주정부 데이터 연계 및 빅데이터 실시간 분석 솔루션 확보
	의료	• 오바마 Health.20 – 필박스 프로젝트(Pillbox) – 국립보건원(National Library of Medicine)의 사이트로 약 검색을 서비스 – Pillbox를 통해 수집된 빅데이터를 통해 후천성면역결핍증(HIV) 등 관리대상 주요 질병의 분포, 연도별 증가 등에 대한 통계치 확보 가능
영국	정보공개	• 영국은 정부 사이트(data.gov.uk)를 통해 공공부문의 정보 공유 및 활용을 위한 데이터 원스톱 서비스 제공 – 정부의 투명성 제고, 국민의 권리 향상, 데이터의 공개를 통한 경제적 사회적 가치 증대, 차세대 웹(web of data)에서 주도권 획득 목표 – 일반인들의 참여를 장려하고 아이디어 수렴, 앱 개발, 데이터 공개 등의 주제에 대한 커뮤니티 제공
싱가포르	국가위험관리	• 싱가포르 정부는 빈번히 발생하는 테러 및 전염병으로 인한 불확실한 미래 대비를 위하여 2004년부터 빅데이터 기반 위험 관리 계획을 추진 – RAHS(Risk Assessment & Horizon Scanning) 시스템을 통해 질병, 금융위기 등 모든 국가적 위험을 수집 및 분석하여 위험을 선제적으로 관리 – 수집된 위험 정보는 시뮬레이션, 시나리오 기법 등을 통해 분석되어 사전에 위험을 예측하고 대응 방안을 모색
호주	정보공개	• 호주 정보관리청은 정부 2.0을 통한 정보 개방 – 방대한 양의 정보를 검색하고 분석 및 재사용할 수 있도록 자동화된 툴을 활용하여 시간과 자원을 절감 – AGIMO 산하 정부 2.0 전략/서비스팀에서는 정부 데이터에 대한 리포지터리 및 검색 툴을 서비스하는 data.gov.au 웹사이트 운영

자료: 국가정보화전략위원회(2011), 빅데이터를 활용한 스마트정부 구현.

세상을 변화시키는 IT 융합기술의 근원은 미래산업 시장과 고객을 과학적으로 이해하고, 신뢰를 바탕으로 한 고객의 니즈(needs)에 접근할 수 있는 창의와 혁신에 있으며 공학기술과 인문학이 결합한 학제 간, 산업 간의 결합을 통한 미래 지향적인 하이브리드형 리더십에 대한 새로운 패러다임의 시도가 이를 가능하게 한다. IT 인프라는 빠르게 팽창하고 있지만 대부분의 기업에서는 한정된 인원이 수많은 하드웨어와 소프트웨어를 관리해야 한다. 네트워크 트래픽의 질적 변화는 네트워크 인프라의 변화를 요구하고 있다. 이런 변화의 핵심에는 동영상을 중심으로 한 멀티미디어 트래픽 증가와 모바일 환경의 확산이 자리 잡고 있다. 대학의 경우, 원격 교육에 대한 높은 수요와 캠퍼스 내 모빌리티 지원이, 병원의 경우 디지털 의료 영상과 모바일 디바이스 활용을 위해 네트워크의 변화가 요구되고 있다. IT 업계와 관리자가 처한 이런 과제를 해결하기 위해 등장한 4대 핵심기술이 바로 CPND 즉, Contents, Platform, Network, Device가 통합된 IT 융합기술과 하이브리드형 융합인재 육성을 지원하는 기술이다.

2010년 초, 우리나라에 나타난 스마트폰은 창의적 혁신으로 새로운 비즈니스를 가능하게 하고 있으며 이 기종 네트워크에서 기기들 간의 활용 서비스를 만들어 내고 있다. IT 융합기술과 기존 산업의 새로운 패러다임의 융·복합 시도는 이를 활용한 서비스와 제품을 등장시켰으며, 끊임없이 새로운 고객과 시장을 창출해 내고 있다. 새로운 시도와 적용을 위한 융합기술은 이제 더 이상 새로운 것이 아니며 우리의 생각을 더욱 다양하게 확장하고 구현할 수 있게 한다. 본격적인 참여와 공유, 그리고 IT 융·복합시대에서 새로운 혁신의 기회제공을 위해 산·학·연·관이 합동으로 스마트폰, 스마트 TV, 스마트 모바일 웹·앱, 스마트 모바일 융합 콘텐츠, 스마트워크 등으로 대변되는 스마트 코리아를 넘어 미래 CPND 통합 커뮤니케이션의 혁명과 하이브리드사회 실현을 위해 협력해야 한다. 창의적 공학설계를 통한 미래 산업패러다임에 적극 대응하고, 맞춤형 하이브리드 융합 전문 인력 양성이 절실히 요구된다. CPND가 통합된 인문학과 공학의 결합, 콘텐츠 미디어 엔터테인먼트를 선호하는 20~30세대와 소중한 경험을 갖춘 40~60 시니어세대의 결합은 일하는 사람이나 직장이나 만족도가 높은 이유이다. CPND시대 대시보드의 부상과 변화하는 사용자 요구 속에서 핵심 요소는 IT 인프라뿐만 아니라, 4대 핵심기술(CPND)이 융·복합된 하이브리드기술이 대세가 되고 있기 때문에, 전문가의 실천적 경험지식을 통해서 본인이 갖고 있는 감수성, 창의성, 통합성을 접목시킬 수 있는 시야를 넓히는 노력이 필요하다.

우리나라는 빅데이터와 콘텐츠 미디어 엔터테인먼트와 같은 문화산업 상태계에서 학제 간 기기 간 생태계 간의 경쟁력을 높여야 한다. CPND 시대 하이브리드형기술과 미래융합사회에 필요한 인재 양성을 통해서 1인 창조, 중소 중견기업과 대기업이 함께 성장할 수 있도록 공정한 경쟁을 통해서 함께 동반 성장하며 살 수 있는 생태계가 마련되어야 한다. 특히,

▶계속

빅데이터는 산업 전체를 움직이는 시장의 힘으로서 제품, 실행 및 솔루션 제공 등의 측면에서 다루어져야 한다. 가트너는 2015년 말부터 업계 선도 기업들이 자체 아키텍처와 프랙티스에 내장된 형태로 빅데이터 경험을 활용하기 시작할 것으로 예상한다. 빅데이터가 2012년에 280억 달러 규모의 전 세계 IT 지출을 주도할 것이라고 밝혔다. 특히 2013년, 빅데이터는 340억 달러 규모의 IT 지출을 주도할 전망이다. 전통적인 솔루션에서 기계, 소셜 및 다양한 형태의 데이터와 예측 불가능한 속도 등의 빅데이터 요구를 지원하는 데 기존 지출 중 대부분이 사용됐으며, 새로운 빅데이터 기능이 추가되며 관련 수요에 따른 소프트웨어 부문 지출은 43억 달러에 불과할 것으로 전망된다.

자료: 정보통신신문(2012. 11) 발췌 재구성.

▶ CPND 통합을 통한 하이브리드 사회의 새로운 가능성에 대해서 논의해 보자.

Part

3

Chapter 11_ 인류학적 융합

Chapter 12_ 융합의 갈등전략

미래 융합사회의 대응전략

인류학적 **융합**

미래에는 동서양의학이 융합하는 시대가 온다. 동양인들은 이미 서양의 의학기술을 완전히 받아들인 상태이고, 최근에는 서양인들이 동양의 의학에 심취하고 있다. 특히 중국이나 인도, 한국 등에서 활성화되어 있는 요가나 명상, 기치료 등이 서양에서도 보편화될 것이다. 이와 같이 사상과 문화는 다를지라도 어떤 사회나 금융위기, 기후변화위기, 고령화위기, 저출산위기, 에너지자원위기, 실업위기와 같은 항시적인 '위기'에 노출되어 있다. 이러한 위기는 본질적으로 경제나 사회, 산업 환경 등의 '지속가능성'이 확보되지 못하기 때문에 발생한다. 이러한 위기 시대 그리고 지속가능성을 무엇보다 확보해야 할 시대에 '적정기술'은 그 의미와 활용도가 특히 부각될 수밖에 없다.

첨단기술은 그것이 운용되기 위해 완벽한 환경 경제 에너지의 뒷받침을 요구한다. 과거에는 최첨단기술을 통한 보안과 대비책으로 그런 '불확실성(contingency)'에 대처하는 듯했으나 갈수록 증가하는 도시지역의 자연재해 취약도는 소위 '최첨단'만이 해답이 아닐 수 있음을 암시하고 있다. 기술 자체는 '최첨단'이 아니더라도 해당 기술을 활용하는 개인에게 '최첨단' 지속가능성을 제공하는 적정기술의 필요성이 개발도상국 및 선진국 어디에나 요구된다(김정태, 2011; 홍성욱 · 김정태 외, 2010).

1 개념적 정의

인류학anthropology, 人類學은 '인간의 마음과 그 문화를 연구하는 학문'이다. 문화란 '인간이 소속된 사회의 생활 속에서 오랫동안 함께 공유하게 된 생활양식'을 말한다. 실제 문화는 인간의 지식, 신앙, 예술, 도덕, 법, 관습 등 인간이 생활하면서 쌓아온 모든 능력을 의미한다. 다시 말하면 '인간이 사회구성원들과 함께 만들어낸 무형의 자산'이라고 할 수 있다. 문화와 비유되는 용어가 문명이다. 문명을 같은 의미에서 정의하면 '인간이 사회구성원들과 함께 만들어낸 유형의 자산'이라고 말할 수 있다. 인류학의 대표명제는 '사람이란 무엇인가?'이다. 인류학과 심리학의 공통점은 인간의 마음을 연구하는 것이고, 차이점은 심리학이 주로 개인이나 소수의 마음을 연구하는 데 비하여 인류학은 좀 더 큰 단위인 씨족, 부족 등을 대상으로 한다는 점이다. 인류학을 잘 이해하기 위하여 구조주의 이론이 필요하다. 인지과학이 인류학에 관심을 갖는 인류학이 소집단에 소속된 인간의 마음을 연구하기 때문이다(이병욱, 2012).

인문학과 사회과학의 전문가들을 대상으로 하는 과학문화 확산의 노력 또한 매우 절실하다. 인문사회학자에게 과학지식을 교육하는 것은 가능하지도 않고 또한 그 의미도 없다. 그러나 현대 인류문명을 살고 있는 우리 삶의 모습을 재인식시키고 과학적 탐구정신을 과학기술시대의 새로운 시대정신으로 정립시키기 위해서는 인문 사회학자와 힘을 합칠 수밖에 없다. 사회에서 인문학적 상상력과 과학적 합리성 그리고 예술적 창의력을 효과적으로 융합하여 시너지를 창출하기 위해서는 학문의 영역 간 존재하는 견고하고 높은 담을 적절한 수준으로 낮추기 위한 노력이 필요하다.

2 과학적 인간

1) 인간과 인간대행의 복합화

과학적인 인간의 지식을 이해하려면 그것을 만들어내는 집단의 성격을 파악해야 한다. 이미 과학철학은 쿤의 상대주의를 계기로 합리주의와 상대주의의 두 진영으로 나누어졌다. 합리주의는 과학이론의 상대적 장점을 평가하는 유일한 보편적 기준이 있다고 주장한다. 반면, 상대주의는 그러한 기준의 존재를 인정하지 않는다. 요컨대 개인과 공동체의 가치 판단에 따라 진리의 목표설정이 달라질 수 있다는 것이다.

과학에서 나온 이론과 개념은 인문·사회과학과 융합하면서 제멋대로 사용되기도 한다. 막연하게나마 모르는 과학 이론을 장황하게 늘어놓거나 자연과학에서 나온 개념을 인문학이나 사회과학에 도입하면서 최소한의 개념적 근거나 경험적 근거도 밝히지 않는 경우도 있다. 완전히 동떨어진 맥락에서 전문용어를 남발하면서 어설픈 학식을 드러내기도 한다.

그림 11-1과 같이 미래의 과학적 커뮤니케이션은 인간 대 인간이 아닌 인간 대 인간대행으로 복합화된다. 미래에 인간은 비생물적 요소를 몸속에 삽입하게 될 것이다. 비

그림 11-1 미래의 커뮤니케이션

자료: 김광옥(2013).

생물체도 결국 생물체에서 진화한 것이다. 이러한 이유로 이들도 결론적으로는 인간의 후예이며 인간으로 대접받아야 한다.

2) 전자피부와 전자칩 인체이식

전자피부가 실용화되면, 몸에 이상증세가 나타났을 때 바로 신호가 전송되어 병원으로 진찰을 받으러 오라고 연락이 가는 시스템이 갖추어질 수 있다. 그러나 이 기술이 실용화되기 위해서는 아직 몇 가지 개발해야 할 요소가 있다. 전자칩의 무선 전송 거리가 몇 센티미터밖에 되지 않기 때문이다. 만약 이 문제가 해결되면 생체신호 측정 외에도 이 기술을 장애인용 의료기기나 게임에 활용할 수 있다. 목에 전자피부를 붙이면 위, 아래, 왼쪽, 오른쪽처럼 간단한 단어를 소리낼 때 발생하는 근육의 움직임을 구별할 수 있기 때문에 이동식 휠체어나 육성으로 작동하는 게임에 활용할 수 있을 것이다. 앞으로의 세상에서는 사람들이 자신의 팔에 신원정보, 재산정보 등을 처리하는 전자칩 IC을 이식하고 다닐 것이다. 이러한 전자칩에는 주민번호, 주소, 지문은 물론 개인의 여러 가지 부가정보가 집적될 수 있다(임주환, 2013).

3 인간과 뇌

1) 뇌 중심시대

생각하는 대로 이루어지는 세상, 즉 뇌brain 중심시대가 도래할까? 그럴 가능성이 매우 높다. 모든 행위에 대해 지시를 내리고 최종 결정하는 곳이 두뇌이다. 그래서 두뇌를 4차원의 브레인brain이라고 한다. 이곳에서 오감을 인지하고 프로세싱하고(감성) 그 결과인 감정을 표현한다. 의지, 자유, 사랑과 예술도 이곳에서 모두 결정한다. 지금의 멀티터치multi-touch에서 5년 후면 터치프리touch free로 갈 것이고 2020년이면 감각이나 감성이 쌍방향으로 인터페이스되는 컴퓨팅 디바이스가 쏟아져 나올 것이다(차원용 외, 2010). 2030년이면 두뇌의 5개 뇌파를 이식invasive이든 비이식non-invasive이든 인지해 기계와 인터페이스 시키면 생각하는 대로 움직이는 자동차, 로봇, 컴퓨터 등이 등장할 것이다. 정상인은 능력을 더욱 향상시킬 것이고, 고령자는 재활용으로 사용해 고용 창출에 기여할 것이다. 따라서 두뇌–기계 인터페이스BMI, 감성을 자극하고 증강하는 인식, 자연언어natural language 인식, 생체신호biosignal 인식, 피부skin를 통신으로 이용하는 인체매질통신, 텔레파시통신, 텔레키네시스(염동) 등의 휴먼인터페이스 기술에 도전해야 한다. 그렇게 하려면 인지과학cognitive science과 신경과학neuroscience 등의 학문을 섭렵해야 한다(차원용, 2013).

뇌는 중추신경으로 우리 몸의 모든 기능을 통제하는 총 사령탑이다(최철희, 2013). 사람의 뇌에서 정보처리는 신경세포(뉴런)에 의해 이루어진다. 무게가 평균 1350g인 뇌 안에는 1,000억 개의 뉴런이 들어 있다. 각각의 뉴런은 다른 수천 개의 뉴런과 직접적으로 연결되지 않고 시냅스synaps로 접속된다. 뉴런 사이의 연결은 100조 개 이상으로 추정된다. 뇌를 역 설계하여 인공 뇌를 만드는 기법으로는 컴퓨터 시뮬레이션simulation이 활용된다. 시뮬레이션이란 실제로 실행하기 어려운 실험을 간단히 행하는 모의실험을 의미한다. 컴퓨터로 모의실험하여 실물처럼 모방하는 것은 컴퓨터 시뮬레이션이라 이른다. 뇌 전체를 컴퓨터로 시뮬레이션하면 뇌의 구조와 기능을 나타내는 디지털 뇌digital brain를 얻게 된다.

디지털 뇌의 성공 여부는 컴퓨터의 성능에 달려 있다. 컴퓨터의 속도가 빠를수록 시뮬레이션의 결과는 좋을 수밖에 없다. 디지털 뇌 연구에 사용되는 컴퓨터는 블루진Blue

Gene이다. 미국 IBM의 제품인 블루진은 세계에서 가장 속도가 빠른 슈퍼컴퓨터 중 하나로 1초에 500조 번의 속도로 연산을 할 수 있다(이인식, 2014).

2) 뇌과학과 인간의 융합

인간의 뇌는 수많은 신경세포로 구성되어 정보를 처리하는 일을 하고 있다. 뇌는 신경계의 일부분으로 정보를 처리하는 신경계의 핵심이다. 뇌는 인간 내부에서 발생되는 신호와 외부에서 발생되는 신호를 수집하여 기존에 기억된 정보와 비교하고 분석하여 적절하게 정보를 처리하는 컴퓨터의 중앙처리장치 CPU; Central Proessing Unit와 같다. 뇌에서 실행되는 정보처리를 우리는 마음 또는 의식이라고 말한다. 뇌과학은 '뇌의 작용 원리와 의식현상'을 연구하는 학문이다. 뇌과학 brain science을 연구하는 것은 인간의 마음처럼 자유자재로 정신적인 일을 수행할 수 있는 기계를 만드는 데 도움이 된다.

뉴버그는 "뇌과학은 신의 존재를 증명할 수도 없고, 부재를 증명할 수도 없다. 최소한 간단한 답은 불가능하다."면서 "신은 우리가 그 웅장하고 신비스러운 개념을 어떻게 정의하든지 간에 결코 사라지지 않을 것이다."라고 언급했다(이인식, 2014).

뇌를 통해 생각을 전달하는 텔레파시 telepathy는 인간의 감각채널이나 물리적 상호작용 중 하나를 사용하지 않고 정보를 직접 전송하게 하는 기술이다. 텔레파시의 매커니즘이 육체적인지 정신적인지는 아직 알려지지 않았지만, 과학자들은 오랫동안 기술을 기반으로 한 텔레파시가 제한적으로나마 가능하다고 예측해 왔다. 그리고 최근 영화에서나 나오는 이 텔레파시 경험이 연구원들에 의해 실험되었다.

2013년 2월 듀크대학교의 연구진이 쥐 2마리의 뇌 인터페이스를 연결하여 텔레파시로 소통하는 실험에서 성공했다. 신경생물학자 미구엘 니콜레리스 Miguel Nicolelis와 그의 동료들은 감각의 범위를 확장하는 시도를 통해 감각영역에 직접 전기자극을 주는 실험을 했다. 그들은 "우리는 이전 연구에서 이미 뇌가 기계에 인터페이스로 연결되어 두뇌가 우리의 예상보다 더 많은 생각을 기계로 전달한다는 사실에 확신했다."라고 말했다.

이 실험은 더욱 발전해서 2013년 8월에는 인간과 인간 사이에서 이루어졌다. 워싱턴대학교의 라제시 라오 Rajesh Rao 교수가 전기적 뇌 활동 기록 및 자기 자극의 방식을 사용해 안드레아 스토코 Andrea Stocco 교수에게 자신의 뇌 신호를 보내 스토코 교수의 손가락을 움직이게 한 것이다. 실험방법은 인간과 인간의 뇌를 연결시켜서 인터페이스를 만들어 인터넷으로 연결했다. 그리고 같은 게임을 하면서 한 장면에서 한 사람이 대포를 쏴서 적의 침입을 막아야 한다고 생각하면, 연결된 다른 사람이 뇌 인터페이스를 통해 그 생각을 읽고 대포를 쏘았다. 인간을 대상으로 한 최초의 실험이 성공한 것이다.

스토코 교수는 이 성과에 대해 "인터넷이 인간을 컴퓨터로 연결해 주었는데 이제 이 방법을 사용하면 인간의 뇌를 모두 연결할 수 있다는 것이 증명되었다."고 밝혔다.

리오 교수는 이 기술을 응용하면, 단순한 뇌 신호가 아닌 사람의 생각을 읽을 수 있다고 주장했다. 스토코 교수는 이 기술이 비상시 매우 유용할 것이라고 내다봤다. 예를 들어 비행기 조종사가 공중에서 무력하게 되었을 때 승무원이나 승객이 비행기를 착륙시킬 수도 있다. 또 장애를 가진 사람이 원하는 것을 말할 수 있고 의사소통을 하게 될 수도 있다. 또한 같은 언어를 사용하지 않는 사람들 간에도 소통을 할 수 있게 된다. 다만 뇌에서 이처럼 복잡한 정보를 전송하기 위해서는 더 많은 실험을 통해 기술을 진화시켜야 할 것이다(박영숙 외, 2014).

뇌의 본질과 그 복잡한 작용에 해당하는 새로운 수학 논리로서의 퍼지 fuzzy, 인간 기계의 융합을 통한 문화 창조의 사이버 펑크 cyber punk, 나노로봇의 나봇, 인간을 닮은 휴머노이드, 사회 네트워크로 연결된 유비쿼터스 등 새로운 형태의 인간과 현실 속에서 인간은 끊임없이 대상과 커뮤니케이션을 나누어야 한다(김광옥, 2013).

뇌가 중심이 되는 세상이 오면 새로 얻은 신경생리학적 능력을 통해 우리의 운동능력, 인식능력, 인지능력을 광범위하게 확장할 수 있을 것이고, 인간의 생각을 완벽하게 번역해서 나노장치의 섬세한 조작이나 정밀한 산업로봇 조작에 필요한 운동 명령을 옮기는 것도 가능해질 것이다. 그런 미래가 오면 집에서 바다를 바라보며 편안한 의자에 앉아 키보드를 누르거나 입 한 번 벙긋하지 않고 인터넷을 통해 전 세계 그 누구와도 자유로이 대화를 나누게 될지 모른다.

다음 단계는 뇌의 활성화 단계이다. 전기폭풍이 오로라의 대뇌피질을 가로 지르며 퍼져나가고 오로라의 운동 의도가 실시간으로 수학모델에서 해독되는 동안 수백 개의 활동 전위가 만들어 내는 소리와 불빛이 방안을 가득 채웠다. 오로라가 자기 생각의 최종 결과를 눈으로 확인하기도 전에 BMI brain machine interface가 오로라의 뇌 활성으로부터 뽑아낸 운동 명령을 로봇 팔로 전달하고 있었다. 컴퓨터 화면에 새로운 목표물이 등장하자 로봇 팔이 텅빈 공간 속에서 오직 오로라의 눈과 뇌에만 그 위치가 등록된 목표물을 쫓아 움직이기 시작했다. 그러자 컴퓨터 커서를 통해 아름다운 곡선을 그리며 중앙으로 미끄러져 들어갔다. 기계 팔은 목표물을 차례로 움켜쥐었고 이 우아한 동작은 오로지 뇌의 수의적 활성만으로 만들어진 것이다. 마침내 오로라의 뇌가 자신을 가두는 생물학적 신체의 한계를 벗어나는 순간이었다(M. Nicolelis, 2010).

3) 뇌와 컴퓨터의 융합, 소스코드

뇌-컴퓨터 인터페이스BCI: Brain-computer interface는 뇌와 컴퓨터의 정보통신을 의미한다. 즉, 뇌의 활동이 컴퓨터에 직접 입력되어 마우스나 키보드 같은 입력장치가 없이도 컴퓨터와 커뮤니케이션을 할 수 있는 장치를 만들어 가는 것이다.

BCI 기술은 운동신경에 장애가 있는 환자들이 컴퓨터를 사용하는 데 매우 유용한 테크닉이 될 것이며, 정상인에게는 새로운 패러다임을 제공하게 될 것이다. 이를 위해서는 뇌의 특정 영역에서 원하는 뇌의 활동을 측정할 수 있는 기술, 뇌의 활동을 정량·정상화하여 이를 분석하는 기술, 추가로 이를 통한 뇌와 컴퓨터의 프로토콜이 필요하다.

BCI 기술이 미래에 비약적으로 발전하게 되면 사람의 기억을 컴퓨터 저장장치로 옮겨 검색하거나 재배치하는 기술이 등장할 것이다. 현재 거짓말 탐지기를 이용하여 진실 여부를 판단하고 있는데 불확실하여 직접적인 증거 자료로 활용하는 데는 문제가 많은 상태에 있다. 미래에는 사람의 기억을 컴퓨터로 읽어 내게 되어 거짓 증언이 불가능해진다. 먼 훗날에는 컴퓨터에 저장된 데이터를 두뇌에 이식시키는 것도 가능하리라 본다.

2012년 4월에 처음 공개된 구글 글래스는 컴퓨터의 새로운 시대가 시작되었음을 알렸다. 구글 엔지니어링의 이사인 레이 커즈와일은 구글글래스가 인간의 지능과 경쟁하다가 결국 인간을 뛰어넘는 단계로 진입하는 첫걸음이라고 말했다. 뛰어난 발명가이자 미래학자인 커즈와일은 2029년에 컴퓨터가 인간의 지능을 능가할 것이라고 예측한다. 그 다음 단계가 인간과 컴퓨터의 결합으로 인간은 두뇌에 나노봇을 주입해 뇌 내부에서 가상현실 환경을 만들게 될 것이다.

커즈와일은 우리의 신경시스템에 연결된 나노봇이 생각을 대신해 주고 수많은 정보를 보관하게 될 것이라고 예측한다. 우리가 가상현실로 가고 싶으면 나노봇은 우리의 신체 감각에서 오는 신호를 읽어 가상현실 환경으로 연결한다. 모든 감각을 완전히 통합해 가상현실을 체험하게 되는 것이다. 우리는 진짜 몸처럼 제어할 수 있는 가상현실

환경에서 살아가게 된다. 진짜 현실과 달리 가상현실에서는 자신을 동시에 여러 곳에 둘 수 있다. 그 결과 시간을 절약할 수 있고, 직접 여행을 떠날 필요가 없고 인간의 삶에 획기적인 변화가 올 것이다.

4) 뇌 중심의 휴먼인터페이스 학문과 기술

뇌를 컴퓨터나 로봇 같은 기계장치에 연결해 손을 사용하지 않고 생각만으로 제어하는 기술은 '뇌−기계 인터페이스BMI: brain-machine interface'라고 한다.

BMI의 접근방법은 다음과 같다.

- 첫째는 뇌의 활동 상태에 따라 주파수가 다르게 발생하는 뇌파를 이용하는 방법이다. 먼저 머리에 띠처럼 두른 장치로 뇌파를 모은다.
- 둘째는 특정 부위 신경세포(뉴런)의 전기적 신호를 활용하는 방법이다. 뇌의 특정 부위에 미세전극이나 반도체칩을 심어 뉴런의 신호를 포착한다.
- 셋째는 기능성 자기공명영상FMRI 장치를 사용하는 방법이다. FMRI는 어떤 생각을 할 때 뇌 안에서 피가 몰리는 영역의 영상을 보여준다.

사람 뇌에는 운동 제어에 관련된 신경세포가 수백만 개 이상 있으므로 한 개의 전극으로 신호를 포착해 몸의 일부를 움직일 수 있다고 생각한 것 자체가 엉뚱할 수 있었다(이인식, 2014).

모든 제품은 118개의 원자들로 이루어진 분자들로 구성되어 있다.

첫 번째 분자경제의 특징은 세포, 혈액, 유전자, 단백질, 맛 분자, 냄새분자들이다. 이러한 분자들이 거래되는 경제가 도래한다. 스마트폰으로 장미꽃을 상대방에게 보내면 그 장미꽃의 냄새분자가 코딩된 스마트폰에서 장미꽃이 디스플레이되면서 냄새도 같이 나오게 된다. 100달러 게놈 비즈니스가 등장한다. 누구나 저렴한 비용으로 본인의 유전자를 사전에 진단하고 예방할 수 있다.

두 번째는 모든 제품 또한 분자들로 구성되어 있다. 그 제품을 만드는 요리법 또는 공정프로세스(이를 지식이라 한다)만 다운받으면 집에서 초콜렛도 만들어 먹고 전자제품도 원하는 대로 찍어낼 수 있다. 이를 가능케 하는 것이 만능조립장치Universal Assembler, 즉 3차원 프린터이다(Drecxler, 1986). 3차원 프린터는 집에서 음식도 만들 뿐만

그림 11-2 뇌 중심의 휴먼인터페이스 학문과 기술

자료: 차원용(2009).

아니라 병원에서 장기도 찍어 낼 수 있다. 가장 유명한 것이 코넬 대학의 Fab@Home이다. 따라서 분자경제를 준비하는 학생들과 기업들은 2030년에 축복받을 것이다. 다음 **그림 11-2**는 뇌 중심의 휴먼인터페이스 학문과 기술을 나타낸 것이다.

오늘날 밝혀진 자기복제self-replecation와 자기조립self-assembly의 메커니즘은 바로 줄기세포다. 자기조직화self-organization의 메커니즘은 아직 찾아내지 못했으나, 훗날 그것을 찾기만 하면 사과를 만드는 것은 아무것도 아니다. 쌀도 만들고 보리도 만들 수 있을 것이다(차원용, 2009).

인간이 자신의 의식에서 벗어나면 껍질만 남게 되는데 그때는 진정한 나는 누구이며 자아는 어디에 존재하는지 한동안 혼란이 올 것이다. 미래 기술 발전에 따른 인간과 커뮤니케이션의 변화는 **표 11-1**과 같다.

기술 발전에 따라 IT Information Technology 정보통신기술 시대는 BT Bio Technology 생명공학 시대로 다시 ET Energy·Environment Technology 에너지·환경 시대로 변하게 되는데 이 시대가 되면 우주의 원리인 물질의 원소에 대한 연구가 이루어진다.

휴먼연구시대에는 이전의 하이테크가 스마트테크로 변하고 홀로그램 등의 전화를 이용하여 세포로 인간의 장기를 만들어 쓴다. 생명공학시대에는 인간과 기계의 융합물인 클론clone, 휴머노이드humanoid, 사이보그cybog 등이 슈퍼지능으로 인간복제를 꿈꾼다. 다음의 ET시대란 에너지·환경energy·environment 시대를 일컬으며 바로 우주의 원

표 11-1 IT · BT · ET의 미래

기술	정보통신기술(IT)	바이오기술(BT)	에너지 환경(ET)
인간	휴먼 (human)	트랜스 휴먼 (trans human)	포스트 휴먼 (post human)
시현	• 하이테크 → 스마트테크 • 홀로그램 전화 등 • 네오기관(세포로 장기 만들기)	• 인간로봇 • 슈퍼지능(뇌+컴퓨터) • 인체단백질 • 인간복제	• 사이보그(1/2 인간 + 1/2 기계) • 고도의 AI(인공지능) • 인간기계(extropian) • 우주나비(우주촌) • 무한과 혼돈의 자연세계(practal)
커뮤니 케이션	네트워크 통신	인간 대 기계의 사이버 통신	뇌와 기억과의 통신 인간 대 사자(死者)와의 커뮤니케이션

리나 원소를 이해하는 시대다.

코르데이로는 조금 달리 NBIC Nano·Bio·Information technology·Cognitive sience 단계로 나
눈다. 나노기술, 생명공학, 정보통신, 인지과학은 급속한 융합을 통해 인간의 한계를
넘어갈 것이다(Hose Cordeiro, 2012).

5) 인간게놈 시대

표 11-2와 같이 2020년이 되면 맞춤식 의료 · 의약 서비스시대가 열려 500달러로 하
루 만에 본인의 게놈을 분석할 수 있는 게놈분석기가 개발되고, 2030년이면 100달러
의 비용으로 1시간 만에 게놈을 분석하는 시대가 열릴 것이다. 만약 이러한 기술이 상
용화되면 맞춤식 의료 · 의약시대를 앞당기게 될 것이고, 원격의료 telemedicine 나 유헬스
u-health 시스템으로의 융합을 앞당길 수 있을 것으로 기대된다(박영숙 외, 2014).

표 11-2 인간게놈 분석에 드는 비용

연도	분석시간	비용(달러)	비고
2030	1시간	100	–
2020	하루	500	–
2015	3주	1,000	–
2008	6주	6만	–
2007	2개월	200만	James Watson
1990~2003	13년	인당 6억	게놈프로젝트(5명)

자료: 차원용 외(2010). 융합기술의 발전방향과 글로벌 융합미디어 비즈니스 전략.

생체인식의 진화는 최근 출시된 아이폰 5S는 지문인식 기능을 들 수 있다. 지문인식은 생체인식기술의 일종으로 물리적 특징으로 인간의 식별을 가능하게 한다. 생체인식기술은 지문인식 외에도 홍채인식, 동작인식, 얼굴인식 등 다양한 방법이 있으며 그 기술이 점차 발달하고 있다.

생체인식기술은 다양한 장점을 갖고 있다. 먼저 심장마비, 뇌졸중, 발작, 사고에 신속하게 대응할 수 있으며, 사망 시에도 가족 및 관련 기관에 통보되어 고독사가 사라진다. 정부와 정치인은 자기 선거구의 일반적인 분위기, 주민들의 행복과 불안수준을 추적하는 시스템을 개발할 수 있다. 재난과 재해의 위험에 처한 사람을 찾아내어 신속히 구조하고, 주변 사람들에게 위험을 경고할 수도 있다. 미아와 유기동물이 사라지며 작물이나 가축의 모니터링도 할 수 있다. 또한 정부는 세금 포탈자나 위자료 미납자, 빚을 진 사람들을 찾는 데 이 기술을 사용할 수도 있다.

이러한 기술은 인류에게 편리함과 함께 극단적 투명성을 제공할 것이다. 이미 스마트폰을 이용한 추적시스템이 우리 곁에 다가와 있으며, 이것이 인간을 지배하는 기술이 되어가고 있다. 생체인식기술은 현재의 세계를 파괴하고 완전히 새로운 세계를 만들 것이다. 이러한 기술을 어디까지 허용할 것인지는 결국 우리가 결정해야 할 문제이다(박영숙 외, 2014).

 ## 4 인공지능과 컴퓨터

인공지능 AI; Artificial Intelligence이란 인지과학과 마찬가지로 단일한 정의를 내리기가 힘들다. 이것은 분야별로, 목표에 의해, 학자에 따라서 달리 정의될 수 있다(Sweeney, 2003). 굳이 정의를 내리자면 인공지능은 '인간의 마음을 수행할 수 있는 기계를 연구하는 학문'이다. 컴퓨터가 정보를 처리하는 기계라면 인공지능은 인간의 마음을 기계에서 처리하기 위한 학문이라고 말할 수 있다. 러셀Russell과 노빅Norvig은 인공지능은 여러 형태의 접근이 가능하기에 인공지능의 정의는 두 개의 차원을 교차하여 생각해야 한다고 했다(Russell & Norvig, 2003).

인간의 지능을 간략하게 정의하면 '기존 정보로부터 새로운 정보를 추론하여 문제를 해결하는 능력'이다. 인간의 지능을 기계에서 수행하려는 노력이 인공지능이라는 학문을 만들었다. 인공지능 기술과 컴퓨터 기술은 어떻게 다를까? 컴퓨터가 대량의 수치 자료를 신속하고 정확하게 처리하는 기능이 우수하다면 인공지능은 인간의 고유한 영역인 독창력, 경험, 직감, 패턴 인식과 같은 능력이 우수하다. 인공지능의 목표는 인간의 기능과 유사한 기능을 하는 컴퓨터를 만드는 일이다. 인간의 고유한 능력을 컴퓨터에서 수행하는 것이다. 인지과학이 인공지능에 관심을 갖는 이유는 인공지능이 수행하는 일이 결국 마음이 수행하는 일과 같기 때문이다.

인공지능이 완성되면 인간은 자아에 대해 혼란을 겪게 될 것이다. 타인의 기억이 자신의 뇌에 업로드된다면 현재의 기억을 가지고 있는 것이다. 그리고 신경계를 통한 이미지 커뮤니케이션이 이루어질 것이다.

과학기술 발전이 가속화되면서 예전의 윤리의 평가수단이나 잣대로는 과학의 혜택과 피해를 가릴 수가 없게 되었다. 인간이 자신의 신체를 복제하거나 소멸된 공룡을 재생시키는 것, 현존하지 않는 새로운 형태의 생명체를 만들어내는 것이 윤리적인지 아닌지를 판단하기는 어려운 일이다. 종교철학을 바탕으로 공공도덕과 도덕적 근거에 의한 의사결정을 판단하기는 어렵다. 인간은 이제 매일 또는 매초 새로운 현상에 대한 윤리도덕의 도전을 받고 있다.

1) 클라우드컴퓨팅

인공지능으로 인해 등장하는 것이 클라우드컴퓨팅 cloud computing이다. 웹의 발전으로 많은 오픈 소스와 데이터 공유가 가능한 클라우드가 더 중요해졌다. 표 11-3은 클라우드컴퓨팅에 관한 내용이다.

표 11-3 클라우드컴퓨팅

연도	내용
2020	• 지능인터페이스시장, 가상현실 교육, 광학 컴퓨팅, 바이오 컴퓨팅의 시장이 커진다. • 인공지능이 발전하여 전자 애완동물이 실제 반려동물을 능가하고 마침내 전자생명체가 인권을 획득하게 된다. • 인간의 커뮤니케이션은 가상공간 속에서 이루어지며 인간 간의 커뮤니케이션 이상으로 인간형 로봇(휴머노이드)을 통해 위안을 얻는 사람이 늘어난다.
2030	• 나노봇이 개발되어 두뇌는 물론 두뇌의 신경조직까지 스캔할 수 있어서 인간의 수명이 40~50년 증가한다. • 인간의 신경조직과 같은 컴퓨터가 나오고 신경 임플란트가 지각과 사고의 경험을 바꾼다. • 원거리 의료며 노인 도우미며 지능을 갖춘 로봇이 등장하게 될 것이다. 인간을 대신해 로봇과 커뮤니케이션을 하는 시간이 증가한다.

▶계속

연도	내용
2040	• 인간과 기계의 지능이 융합하게 되어 인간 대신 기계가 인간의 사고를 대신한다. • 두뇌 스캔을 인식해 의식이나 사고를 읽는 기술이 나온다. • 인간 커뮤니케이션 기술은 가상현실이 보편화하고 인간과 기계가 네트워크화된다. • 지금의 컴퓨터에 연결하듯 두뇌에 각종 기기를 연결하여 더 이상 학습이 필요 없게 된다. • 더 큰 만족과 인간의 내면성을 확대하기 위해 더욱 자연친화, 고급예술 감상, 창의적인 활동에 관심을 나타낸다.
2050	• 인공지능이 인간의 지능을 어떤 분야에서 능가한다. • 일부 모험가들이 미래 탐구에 나선다.

자료: 박영숙 외(2014).

2) 인간지능과 컴퓨터

20세기 후반 이전만 해도 과학자들은 의식의 얘기를 하는 것은 비과학적이라고 여겼다. 1970년대까지만 해도 인지과학에서조차 의식을 다루지 않았다. 물론 철학에서는 의식의 문제를 언급했지만, 1980년대를 지나 신경과학이 발달하고 인지심리학 연구에서 주의, 기억, 지각, 정서 등의 문제가 연결되고 그것과 관련된 뇌의 어떤 과정이 주의, 자극, 수면 등과 관련이 있는가를 신경과학적으로 탐지하면서 의식의 문제가 20세기 말의 자연과학적 화두가 되었다. 이전에는 의식의 문제를 거론하는 것은 비과학적이라고 생각했던 사람들이 그것을 자연과학적으로 답할 수 있는 물음이라고 생각하기 시작한 것이다.

의식에 대해 자연과학적으로 답할 수 있는가 하는 문제는 철학자들에 의해 전개되고 있다. 의식은 어떻게 존재하는가, 의식의 기능은 무엇인가, 의식은 뇌의 신경적 상태로 환원될 수 있는가, 하는 문제와 관련해서 감각질의 본질은 무엇인가 하는 물음을 던질 수 있다(이정모, 2012).

현재 우리가 사용하는 컴퓨터는 처리 속도와 메모리 용량 측면에서 매우 큰 발전을 이룬 것이다. 그러나 정보를 스스로 종합하고 판단하는 지능 측면에서는 수준이 그다지 높지 않다. 현재의 컴퓨터는 프로그램으로 사전에 정해 놓은 업무만 충실히 처리하며 예상하지 않은 사건에 대한 대처능력은 약하다. 미국에서는 사람과 컴퓨터의 체스 게임에서 컴퓨터가 인간을 이기기도 했다. 그러나 컴퓨터에 탑재된 프로그램은 어디까지나 전문가가 만든 소프트웨어의 성능에 따르기 때문에 그에 따라 게임의 승패가 결정된다고 할 수 있다. 아직 컴퓨터는 인간처럼 스스로 생각하고 판단하는 능력이 미약

하다.

하지만 미래의 컴퓨터는 지능 측면에서 비약적인 발전을 할 것으로 예상된다. 양자 컴퓨터가 실용화될 경우, 컴퓨터의 지적능력은 급속히 향상되어 원숭이 혹은 거의 인간의 수준까지 도달할 것으로 예측된다. 인간 두뇌의 메커니즘 규명과 뇌과학, 컴퓨터 공학이 연계되어 진화된 인공지능과 로봇의 결합으로 인해 인류는 혁명적 변화를 겪게 될 것이다. 오감인지 컴퓨터 등 오감정보 처리기술의 발전으로 인지 기능이 컴퓨터에 추가될 것이다. 이렇게 되면 인간의 기억은 그 의미를 상실할 것이며, 2050년경에는 인간과 기계의 인지 경계가 사라지는 인지과학시대가 도래할 전망이다. 뇌와 컴퓨터의 저장능력을 연결하여 뇌의 구조를 디지털로 저장하고 의식을 컴퓨터로 내려 받아 인간은 가상공간에서 삶을 지속하게 될 것이다.

 5 가상공간

앞으로 나타날 몇 가지 가상공간은 현실에서 또 하나의 현실로 공존하게 된다. 하이퍼 세계라 할 이 세계에서는 가상현실, 증강현실, 뇌와 인간을 둘러싼 여러 인간 유형을 볼 수 있다.

1) 하이퍼세계

하이퍼세계hyperworld 이전의 가상공간을 표현하는 단어는 사이버스페이스cyber space였다. 하이퍼세계는 현실세계의 시뮬레이션으로 가상세계에서 이루어지는 경제, 정치, 사회, 문화활동의 총체이다. 이 세계에서는 자신의 복제인간을 만들어 놓고 자기가 원하는 방식대로 살고 가상의 파트너와 사랑을 나눌 것이다. 또한 세계적으로 단체, 교회, 부족, 분산민족도 등장할 것이다. 이 세계에 들어가기 위해서는 세계적인 광대역 정보통신 네트워크, 위성통신망, 인트라넷 네트워크의 설치가 필요하다. 또 하이퍼세계에 적합한 제품, 특히 통신 판매, 언론, 광고, 은행, 보험 등과 관련된 제품이 새로운 형태로 나타날 것이다. 현실 세계와의 경계선도 허물어질 것이다(J. Attali, 1993).

2) 가상현실

가상현실VR; Virtual Reality은 이미 우리에게 익숙한 용어로 자주 사용하고 있는 기술이다. 대부분의 비디오 게임은 가상현실을 바탕으로 캐릭터를 조작하는 방식으로 이루어져 있다. 컴퓨터 그래픽 기술의 발전으로 가상현실VR은 현실에 존재하는 곳을 그대로 이식하기 시작했다. 가상현실VR은 아무리 정교하게 컴퓨터 그래픽으로 만들어낸다 하더라도 진짜가 아니라는 것을 인간은 알고 있다. 인간의 두뇌는 가상현실을 가짜라고 인식한다. 과학자들은 모션캡쳐motion capture를 통해 실시간으로 전신을 조작할 수 있는 가상현실의 세상까지 만들어냈지만 사람들은 이것을 진짜라고 여기지는 않는다.

그렇다면 가상세계의 존재 이유는 무엇일까? 그것은 바로 현실세계에서 금지된 것을 허락하고 있기 때문이다. 나아가 복제 이미지 덕분에 실제와 가상세계의 폭은 더욱 좁아진다. 사람들은 자신의 가상존재를 3차원 세계 또는 가상공간 안에서 그 후에는 실생활에서 갖게 되며, 가상존재를 통해 대리체험을 하거나 예감·암시를 통해 무수한 모험을 하게 된다(J. Attali, 1993).

먼 미래에 복제와 나노기술 덕에 가상과 실제가 완벽하게 융합되면 천년 동안 이어져 온 공간의 개념은 무너질 수밖에 없다. 나노기술은 인간과 기계를 네트워크로 연결하여 의사소통을 하게 만들고 원거리 의료나 도우미 등을 현실화시킬 것이다.

3) 증강현실

증강현실AR; Agmented Reality은 스마트폰이 보급되면서 널리 알려졌다. 증강현실 애플리케이션은 스마트폰 보급과 비슷한 시기에 이루어졌고 게임기에 카메라가 장착되면서 가능하게 되었다. 닌텐도의 게임기 Wii의 돌풍으로 시작된 모션인식 게임 열풍 덕분에 새로운 게임 장르로 증강현실 게임을 선보였다. 휴대용 게임기에서도 증강현실을 활용하여 현실의 공간에 존재하지 않는 것을 재창조하여 게임기 디스플레이를 통해 보여 주는 흥미로운 게임으로 발전했다. 증강현실이 아무리 발전할지라도 인간은 현실과 증강현실을 혼동하지는 않는다. 어디까지나 만들어진 가짜라는 것을 알고 있다. 증강현실은 디스플레이를 통해 구현되기 때문에 진짜 자신이 들어가 있는 것은 아니라고 느낄 수 있다.

가상현실은 배경과 자신의 배경 환경에 모두 현실이 아닌 가상의 이미지를 사용하지만, 증강현실은 현실의 이미지나 배경에 3차원 가상 이미지를 겹쳐서 하나의 영상으로 보여 준다. 증강현실을 그래서 혼합현실 MR; Mixed Reality이라고도 한다. 한 예로 가상현실 격투기 게임은 나를 대신하는 캐릭터가 가상의 공간에서 가상의 적과 대결하지만, 증강현실 격투기 게임은 내가 '현실의 공간'에서 '가상의 적'과 격투기를 벌이는 셈이 된다. 인터넷을 통한 지도검색, 위치검색도 넓은 의미에서 증강현실의 한 형태이다. 증강현실은 실제 현실과 가상세계를 융합해 사용자의 감각으로는 얻을 수 없는 정보를 제공한다.

4) 대체현실

대체현실 SR; Substitutional Reality은 현실인지 비현실인지 체험하는 사람이 알 수 없다. 기술의 발전으로 360° 촬영한 공간의 데이터를 가질 수 있게 되었다. 헤드마운트 디스플레이HMD를 장착한 유저는 HMD를 통해 세상을 보게 되는데 이때 과거에 같은 장소에서 촬영한 360도 영상을 플레이해 주면 이것이 현실인지 과거인지 알 수 없게 된다. 지금은 시각과 음성만 대체현실로 인지하지만 나중엔 촉각과 후각까지 대체현실로 구현이 가능하다면 엄청난 기술이 아닐 수 없다.

 ## 6 창의성과 뇌과학의 융합

창의성은 인간의 잠재력 발휘능력이며 최고의 역량이므로 천부적인 소질과 재능을 필요로 하는 능력과 노력에 의하여 증진될 수 있다. 과거의 다양한 시행착오적 경험을 새로운 현실에 적용하는 것이 바로 창의성이 요구되는 정보처리 업무이다. 작은 변화에서 큰 변화에 이르기까지 창의성을 발휘하기 위해서는 많은 두뇌계발이 요구된다.

그림 11-3 시지각적 분리(perceptual segregation)

    그림 11-3은 루빈의 꽃병 Rubin's vase으로 덴마크의 형태주의 심리학자 에드가 루빈 Edgar Rubin, 1886~1951이 1915년에 개발한 인지적인 시각적 환각현상을 나타낸 그림이다. 그는 흰색을 보면 사람으로 보이고 검은색을 보면 꽃병으로 보이는, 즉 두 가지를 한꺼번에 인지할 수 없다는 것을 빗대어 인간의 흑백논리를 설명했다. 또한 영국 여왕의 생일을 기념해서 꽃병은 1977년 영국 엘리자베스 여왕 즉위 25주년 기념행사를 위해 여왕과 부군(국서)의 얼굴을 제작한 것이다. 이 꽃병의 모티브를 제공한 사람이 바로 루빈이다. 형 figure과 배경 ground의 분리로 지각에 따라 그에 대한 속성을 본 인간은 누구나 자신이 보기 원하는 방향으로 본다는 것이다.

    다시 말해 사람들은 인간의 시각이 쉽고 자동적으로 이루어진다고 생각한다. 그냥 눈으로 보면 망막의 영상이 뇌의 어디론가 보내지고 그냥 대상 인식이 일어난다고 생각한다. 그런데 눈으로 보고 막연한 위치를 아는 것 말고 대상의 정체 인식에 관한 것은 그리 간단한 문제가 아니다. 대상을 알아본다는 것은 아주 복잡한 정보처리 과정에 의한 것이다. 대상의 윤곽이라든지 대상 간의 경계, 모양, 크기, 움직임, 밝기, 주변 대상의 움직임, 색깔 등 모든 것이 우리가 의식하지 못하는 과정을 통하여 시신경 체계에서 처리된다. 우리가 하나의 대상을 볼 때 그 대상을 정확히 인식하기 위해서는 처리해야 하는 시각적 특질(모양, 색깔, 움직임 등의 정보)이 아주 많은데 그것들을 시각체계에서 모두 다 처리한다. 게다가 이러한 특질들은 먼저 독립적으로 각각 처리된 후에 통합되어 특정 색깔과 모양을 지닌 대상이 특정한 거리에서 특정한 방향으로 움직이는 것으로 지각된다. 또한 인간의 시각은 자극 자체로만 결정되는 것이 아니라 감정이라든지 지식, 신념들이 개입되어서 이에 따라 똑같은 대상을 보는 데에도 달리 볼 수 있고 달리 기억될 수도 있다(이정모, 2012).

1) 창의성의 정의

창의성 creativity은 일상생활을 아름답게 만들고 활력을 주는 원동력이다. 창의성이란 '새롭고 가치 있는 유용한 일을 만드는 능력'이라고 한다. 길포드 Guilford는 창의성이란 문제를 재정의 하는 능력, 문제에 대한 민감성, 답을 결정하기 전에 그것을 평가하는 능력, 문제를 분석하고 요약하는 능력, 직관력 등을 요구하는 개념으로 정의했다. 창의성에 대한 정의는 무수히 많으나 학계에서 가장 대표할만한 정의는 다음과 같다. 그는 "창의성이란 참신함과 적합성을 갖춘 작품을 생산할 수 있는 능력이다."라고 정의를 두었다. 여기서 참신하다는 것은 독창성을 의미하는 동시에 예측이 불가능하다는 것이며, 적합성이란 용도에 부합하고 목표에 의해 설정된 한계에 부합됨을 의미한다. 이어 건축학자 존 커티지 John Kurtich의 정의를 살펴보면 "창의성은 우리의 내면을 찾아내고 해방시키고자 하는 일종의 몸부림이다." '찾아내는' 것과 '해방시키는' 것으로 창의성을 설명하고 있다. 그는 우리의 내면을 찾아내고 해방시키는 것은 바로 작품의 주제이고 주요 요소이며 우리의 관심사이다. 창의성은 우리의 신비로운 세계를 찾아내서 밝히려는 욕망의 표현인 것이다(이병욱, 2012).

2) 창의성 계발

창의력이란 창의성을 발휘하는 창조적인 힘이다. 창의력을 강화하기 위해서는 상상력, 호기심, 자료관리 등으로 기반을 갖추고 유연성과 감수성을 활용하여 정신력을 집중시키는 균형이 중요하다. 균형은 사회적으로도 중요하다. 정치에 여·야가 있고, 운동회에 청팀과 백팀이 있으며, 사회이슈에도 늘 찬반이 있다. 양극단의 생각이 서로 부딪칠 때에는 염산과 양잿물이 섞이듯 균형점을 잘 찾는 것이 중요하다. 양극단의 물질이 만나 완전히 다른 제3의 물질이 된다는 사실은 조지프 슘페터 Joseph Alois Schumpeter[34]가 갈파한 창조적 파괴 reative destruction[35]를 연상시킨다. 창조는 기존에 안주해 온 질서

---

34 오스트리아 학파의 경제학자. 제1차 세계대전 후 재정난 수습에 힘썼으며, 1921년 빈 시(市) 바이다만 은행 총재가 되고, 그 후 독일의 본(Bonn) 대학 교수가 되었다. 나치스(nazis)의 압박을 피하여 미국으로 망명. 하버드대학에서 강의, 미국 시민권을 얻었다.

35 기술의 발달에 경제가 얼마나 잘 적응하는지를 설명하기 위해 제시한 개념. 슘페터는 자본주의의 역동성을 가져오는 가장 큰 요인으로 창조적 혁신을 주창했으며, 특히 경제 발전과정에서 기업가의 창조적 파괴행위를 강조하였다.

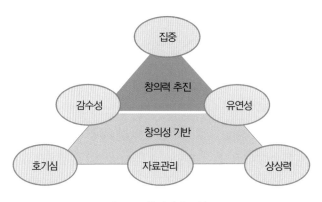

그림 11-4 창의력의 구성요소

자료: 이병욱(2012).

를 파괴해야 나올 수 있다. 스스로를 버리는 파괴가 없으면 새로운 무언가를 만들어 내기 어렵다. 신비로운 자연의 원리가 인간사회에서도 들어맞는 것이다. 그림 11-4는 창의력의 구성요소를 나타낸 것이다.

이러한 여지가 내포되고 있다고 볼 때, 균형적인 창의력을 발휘하기 위해서는 호기심, 자료관리, 상상력을 기반으로 감수성과 유연성을 가지고 문제를 해결하기 위하여 모든 역량을 집중해야 한다(이병욱, 2012).

(1) 호기심

호기심이란 미지의 세계에 대한 관심과 흥미이다. 호기심은 과학과 문명 발전의 원동력이다. 호기심은 외부에 대한 긍정적인 태도에서 비롯되며, 부정적인 태도는 외부에 있는 가치를 인정하지 못하는 것이므로 호기심을 야기하지 못한다.

(2) 자료관리

창의성이 뛰어난 사람은 지혜 또는 상상력이 우수하다. 지혜는 사물을 꿰뚫어 보는 통찰력을 의미한다. 통찰력을 발휘하기 위해서는 많은 지식을 활용해야 하므로 평소에 자료를 관리하는 습관이 중요하다.

(3) 상상력

상상력imagination은 감각기관에서 정보를 얻지 못할 때 정신적인 이미지와 개념을 형성하는 능력이다. 감각정보가 없으므로 과거의 경험으로 얻어진 기억을 새로운 형태로 재구성하는 정신능력이다. 문제해결을 위하여 정신과정이 갑자기 재구성되는 것을 통찰이라고 부른다. 통찰력은 상상력을 통하여 이루어진다.

(4) 감수성

감수성이란 외부의 사물이나 사상을 인식하는 능력이다. 감수성은 인간의 감성에 관한 능력이므로 감수성이 많으면 외부에서 새로운 정보를 많이 수집하고 배우게 된다.

(5) 유연성

창의력을 발휘하려면 목표의식이 투철해야 하며 사고방식이 고지식하지 않아야 한다. 문제를 해결하는 과정에서 많은 어려움에 부딪치게 되는데 좌절하지 않고 추진하려면 사고방식이 유연해야 한다.

(6) 집중

사람의 정신력도 일종의 자원이므로 경제적으로 사용해야 하며 어려운 문제를 해결하기 위해서는 더 많은 에너지가 필요하다. 큰 문제해결을 위해서는 작은 에너지를 여러 번 나누어 사용하는 것보다는 큰 에너지를 한 번에 집중하는 것이 효과적이다. 그림 11-5는 창의성의 필수 구성요소를 나타낸 것이다.

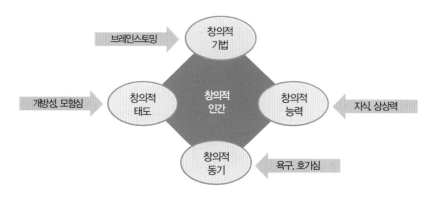

그림 11-5 창의성의 필수 구성요소

자료: 이병욱(2013).

창의적인 사람이 되기 위해서는 창의적인 동기, 태도, 능력, 기법 등의 네 가지 요소를 잘 갖추어야 한다. 창의적 동기는 욕구의 강도를 표현하는 것으로 호기심, 집착, 유희 등을 포함한다. 창의적 태도는 어떤 일을 추진할 때 개방적인 자세, 모험심, 독자적인 자세 등이 요구된다. 창의적인 능력이란 지식, 독창성, 융통성, 상상력과 같은 정신적인 능력을 말한다. 창의적 기법이란 브레인스토밍, 속성열거법, 형태종합법 등의 구체적인 사고 방식을 말한다.

3) 창의적 사고기법

인간은 누구나 창의성을 갖고 태어나며 계발시키면 창의력이 증진된다. 표 11-4는 이러한 창의적 사고기법을 적용하고 계발하기 위한 내용을 설명하고 있다.

표 11-4 창의적 사고기법

창의적 기법	내용	비고
브레인스토밍	많은 사람이 자유 토론	판단 유보, 비판 불허
속성열거법	다양한 속성 열거	변형과 개선
장점·단점열거법	장점과 단점의 새로운 조합	새로운 변화
체크리스트법	모든 경우의 나열과 점검	아이디어 창출

(1) 브레인스토밍

브레인스토밍이란 두뇌에 폭풍을 일으켜서 어떤 문제를 해결한다는 뜻이다.

(2) 속성열거법

속성열거법은 문제해결을 위하여 아이디어를 수집한 다음에 더 좋은 아이디어를 얻기 위하여 계속 질문하여 새 아이디어를 유도하는 기법이다.

(3) 장점·단점열거법

문제를 개선하기 위하여 단점과 장점을 열거하여 단점인 속성과 장점인 속성을 조합하거나 삭제함으로써 해결책을 찾는 기법이다.

(4) 체크리스트법

문제해결을 위해 가능성이 있는 모든 아이디어를 열거하고 차례대로 평가하면서 점검하는 기법이다.

4) 창의성과 뇌과학

인간의 대뇌는 그림 구성, 음악, 풍부한 표현, 표정 읽는 일에 능숙한 우뇌와 말하는 일, 읽기와 쓰기, 계산, 소리인식에 뛰어난 좌뇌로 나누어져 있다. 우뇌 인간은 감정이 풍부하고 예술적 이미지나 발상, 또는 직감도 훌륭하지만 자기 멋대로이며 상식이 부족하고 원활한 커뮤니케이션을 할 줄 모른다. 창의성이 활발하게 성과를 내려면 뇌가 잘 돌아가야 한다. 뇌는 각자 역할을 담당하고 있는 여러 개의 뇌로 구성되어 있으므로 이들의 협동이 중요하다.

창의성을 잘 발휘하려면 감정의 뇌인 변연계가 기억활동을 잘하고 이성의 뇌인 신피질이 사고력을 잘 구사해야 한다. 또한 신피질의 사고력과 구피질의 기억력이 협력해야 한다. 해마가 기억활동을 잘하기 위해서는 그 옆에 있는 편도체가 기분 좋게 돌아가야 한다. 구피질이 잘 돌아가면 이성의 뇌가 활성화되고, 신피질이 활성화되면 구피질

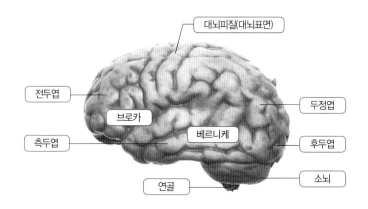

그림 11-6 창의성과 뇌

이 기억활동을 잘할 수 있다.

전두엽이 신비체험에 관련된 것으로 여러 차례 확인됨에 따라 신경신학의 연구대상이 뇌의 여러 영역으로 확대되었다. 캐나다의 신경과학자인 마리오 보리가드 Morio Beauregard는 기능성 자기공명영상 장치를 사용하여 카르멜회 수녀 15명의 뇌를 들여다보고, 수녀들이 하느님과의 영적 교감을 회상할 때 비로소 활성화되는 부위를 여섯 군데 발견했다. 예컨대 로맨틱한 감정과 관련된 부위인 미상핵 caudate nucleus의 활동이 더욱 증대되었다.

이와 같이 두뇌는 서로 연관되어 돌아간다. 중요한 것은 기분이 좋고 긍정적일 때 활성화가 잘된다(이병욱, 2012).

다중지능이론이 한국에서 명성을 얻게 된 데에는 다른 이유가 있을 것이다. 혹시 한국의 교육은 획일적인 방식으로 이루어지는 게 아닐까 생각해 보았다. 즉 모든 아동이 같은 것을 같은 방식으로 배우는 것이 아닐까 하고 말이다. 학생들은 그들이 배운 방식에 얼마나 길들여졌느냐에 따라 보상을 받거나 벌을 받는다. 물론 이런 접근법은 학술적으로 재능이 있는 학생들에게 효과적이다. 그러나 그들을 제외한 나머지 학생들에게는 그렇게 효과적이지 못하다.

자료: 하워드 가드너(2007), 다중지능.

5) 창조적 융합

최근 우리 사회가 융합의 거센 바람에 휩싸여 있다. 서로 다른 학문, 기술, 산업영역 사이의 경계를 넘나들며 새로운 주제에 도전하는 지식융합, 기술융합, 산업융합은 새로운 가치 창조의 원동력이 되고 있다. 21세기 들어 융합현상이 시대적 흐름으로 자리 잡게 된 이유는 상상력과 창의성을 극대화할 수 있는 지름길로 여겨지기 때문이다.

인문사회학과 과학기술을 아우르는 지식융합의 뿌리는 계산적 견해computational view 에서 찾아볼 수 있다. 제2차 세계대전 이후, 특히 1970년대부터 컴퓨터가 학문의 연구 수단으로 각광받으면서 전통적인 연구방법이 도전을 받게 되었다. 분석 못지않게 통합 능력이 뛰어난 컴퓨터의 출현으로 완전히 새로운 차원에서 다양한 학문 사이의 관계를 재고하게 된 것이다. 전문분야의 개별적인 연구보다는 여러 학문 사이의 공동 연구가 요구되는 새로운 주제들이 속속 발견됨에 따라 상이한 학문 간 수평적 융합이 가속화 되기 시작했다.

1956년 미국에서 마음을 과학적으로 연구하기 위해 출현한 인지과학은 사람의 뇌를 컴퓨터의 하드웨어, 사람의 마음을 소프트웨어에 해당하는 것으로 간주한다. 인지과학 은 심리학, 철학, 언어학, 인류학 등 인문사회학과 신경과학, 인공지능 등 과학기술로 구성된 융합학문이다. 인지과학의 방법론과 연구성과를 활용하는 융합학문이 갈수록 늘어나고 있다. 거의 모든 인문사회학에서 인지과학과 융합한 새로운 연구분야가 나타 나고 있다. 한편 신경과학에 의해 마음의 물리적 기초가 밝혀지기 시작함에 따라 여러 분야에서 융합학문이 태동했다.

먼저 뇌 연구와 인문사회학의 융합으로 사회신경과학, 신경경제학, 신경신학, 신경 미학, 신경윤리학이 출현하였다. 사회신경과학은 인간의 사회적 인지 및 행동의 기초 가 되는 생물학적 메커니즘을 탐구하기 위해 사회심리학과 신경과학이 융합한 분야 이다.

그림 11-7과 같이 뇌과학 융합학문의 연구와 과학기술의 융합으로 새로운 연구분야 가 형성되었다. 대표적인 사례는 계산신경과학과 신경공학이다. 계산신경과학은 뇌의 기능을, 신경계를 구성하는 물질이 정보를 처리하는 과정, 곧 계산에 의해 설명하기 위 하여 컴퓨터 과학과 신경과학이 융합하여 출현한 분야이다. 신경공학은 사람의 뇌를 조작하는 기술이다. 신경공학은 뇌의 질환은 치유하는 것이 주요 목적이지만 결국에는 정상적인 사람의 뇌 기능을 향상시키는 쪽으로 활용 범위가 확대될 것임에 틀림없다.

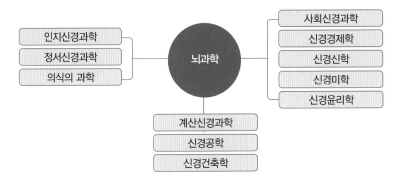

그림 11-7 뇌과학 융합학문

자료: 이인식(2014).

신경공학의 대표적인 기술은 뇌-기계 인터페이스brain-machine interface이다.

애플의 성공 신화는 전적으로 스티브 잡스Steve Jobs의 융합적 사고에서 비롯되었다. 2011년 3월 잡스는 아이패드2를 발표할 때 대형 스크린에 리버럴 아츠(교양과목)와 테크놀로지의 교차로 표지판을 띄우면서 "교양과목과 결합한 기술이야말로 우리 가슴을 노래하게 한다."라고 했다. 인문학적 상상력을 정보기술에 접목한 잡스의 융합적 사고가 애플 제품의 세계시장 석권을 일구어 낸 원동력임은 분명한 사실이다. 잡스의 융합적 접근방법에 충격을 받은 국내 기업은 물론 정부 당국은 산업융합의 중요성을 절감하고 지식경제부 산하의 한국산업기술진흥원을 중심으로 다각도로 대책을 궁리하고 있는 것으로 알려져 있다.

융합은 21세기 한국사회 발전을 이끌어 갈 새로운 패러다임으로 자리매김하고 있다. 지식융합은 대학, 기술융합은 연구소, 산업융합은 기업에서 각각 새로운 아이디어·콘텐츠·제품·서비스를 쏟아내기 시작했다. 이러한 융합의 물결을 주도할 사람은 자신의 분야를 '깊이 탐구하고' 관련 분야와 '널리 소통하는' 융합형 인재임에 틀림없다(이인식, 2014).

7 미래사회의 인류학적 융합의 전망

과학은 놀라운 성과를 만들어 내고 있지만 과학기술의 지속적인 발전과 세계화는 미래의 위험과 윤리적 문제에 직면해 있다. 예를 들어, 어느 날 개인이 생화학 무기와 같은 대량살상무기를 만들어 인류를 위협할 수도 있다. 사회가 이러한 잠재적 위협성을 사전에 발견하고 차단하도록 조치하기 위해 시민의 권리를 어디까지 제한하는 것이 옳은 지에 대한 윤리성 관련 논의도 진행된다.

개인은 인터넷을 통해 특정 윤리적 문제에 대한 세계적인 활동을 이끌 수 있다. 뉴스미디어, 블로그, 윤리위원회, NGO는 비윤리적 결정 과정과 부패를 폭로하고 있다.

의사결정과정과 관련된 세계윤리에 대한 집단 책임감은 아직 초기단계이지만 성장하고 있다. 기업의 사회적 책임 프로그램, 윤리적 마케팅, 사회적 투자가 늘고 있다. 문명사회의 표준을 규정한 국제표준화기구ISO; International Organization for Standardization 와 국제조약의 발전을 통해 체계 윤리가 서서히 등장하고 있다.

2012년 3월, 160개 국가와 EU는 부패에 대한 국제협정을 비준했다. 이 협정은 정의와 행동규칙을 확립하는 데 유일한 법적 구속력을 가진 도구가 되었다. 유엔이 주도하고 세계 130여 개국 5,300개 기업을 포함, 총 8,000명이 참여한 협약 글로벌콤팩트global compact가 그것이다. 글로벌콤팩트는 기업과 NGO 간의 협력을 증진시키고 기업에 대한 관심을 높였으며, 많은 국가가 기업의 비재무성과 보고를 의무화했다.

국제형사재판소는 정치 리더들을 성공적으로 기소해 왔고, 진행과정은 인터넷으로 중계되었다. 인권선언은 종교와 이념적 격차를 넘어서 세계윤리강령 및 의사결정에 관한 논의를 구체화하고 있다. 하지만 국제투명성기구Transparency International의 부패인지지수 조사를 보면 세계윤리의 갈 길은 아직 멀어 보인다.

미래사회의 인류학적 융합은 세계의 의사결정에 달려 있으며 윤리성을 더하기 위해 다양한 인센티브를 만들어야 한다. 아이의 가치관을 세우는 데 부모의 역할을 강조하고, 합법적인 기관에 대한 존중을 장려해야 한다. 또 사회적으로 영향을 주는 역할모델을 지원하고, 계몽된 세계를 만들기 위해 효과적인 교육 전략을 만들어 사람들이 스스로 가치 있는 행동을 할 수 있도록 해야 한다.

HCI(Human-Computer Interaction)는 인간과 컴퓨터의 어울림이요, 인간과 컴퓨터가 만나는 접점에서 상호작용을 더욱 인간 중심적으로 자연스럽고 풍부하게 하는 것이다. '인간 중심의 HCI'는 인간 중심에서 컴퓨터 시스템을 설계하고 평가하는 것을 도와주는 동시에 컴퓨터를 사용하는 인간과 컨텍스트에 대한 이해를 심층적으로 추구하는 새로운 융합 학문으로 자리매김하고 있다. 그간 독자적으로 존재하는 공학, 인문학, 디자인 등의 학문을 융합해 HCI 현상에 대한 시야를 넓혀가고 있는 것이다. 예를 들어, 시스템과 개별사용자 간의 상호작용을 넘어서 컴퓨터가 다수의 사용자 간 공동경험(co-experience)과 사회적 상호작용(social experience)을 증진시킬 수 있느냐에 대한 관심이 증대하고 있다. 이런 작업은 컴퓨터 과학은 물론 심리학, 커뮤니케이션, 사회학, 언어학 등의 분야와 밀접히 관련되어 있다. HCI는 융합의 허브로 차세대 융합 학문의 가능성을 잘 보여 주고 있다.

한편 HCI의 한 분야인 인터랙션 사이언스는 두뇌, 마음, 컴퓨터와 기타 기술 간의 정보와 상호작용 과정을 다루는 신생 학문이다. 간단히 말해 '인간의 과학'이라 표현할 수 있는데, 인간의 마음을 작용시키는 심리적 연구와 환경을 구성하고 있는 기술과의 상호작용을 연구한다. 예를 들면, 인간의 시각을 통한 인식과정을 신경세포 수준으로 밝히고 이를 컴퓨터 시뮬레이션을 통해 탐색하면서 컴퓨터가 인간의 얼굴을 인식하는 방법을 연구 할 수 있다. 따라서 인간의 심리적 인지과정을 연구하기 때문에 자연과학적인 성격을 가지며 이를 토대로 인간이 인지한 정보에 부여하는 의미, 즉 사회과학적인 측면까지 연구함으로써 학제 간의 경계를 없애는 핵심적 융합학문이라 할 수 있다.

인터랙션 사이언스는 기본적으로 휴머니타스적이다. 휴머니타스란 인간다움이란 뜻의 라틴어이다. 'Humanities'는 휴머니타스를 기반으로 변용된 단어로 인문학을 지칭한다. 즉 인문학은 인간다움에 대한 학문이라 할 수 있다. 중세 초기 성직자들은 휴머니타스를 그리스 도교의 기본교육과정으로 채택하여 교양과목이라 부르기도 하였고 15세기 이탈리아의 인문주의자들은 세속적인 문예, 학술활동을 '스투디아 휴머니타티스(Studia Humanitatis)'라고 하였다. 한때 인문학의 위기라고까지 몰리던 이 학문이 최근 스마트 혁명과 함께 새롭게 주목을 받고 있다. 여기서 우리가 인문학이라고 하는 것은 일반적으로 생각하는 문사철(文史哲)만을 의미하지 않는다. 최근에 주목을 받고 있는 인문학으로서의 역할은 문사철의 인문학적 소재에 국한되는 것이 아니라 바로 전체 인간의 맥락 속에서의 인간이 모든 기술과 관계를 맺으며 인간-기계의 관계가 얼마나 더 인간적이고 얼마나 더 개인적일 수 있느냐의 창의성에 관한 것이다. 이는 고도로 복잡해지고 스마트화되는 제품이 인간을 사용자로서만 보는 것이 아닌 기술과 상호작용을 하는 인간으로서의 존재를 부각시킨 것과 관련이 있다. 잡스는 인간이 하나의 정보를 받아들여 어떻게 인지하고 처리하는지에 대한 과정 자체에 흥미

▶계속

가 있었고, 애플은 이러한 인지적 특성에 부합하는 사용하기 쉬운 제품을 디자인하려고 노력했던 것이다. 사람들이 애플에 열광하는 것은 바로 기술이 사람을 이해하려는 노력 즉, 기술의 인문학적 추구를 높이 산 것이기 때문일 것이다. 인간을 이해하려는 인문학적 방향은 결국 친숙한 경험이 될 것이고, 그것은 비트(bit)의 흐름이 아니라 사용자의 오감을 포함한다. 다중감각이 동시적으로 작동하는 물리적 세상에서의 경험 그리고 그 경험의 극대화일 것이다. 즉 애플의 사용자 인터페이스(UI)에 인간의 직관성이 배어 있다는 것은 다른 제품과의 차별성이다. 애플은 인간이 느끼는 가장 편하고 자연스러운 경험을 기술에 담아내고 인간 경험을 최적화하는 데 최선의 노력을 기울인 것이다. 경험의 극대화란 유용함이나 이성에 호소하는 것이 아니라 풍부함이나 감성적인 것에 호소하는 것이다. 그것은 단순히 기능 이상의, 인간의 본질적인 원초적 가치를 제공한다.

HCI는 서로 다른 학문인 인문, 과학, 예술이 유기적으로 융합된 학문이다. 서로 다른 관점과 서로 다른 생각들이 HCI라는 플랫폼 위에 같이 서 있는 것이다. 중요한 점은 상이한 관점이지만 서로의 궁극적 수렴점은 같다는 것이다. 통섭학문으로서 HCI의 궁극적 목적은 ICT 기술을 다양한 학문분야와 융합시켜 인간의 삶을 윤택하게 하고 산업을 고도화하는 것이다. 인간의 근본에 대한 학문 그리고 그 근본 안에서 일궈낸 과학이라는 기술 그리고 이 둘이 결합한 새로운 기술들이 개발되고 있다. 인간이 생활에 있어서 보다 편리함을 추구하려 할 때 인간은 그 편리함을 현실화시키기 위해 발명을 한다. 발명을 함으로써 새로운 기술이 생겨나고 그 기술은 보편화되며 하나의 트렌드가 된다. 스마트폰을 비롯한 최근의 스마트 혁명도 계속적으로 진화하는 트렌드의 한 과정이고 현재의 스마트기술과 개념이 융합되어 또 다른 기술을 탄생시킬 것이다. 이러한 스마트 기술들이 함의하는 문화적 의미는 바로 개방, 협업, 통섭이다. 미래의 기술 발전도 이런 가치들이 중심축을 이루며 발전될 것이다.

자료: ICT인문사회융합동향, 정보통신정책연구원(2013).

▶ 과학과 인간의 상호교류에 대해 토의해 보자.
▶ 통합이 인간의 삶에 어떠한 영향을 미칠 것인지 생각해 보자.

Chapter **12**

융합의 **갈등전략**

미래사회를 살아가는 오늘날 인간관계의 갈등은 개인 간, 집단 간, 조직 간, 사회와 국가 및 국제적 수준에서 중요한 이슈를 차지하고 있다. 갈등이란 의견 대립, 다툼, 분쟁, 대립, 분노, 반대, 적대감, 딜레마, 스트레스 등을 칭한다면 이 갈등으로 인한 인간은 살아가면서 끊임없이 많은 갈등을 겪는다. 그중에서도 특히 사회화와 집단의 분화로 인해 발생하는 집단 간 갈등은 사회 전체를 위기상황으로 몰고가기도 한다. 사회가 점점 더 복잡해지고 다원화됨에 따라 개인과 개인, 집단과 집단, 개인과 집단 사이의 갈등 역시 더 복잡해지고 다원화되어 간다.

입장이나 이해관계가 상이하고 사상과 이념이 다르며, 전통, 문화, 습관 및 신념은 더욱 다르고 인종이나 계층이 다른 사람들이 섞여 살아가는 미래사회에서는 여러 형태의 갈등들이 빈발할 수밖에 없다.

1 개념적 정의

우리는 최선의 가치에 근거한 의사결정을 했다고 생각하고 싶어 한다. 하지만 때때로 결과가 명확하지 않고 가치가 상충될 수 있다. 그 때문에 전문가의 판단 또는 직관을 구하는 것이다. 하지만 어떻게 전문가의 결정을 믿을 수 있을까? 전문가의 직관은 어떤 상황에서는 좋을 수 있지만 다른 상황에서는 참담할 수도 있다. 이것을 해결하는 방법은 집단지성시스템을 활용해 다양한 전문가와 대중의 의견을 활용하는 것이다.

MIT 집단지성센터에서는 어떻게 하면 인간과 컴퓨터가 집합적으로 연결되어 개인, 그룹, 컴퓨터가 과거보다 더 똑똑하게 반응할 수 있을지를 연구하고 있다. 그들은 지능지수 테스트와 같은 집단지성 측정치를 개발하려고 한다. 온라인 소프트웨어를 이용한 신속한 의견 취합과 평가는 사람들로 하여금 시기 적절한 정책 결정을 내릴 수 있도록 해 줄 것이다. 이러한 활동은 풀리지 않는 문제에 대한 해답이 되어줄 평균적 판단을 내리는 '군중의 지혜'와는 근본적으로 다른 것이다. 군중의 지혜는 투표를 통해 얻을 수 있다. 반면 집단지성은 개인과 지식인 집단, 소프트웨어, 하드웨어, 데이터, 정보, 지식 간의 지속적인 피드백에서 발생하는 자산이다.

의사결정은 종종 사람들이 무언가를 모르기 때문에 늦어진다. 의사결정 훈련 프로그램은 비합리적 의사결정이 행해진 이유, 역사 속의 교훈, 미래예측, 인지과학, 통계 활용, 전통적 의사결정 지원시스템, 집단지성, 윤리적 고려, 리더십의 역할, 투명성, 책임성, 새로운 방식의 소프트웨어를 갖춘 참여적 의사결정, 전자정부, 조직 시스템 개량 및 확인방법, 우선순위 결정 프로세스, 다른 기구 간의 의사결정 협력 등을 함께 담아야 한다.

그러나 우리가 해결해야 할 지구촌의 과제들은 정부, 기업, NGO, 대학 및 국제기구가 단독으로 해결할 수 있는 것이 아니라는 점에서 의사결정을 하기가 매우 까다롭다. 이를 위해서는 국제기구와 국가 간 공통된 플랫폼이 만들어져야 한다(박영숙 외, 2014).

 ## 2 인간관계와 갈등관리

갈등은 적절하게 관리하고 해결하면 긍정적인 결과를 기대할 수 있다. 체계적 또는 조직적으로 갈등을 해결하기 위해서는 갈등 발생의 원인, 과정, 연관성, 당사자들의 입장을 파악하여 그에 맞는 대책을 세워야 한다. 또한 자신이 겪은 갈등을 피드백을 통해 그 유형과 원인을 통계화하면 갈등의 패턴과 자신의 삶의 방식을 정량화할 수 있게 된다.

1) 갈등전략

(1) 협상

루빈 Rubin과 브라운 Brown이 제시하는 협상 negotiation의 특성은 다음과 같다(이성록, 2007).

- 첫째, 복수 이상의 당사자가 의사결정의 주체이다.
- 둘째, 상호 간의 상반되는 이해관계이다.

- 셋째, 이해 당사자들 간의 자발적 협상관계이다.
- 넷째, 불완전한 정보 속에서 상대의 정보를 탐색하는 상호작용이다.
- 다섯째, 파워를 인과관계와 관련된 능력으로 본다.

협상은 기본적으로 둘 이상의 의사결정권을 가진 사람들이 서로 상반되는 갈등의 이해관계를 해결하기 위해 합의점을 찾고 해결대안을 모색하는 공동노력이다. 따라서 서로가 동등한 위치에서 적극적으로 협상에 임해야 하며, 사전에 상대에 대한 정보와 상대에게 제시할 협상대안을 준비해야 한다. 성공적인 협상을 하기 위해서는 다음과 같은 전략이 필요하다.

- 첫째, 논쟁을 피해야 한다. 협상은 누구의 잘못을 따지거나 변명을 듣는 자리가 아니라 서로의 목적을 달성하기 위해 상대와 주고받는 것에 대면하는 자리이다.
- 둘째, 상호이익이 보장되어야 한다. 협상은 윈윈게임win-win game이지 윈루즈게임 win-lose game이 아니다. 협상에 임할 때는 상대가 나를 위해 포기한 만큼의 뭔가를 채워 주어야 한다. 국제 외교 분쟁에서는 '명분과 실리' 중에서 하나를 선택해야 하는 경우가 많다.
- 셋째, 감정을 억제해야 한다. 협상은 이성적 사고로 상대의 마음을 읽고 그에 맞는 대책을 순간에 제시해야 하는 '찰나'의 반응을 중요시한다. 어떤 상황에서도 평상심을 잃지 않고 이성적으로 행동해야 한다. 협상에서 감정을 드러내는 쪽이 지는 것이다. 왜냐하면 감정표현은 표면적으로 자신의 생각을 93% 이상을 표출시키는 일종의 비언어적 표현방식이기 때문이다.
- 넷째, 대인관계 기술이 있어야 한다. 협상은 인간과 인간이 만나서 이야기하고, 듣고, 반응을 보이고 최종적으로 합의하는 것이 보편적이다. 만약 대인관계 기술이 부족하면 첫 번째 단계인 만남에서부터 문제에 부딪힐 것이다.

(2) 중재

중재arbitration는 대립상태에 있는 당사자들이 합의에 도달하지 못한 경우 제3자가 나서서 문제해결을 돕는 행위를 말한다. 문제를 원활하게 해결하기 위해 중재자는 다음과 같은 특성을 가져야 한다.

- 첫째, 상황을 명확히 판단하고 양쪽이 원하는 바를 정확히 인식하고 있어야 한다.

협상과 달리 중재는 문제에 전혀 이해관계가 없기 때문에 냉철하고 이성적으로 상황을 판단할 수 있다.

● 둘째, 양쪽이 합의에 도달할 수 있도록 협상을 진행하며 만족하지 못할 경우에는 대안을 제시하여 선택하게 한다. 일반적으로 중재자들은 한 분야의 전문가들이다. 그들의 경험과 지식은 어떤 상황에서나 최선의 대안을 제시할 수 있다.

● 셋째, 중재자는 고정관념이나 선입관이 없어야 하며 편파적인 행동이나 주장을 하지 말고 합리적이고 이성적인 태도를 지향하여 양쪽으로부터 신뢰를 받아야 한다.

● 넷째, 중재는 상호성에 입각하여 진행되어야 한다. 중재자는 강제권을 가지고 판결을 내리는 판사가 아니고 중재를 필요로 하는 사람들도 피의자가 아니다. 중재는 평화스럽고 자연스러운 분위기 속에서 진행되어야 한다.

중재는 대체적으로 협상에 실패한 경우 양쪽 모두로부터 신뢰받는 중립적인 전문가의 도움을 받아 신속하게 문제를 해결하려는 노력이다. 중재가 실패할 경우 대부분 법원에서 강제력을 동원한 재판을 받는데 이때 시간과 경비가 소요된다. 만약 판사가 해당분야에 전문성이 없는 경우 한쪽이 불복하여 시비가 발생하기 때문에 협상에 실패하면 중재를 통해 해결해야 한다.

2) 현대사회의 갈등 패러다임

다원화된 현대사회에서는 사회 내의 갈등현상이 빈발하고 중첩되며 심화된다. 현안이 되고 있는 특정 갈등이 해소된다고 하더라도 또 다른 갈등이 생겨나기 때문이다. 이에 따라 개인이나 조직, 국가 행동 및 의사결정과정에서 상충되는 요소나 모순에 직면하는 경우가 늘고 있다. 우리는 이제 더 적은 비용을 지출하면서 더 많은 일을 하도록, 집중하면서도 다원화하도록 권한을 아래로 위양하면서도 세부사항을 더 잘 알도록, 위험을 감수하면서도 실패하지 않도록 강요받고 있다(Strohand Miller, 1993). 이제 개인이나 조직, 국가는 효율성과 혁신성 중 어느 것도 희생하고 싶어 하지 않는다. 그들은 이제 더 적은 자원으로 더 많은 영역에서 성과를 내고자 하며, 위험을 감수하지만 비용 지출이 많은 실수는 피하고자 한다(정명호, 1997).

현대사회에서의 복잡성 증대와 갈등 잠재력의 중첩현상에 주목하고 이를 일반이론의 틀에 끌어올려 논의를 확대한 학자로는 신체계 이론가인 니클라스 루만 N. Luhmann 이었다. 1960년대 후반의 체계론적 연구와 70년대 초 하버마스와의 논쟁을 통해 명성을 얻은 그는, 80년대 초 기능주의 내에서의 패러다임 전환을 통해 독일 사회학의 대표적 이론가로 자리를 굳혔을 뿐만 아니라 갈등, 복잡성, 패러독스, 동어반복 등의 개념을 자신의 자기준거적·자동생산적 체계의 이론 틀 내에 도입하여 새로이 조명·발전시킴으로써 체계론적 갈등 담론의 확산에 크게 기여했다(Luhmann, 1984).

루만에 의하면 일차적으로 기능적으로 분화된 사회로서의 현대는 자동생산적인 다시 말해, 자기 스스로를 조절하고 재생산하는 다수의 부분체계로 이루어져 있다. 경제, 정치, 학문, 법 등은 각기 자신만의 독특한 내부 논리와 자기 준거에 따라 스스로를 조절하고 재생산하는 주요 사회체계들이다. 그런데 이들 각각의 내부구조나 이들 간, 그리고 이들과 전체 사회의 관계는 너무나 복잡하고 가변적이다. 왜냐하면 사회의 기능적 분화 심화, 분화된 영역들의 자율성 및 상호의존성의 동시 증대는 이들의 내부구조, 이들 간 인간관계, 이들과 전체의 관계를 "너무나 복합적이고 상호의존적이며, 상황종속적이고 예측불가능하게"(Luhmann, 1986)만들어 버렸기 때문이다.

따라서 이러한 사회경제적 패러다임의 변화, 즉 상충되는 패러다임의 혼재와 함께 갈등 패러다임도 사회의 기본 모순 및 이로 인한 갈등으로부터 갈등의 중첩 현상과 복잡화에 주목하는 쪽으로 이동하고 있다.

3) 갈등사회의 이념적 지향

현대사회를 살아가고 있는 사회갈등은 기존의 좌−우, 보수−진보의 틀에 의거한 갈등 분석체계를 근본적으로 뒤흔들고 있다. 지금까지 좌−우의 이분법적 코드는 전통적인 갈등차원, 즉 노−자 간 갈등을 위시한 기존의 갈등기제를 설명하는 도식으로 즐겨 사용되었다. 하지만 이러한 단일 차원만으로 접속시대의 사회갈등을 규명하기에는 한계가 있기에 여기에 '참여방식'이라는 새로운 갈등차원을 추가할 필요가 있다. **그림 12-1**은 갈등사회의 이념적 지형을 나타낸 것이다.

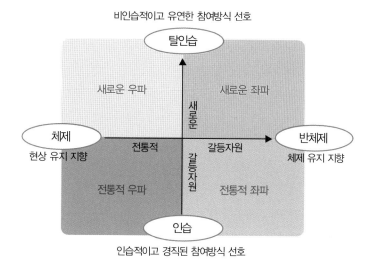

그림 12-1 갈등사회의 이념적 지형

자료: 김종길(2005). 접속시대의 사회갈등과 사회통합.

　넓은 의미에서 현대사회의 새로운 갈등 잠재력은 사사분면 모두에 걸쳐 있다. 하지만 우리가 일반적으로 새로운 갈등집단이라고 부르는 세력들은 대체로 사회개혁지향적이지만 탈인습적이고 유연한 참여방식을 선호하는 집단들, 이른바 신좌파적 정치지향을 보이는 세력들이다. 이때 탈인습적이고 유연한 참여방식의 내용이 어떠한 것인지는 지역에 따라, 시기에 따라, 그리고 갈등주체나 변혁대상의 성격 또는 변혁대상의 반응 여하 등에 따라 다양하다.

　최근 정보사회의 진전과 함께 사이버공간이라는 새로운 갈등공간이 출현하면서 갈등이슈와 갈등방식이 더욱 다원화되고 복합화 되고 있다. 이를 간략히 유형화하면, 정보화의 전면화라는 새로운 사회현실과 관련하여 제기되는 디지털 저작권 보호와 같이 이른바 디지털형 이슈가 사이버공간에서 제기되는 경우, 이념갈등처럼 산업사회의 제반 사회문제와 결부된 이른바 '아날로그형' 이슈가 사이버공간으로 확장되는 경우, 정보격차와 같이 오프라인 공간에서 '디지털형' 이슈를 제기하는 경우, 빈곤문제처럼 오프라인 공간에서 '아날로그형' 이슈를 제기하는 경우 등 **그림 12-2**와 같이 구분할 수 있다.

　한국사회에서는 전통적인 갈등집단과 갈등 전개방식, 새로운 갈등집단과 갈등 전개방식이 다양하게 교차하고 복합적으로 얽혀 있으며, 그런 만큼 갈등의 전선이 사사분면 모두에 골고루 산포하고 있다.

이처럼 복잡성과 불확실성, 갈등하는 요소들의 공존을 특징으로 하는 새로운 질서로 이행해 감에 따라 한국사회의 갈등양상은 이전과는 비교할 수 없을 정도로 다차원적이고 전 방위적으로 확산되고 있다. 그림 12-2는 접속시대의 갈등이슈 및 갈등 발생 지점을 나타낸 것이다.

한편, 인터넷의 확산에 따른 정보사회 전면화 시대의 도래는 사회갈등의 구조와 동향을 더욱 복잡하게 만들고 있다. 정보사회의 전면화는 한편으로 지금까지 공론과정에서 소외되었던 광범위한 대중들의 정치참여를 가능하게 했지만, 다른 한편으로 정보격차, 표현의 자유, 전자감시 등을 둘러싼 갈등 잠재력을 크게 확대시켰기 때문이다.

갈등의 성격 또한 변모하고 있다. 오랫동안 한국사회의 갈등은 국가와 정치, 경제의 지배계층에 대한 '비리저항형' 또는 '체제저항형' 갈등의 양상을 띠었으며, 그 원인을 원천적으로 제거하기보다는 권위주의 정권이 물리력을 동원하여 강제적으로 억압하는 방식이 갈등해소의 주조를 이루었다. 그러다가 1987년 민주화 대폭발 이후 권위주의 정권하에서 억눌려 있던 다양한 욕구와 이익들이 일거에 분출되는 '요구폭증현상'이 일어났으며, 이는 갖가지 형태의 사회적 균열 및 갈등상황의 확대 재생산으로 이어졌다. 본격적인 갈등사회로 진입한 것이다.

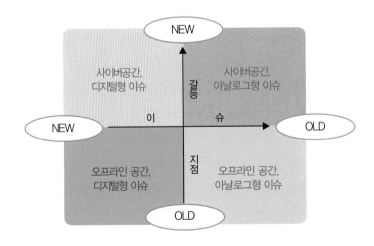

그림 12-2 접속시대의 갈등이슈 및 갈등 발생 지점

자료: 김종길(2005). 접속시대의 사회갈등과 사회통합.

4) 주요 사회갈등의 유형

전반적으로 오늘날 한국사회에서는 체제 위협적 갈등이 상대적으로 약화되는 반면, 일상적인 생활상의 욕구와 이익에 기초한 갈등이 크게 증가하는 추세이다. 접속시대에도 여전히 강한 위력을 발휘하거나, 환경변화에 조응하면서 새로이 변형·재생산되고 있는 주요 사회갈등으로는 빈부갈등, 이념갈등, 노사갈등, 가족갈등, 세대갈등, 지역 갈등 등이 있다.

(1) 빈부갈등

빈부갈등은 일반적으로 개발도상국을 비롯한 저개발국에서 '결핍'의 형태로, 선진공업국에서는 '사회적 배제'의 모습으로 현재화된다. 다시 말해, 개발도상국에서는 배고픔, 문맹, 전염병 그리고 의료서비스와 깨끗한 물 부족 등이 빈곤의 핵심과제인데 비해, 이러한 문제들이 거의 해결된 선진공업국들에서는 사회적 불신, 정체성 상실, 대량실업, 고용 불안정 등의 사회적 유대 약화 및 단절이 상대적으로 더 중요해진다. 한국사회의 경우 개발도상국형인 결핍과 선진국형 빈곤 현상인 사회적 배제가 동시에 나타나고 있다. 이는 한국사회 역시 사회보장을 받기 힘든 절대적 빈곤층이 존재하고 이들에게는 식량이나 주거 등 기본적인 생존권의 문제가 중요한 해결과제로 등장하지만, 다른 한편에서는 실업과 불완전 고용, 공동체 참여로부터 소외되는 사회적 배제가 증대되는 상황이 동시에 나타나고 있음을 의미한다.

(2) 이념갈등

글로벌시대에 인간의 욕구가 다양해지면서 이념적 갈등이 대립되고 있다. 이념갈등의 출발은 세계대공황을 접하면서 좌우대립과 초기 우세했던 좌파 진영이 미군 정기를 거치면서 우파에 의해 축출되는 과정에서 비롯된 것이다. 이러한 이념갈등은 분단된 남한의 반공의식의 내재화를 거쳐 '반공주의'라는 사상으로 고착화되었다. 그 이후 지속된 남북대립 속에서 남한의 반공이념은 안보, 성장, 안정, 평화 등의 이념을 토대로 시대의 변화를 거듭하면서 권위주의 정권을 유지하는 지배담론의 역할을 충실히 수행하고 있다. 다시 설명하자면, 반공주의 담론은 레드 콤플렉스red complex라는 감정적 의미 속에 지배를 유지하고 재생산하는 수단으로 작용하고 있는 것이다.

(3) 노사갈등

노사갈등은 글로벌시대의 기업성장과정에서 가장 대표적인 갈등으로 노동과 자본의 갈등이다. 노동과 자본은 이익의 분배를 창출하고 생산성 극대화를 위해 상호의존하는 형성단계이며 또한, 배타적인 관심을 가지는 집단이다. 현 시대의 요구는 국민의 안정을 위해서 물질만능주의와 배금주의 사상으로 변해가고 있다.

문화가 발달하고 생활의 편리성을 찾으려는 집단이기주의와 개인이기주의 문제로 기업은 노사 간의 갈등 즉, 기업주와 생산자의 노사문제로 갈등을 겪을 수밖에 없다. 노동시간과 임금은 한국사회 노사갈등의 가장 중요한 원인으로 작용해 왔다. 특히 국가는 '선성장 후분배' 전략으로 저임금 장시간 노동체제를 도입하여 노사갈등과 불신의 뿌리 깊은 문제의 원인을 만들었다. 이러한 갈등의 문제를 해결하기 위해서는 사회구성원의 상대적 박탈감 확산, 강력한 노동 통제구조, 노동자의 사회적 욕구 증대, 노동환경을 둘러싼 갈등, 산업 재해와 직업병 인정 및 보상의 갈등 문제를 해결하고자 노·사·정이 소통하여 국가와 국민이 행복한 시대를 만들기 위해 노력해야 할 것이다.

(4) 가족갈등

가족갈등은 전통적인 가족구조로서 가부장적인 제도와 남아선호사상인 권위적인 시대로 가족의 갈등이 형성되었다. 하지만 지식정보화시대로 접어든 오늘의 한국사회에서 가족은 그 형태와 규모 및 의미에서 큰 변화를 겪고 있다. 가족이 급격한 변동을 겪으면서 부부관계와 부모자녀관계에 평등과 민주화라는 긍정적인 변화를 요구하는 것이다. 이러한 문제는 부부간의 조정기능 부재, 가족 간 대화 부족, 가정교육 결여, 부모의 자녀에 대한 과잉보호 또는 무관심, 자녀에 대한 지나친 기대 등으로 인한 부작용이 가시화되고 있으며, 가족을 둘러싼 갈등 또한 증폭되고 있다. 이 같은 이혼율 급증, 출산율 격감, 독신 및 동거 커플 확산, 한부모 가족 증가, 노인부양의식의 실종은 오랫동안 한국사회에서 사회질서 및 통합의 근간으로 간주되어 온 가족이 원래의 기능상실을 넘어 갈등과 해체로 나가고 있다.

가족의 갈등을 해결하기 위해서는 대화를 통해 가족구성원의 요구와 의견을 존중하고 서로의 역할분담과 행복을 위해 최선의 노력을 해야 할 것이다.

(5) 세대갈등

문화적 다양성이 확대되면서 세대 간 문화적 차이도 급변하고 있다. 기술환경의 변화, 문화산업의 급팽창, 글로벌의 시대적 변화는 이러한 추세를 더욱 부추긴다. 한국의 기성세대는 농촌사회 또는 전통사회가 규정하는 사회문화적 환경에서 성장했다. 그들의 의식과 행동은 전통주의, 권위주의, 특수주의 등의 범주에서 크게 벗어나기 어렵다. 반면 젊은 세대들은 기성세대에 비해 상대적으로 합리주의, 보편주의, 민주주의, 평등주의, 개인주의 등의 가치관을 내면화하고 있을 뿐 아니라 이를 생활에서 실천하고자 한다. 세대갈등의 또 다른 진원지는 노인인구 증가에 따른 고령화사회의 도래이다. 통상적으로 노인인구가 전체인구의 7%를 넘으면 고령화사회, 14%를 넘으면 고령사회라고 부른다. 고령인구 비율이 7%에서 14%로 되기까지 프랑스는 115년, 미국은 71년이 걸린 반면 한국은 15년 만에 고령사회가 도래하여 세계에서 가장 빠른 고령사회 진입국가가 될 것으로 예측된다. 오늘날 한국사회에서 나타나는 세대차이 및 세대갈등을 고도의 마케팅을 위한 매스컴 조작이라고 보는 부정적 견해도 있다.

반면 새로운 기술의 도입과 수용과정에서 나타나는 세대 간 격차나 오늘날 학교와 직장에서 주목되는 세대 간 커뮤니케이션 단절, 그리고 최근 더욱 가시화되는 세대갈등은 심각한 세대위기의 징후가 아닐 수 없다. 우리 모두는 각자가 현실에 적응할 수 있도록 인격을 존중하는 바람직한 시대를 만들고자 노력해야 할 것이다.

(6) 지역갈등

현재 세계의 대부분 지역의 사람들은 평화롭게 살기를 원하고 있다. 하지만 지구촌의 절반은 아직도 지역 간 불균형 발전, 지하수 고갈, 에너지 수요 증대, 낡은 정부와 기관 시스템, 부적절한 법률제도, 식품·물·에너지 등의 가격인상으로 인한 사회불균형과 폭력에 지속적으로 노출되어 있다. 지역에 따라서는 정치·경제·환경적 조건으로 인해 이민이나 노동이주가 급증하고 있다. 이러한 노동이주는 새로운 갈등을 만들 수 있다. 또한 기후 변화의 영향으로 2050년까지 4억 명이 더 살기 좋은 나라 또는 지역으로 이주할 것으로 예측되면서 이주를 가는 민족과 이주를 받아들이는 민족 간 갈등이 심화될 것으로 예상된다.

지역주의의 고착화에 따른 지역주의는 보편성을 거부하는 일종의 분파적 사고로 행위주체는 개인이지만 그것은 개인적 편견을 넘어 집합의식의 형태를 띠고 있다. 지역주의는 지역감정과 지역차별의 형태로 나타나는데, 이 두 요인은 지역갈등을 부채질하고 있다. 지역갈등의 또 다른 지역차별은 국가 엘리트 충원상 차별, 지역 간 경제력 격차 등의 형태로 가시화되고 있다. 최근에는 고전적인 지역갈등 이외에 분권화와 지방화와 같은 새로운 지역갈등이 현안으로 부상하고 있다. 지역별 집값 차별화에 따른 경제적 불평등 심화는 강남과 강북 또는 서울과 지방 간 갈등, 님비NIMBY와 핌피PIMPY 현상을 불러오고 있다. 지역 이기주의로 인한 중앙과 지방 간 갈등, 신행정수도 건설 여부를 둘러싼 서울과 충청도 간 갈등 등이 대표적인 예이다. 이처럼 지역주의와 지역 갈등은 지역격차라는 객관적 현실을 반영하고 여타의 심리적 또는 상황적 요인들이 가세된 복합적 상호작용의 산물이다. 따라서 세계 어느 곳에서나 보편적으로 관찰할 수 있는 지역갈등보다도 훨씬 더 정치적으로나 경쟁적인 성격이 강하다.

(7) 새로운 글로벌 집단갈등

글로벌시대에는 전통적인 갈등과 대립구도로 인한 새로운 집단갈등의 전선이 가속화될 것이다. 이는 수많은 직업집단과 결사체가 새로이 양산되고 있는 현실과도 밀접한 관련이 있다. 각 분야의 전문가 집단들이 조직화되고 이익 집단화되면서 이들 직업 영역 간 이해대립과 갈등 또한 심화되고 있다. 기업의 구조조정을 둘러싼 노·사·정의 갈등, 의약분업을 둘러싼 의사집단과 약사집단 및 정부 간 갈등, 사립학교법 개정을 둘러싼 교육단체와 학교법인 및 정당 간 갈등이 대표적인 예이다. 상대적 박탈감relative deprivation의 만연으로 인한 갈등도 심각하다. 우리의 잣대, 즉 특수주의적 행동준거와 지역적 의식구조를 세계적 수준에 맞추어야 한다는 글로벌스탠더드의 준거틀이 매우 높다. 글로벌한 무한경쟁의 시대에 성장하기 위해서는 한국의 전통성을 창의적으로 개발하고 마케팅하여 민족적 자긍심을 지켜야 한다. 현대사회를 설명하는 많은 이론들은 근대화 과정에서 학연, 혈연, 지연주의와 같은 잔재들이 소고되어야 할 것이다. 우리는 글로벌시대에 새로운 집단갈등의 요소들을 변용·재구성하여 더불어 사는 성숙한 시대를 만들어 가야 할 것이다.

3 환경과 사이버의 갈등

유비쿼터스 환경과 사이버테러와의 갈등은 IT 기술의 현격한 발전과 인터넷의 급속한 보급을 통해서 전 세계는 유비쿼터스 환경으로 점차 고도화되어 가고 있다. 이러한 환경변화는 개인이나 단체의 정보 수집 및 이동을 편리하게 만들었지만 동시에 해킹, 거짓정보 유포, 악성댓글 피해, 불법 금융거래 등 사이버공간에서의 병폐가 발생하게 되었다. 이처럼 현실공간에서는 당연히 제재되었을 많은 사안들이 사이버공간에서 무차별적으로 발생하고 있으며, 최근 사이버테러 및 범죄가 급증하고 그 수법이 갈수록 지능화되고 있다.

세계적으로 인터넷과 휴대폰이 삶의 많은 부분을 차지하면서 마약, 인신매매뿐만 아니라 사생활이나 비즈니스로까지 범죄조직이 활동영역을 넓히고 있다. 범죄조직이 운영하는 온라인 호스팅에서의 데이터 절도 및 불법 취득이 지속적으로 증가하고 있다. 국제경찰은 사이버범죄의 규모가 코카인, 마리화나 및 헤로인 거래 규모의 합을 초과했다고 경고했다. 하루에 컴퓨터를 통해 이체되는 국제금융 규모가 2조 달러에 이르며, 이것이 국제 사이버범죄자들의 목표가 되고 있다.

미국 소재 국제보안관리업체의 사이버 공격 및 보안에 대한 설문조사 Federal Cyber Security Outlook for 2010에 따르면, 2011년에 가장 큰 보안 위험은 정교하고 강해진 사이버공격(64%)이란 응답이 가장 높은 비율을 차지하였고, 2010년 보안사고의 원인은 바이러스와 악성 코드 침입(59%)으로 나타났다. 또한 미국 연방 IT 전문가들은 연방보안 준수 규정을 위해 가장 큰 제약요인으로 숙련된 인력 및 예산 등의 자원부족(57%)을 선택함으로써 향후 사이버 공격에 대처하기 위한 전문인력의 수급이 중요한 화두가 될 것임을 예상하였다.

그림 12-3의 '2011 노턴 사이버 범죄 보고서 Norton Cybercrime Report 2011'에 따르면, 2010년 사이버 범죄로 인한 직간접적 피해는 전 세계적으로 3,880억 달러에 달했으며, 4억 3,100만 명의 성인(인터넷을 이용하는 성인의 69%)이 피해를 입은 것으로 나타났다.[36]

---

36 전 세계 사이버 범죄 피해 규모 연간 1,140억 달러' 2010년 사이버 범죄로 인한 금전적 피해는 1,140억 달러, 사이버 범죄로 인한 시간적 손실을 금액으로 환산하면 연간 2,740억 달러로 나타났다(ITWorld, 2011, 09, 14).

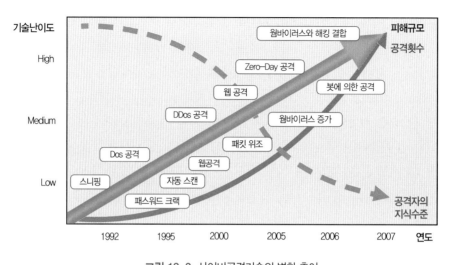

그림 12-3 사이버공격기술의 변화 추이

자료: 행정안전부(2007), 과학기술예측조사(2012~2035).

또한 인터넷을 이용하는 성인의 10%가 모바일 사이버 범죄를 경험한 것으로 나타났고, 시만텍 인터넷 보안 위협 보고서 제16호 Symantec Internet Security Threat Report Volume 16, 2011에 따르면, 모바일 운영체제의 보안 취약점이 2009년 115개에서 2010년 163개로 42%나 증가한 것으로 조사됐다(ITWorld, 2011, 9, 14 기사). 그리고 소셜 네트워킹의 확산, 취약한 보안 현황, 스마트폰 사용자의 증가 등의 원인으로 악성코드 또한 급증하는 것으로 나타났다(안철수연구소, 2011).

미래에는 경제 불안, 사회 해체 등 글로벌화의 부작용에 노출된 개인이나 집단이 조직적으로 사이버 공격을 감행할 가능성이 증가할 전망이다. 국지적으로 시작된 사이버 테러가 전 세계적으로 확산된다면 거대한 시스템 마비 및 국가안보를 위협하는 큰 사건이 될 수 있다.

따라서 국가는 개인과 기업의 중요한 정보를 어떻게 안전하게 유지·활용해야 하는가에 대한 논의 및 대책을 다각적으로 연구해야 한다. 예를 들어 '미국 뉴욕의 정전 사태(2003)'는 계획적이고 지능화된 사이버테러의 위험을 실감할 수 있는 사건이었다. 이는 정보네트워크 구축에 앞선 국가일수록 외부 침입 시 일시에 정보네트워크가 붕괴될 가능성이 높다는 것을 확인시켜 준 중대한 국가적 사안이다. 국가 혹은 정치, 경제 세력들 간의 우발사태는 사이버테러 형태로 표출될 수 있으며 정보기술을 바탕으로 한

경제, 에너지, 교통 등 기반시설이 전략적 공격 목표로 인식되고 있다. 특히, 경제, 에너지, 교통 등 기반시설에 대한 사이버 공격으로 인한 마비는 물리적 전쟁수행보다 비용 및 파급효과 측면에서 더 파괴적 영향을 미치기 때문에 세계 각국은 사이버 역량 확보에 집중하고 있는 실정이다.

사이버테러는 다양한 사이버 공격기법을 활용하여 사회기반시설 기능 마비, 주요정보 절취, 변경, 파괴, 국론분열 등 전방위적으로 가해질 수 있으며 공격대상에 대한 정찰, 공격수행을 위한 거점 확보, 주요 목표에 대한 공격수행단계로 구성되어 전쟁 발발 여부에 관계없이 발생하고 있다.[37] 표 12-1과 표 12-2는 각국 사이버보안 현황과 피해 사례를 나타낸 것이다.

표 12-1 각국 사이버보안 현황

각국	현황
미국	• 네트워크 중심 전(Network Centric Welfare) 발표(2010) • 사이버사령부 출범(2010.07) • 현재 4만 명 이상의 군인, 시민, 전문가로 구성된 사이버 부대 운영 • 매일 15,000개의 국방 네트워크 보호 및 IT 기반보호에 참여 • 2012년 사이버 국방예산 23억 달러 투입
중국	• 사이버 부대 블루팀 창설 • 2011. 05. 25 광저우에 30명 규모의 사이버전 부대 창설로 1,000만 위안(약16억 원)의 예산 배정 밝힘 • 미국 등 서방전문가는 중국의 군 해커를 5만 명으로 추정
일본	• 2000년 사이버 전력 강화를 위해 육·해·공 자위대 통합 사이버테러 대응 조직 창설 • 2001년 중앙군사위원회 직속으로 컴퓨터 바이러스 부대 창설
북대서양	• 2012년까지 사이버 공격에 정면으로 맞설 수 있는 수준까지 대비태세를 증강하기로 결정
조약기구 (NATO) 영국	• 국가 사이버 보안 프로그램 발표 • 6억 5,000만 파운드의 기금 마련 • 국방부는 수백 명의 사이버군 모집, 사이버 공격 옵션 개발
이스라엘	• 사이버전 부대(유닛 8200)창설 • 이란 부셰르 원전시스템을 침투한 스턱스넷 개발처로 지목
독일	• 2011년 1월 사이버 국방센터 신설
러시아	• 사이버공격 역량을 키우고 있는 것으로 추정 • 2007년 에스토니아 사이버 공격의 배후로 지목

자료: 한국인터넷진흥원(2011).

---

37 과학기술예측조사(2012–2035), KISTEP 한국과학기술기획평가원, 국가과학기술위원회, 미래사회 전망과 과학기술 예측 1권, 종합조정 2012–037. 38–41.

표 12-2 국내의 사이버테러 주요 피해 사례

사례	내용
군사자료 유출시도 포착 (2008. 1)	군 대상 해킹코드 첨부 이메일 발송으로 군사자료 유출 시도
대통령 방문일정 이메일 해킹 (2008. 4)	'이명박 방문일정'이라는 메일 제목으로 악성파일이 첨부된 이메일을 공공기관에 발송. '대통령 출국일정'이라는 제목의 악성코드가 내포된 문서파일 첨부
청와대 해킹 (2008. 4)	직원 PC의 웜바이러스 감염으로 인한 해킹으로 '국가안전보장회의' 주요자료 제3국 유출
7월 7일 DDoS 대란 (2009. 7)	국내 주요 포탈, 정부부처, 금융기관 등을 22개 국내 주요 사이트를 대상으로 DDoS 공격이 발생하여 일시적으로 서비스 마비
국내 주요기관 및 사이트 공격 (2011. 3)	국내 주요 포탈, 정부부처, 금융기관 등을 22개 국내 주요 사이트를 대상으로 DDoS 공격이 발생하여 일시적으로 서비스 마비
현대캐피탈 고객 정보 유출 (2011. 4)	2,000만 농협 고객들의 개인정보 유출, 백업 서버 다운
농협 전산망 해킹 (2011. 4)	2011년 1월 사이버 국방센터 신설
네이트 개인정보 유출 (2011. 7)	3,500만 네이트 개인정보 유출
중앙선거관리위원회 서버 다운 (2011. 10)	중앙선거관리위원회와 박원순 서울시장의 홈페이지를 공격(DDoS 공격)
넥슨 개인정보 유출 (2011. 11)	1,300만 메이플 스토리의 개인정보 유출

자료: 경찰청 사이버테러대응센터(2012).

4 융합의 전략적 갈등

방송 없이 통신만이 사용하던 서비스인 통신사의 초고속통신서비스와 통신 없이 방송만이 사용하던 서비스인 케이블 방송망이 만나는 지점, 즉 융합환경에서는 두 서비스가 '동일서비스'가 된다. 따라서 전국적 규모의 거대자본인 통신사업자와 경쟁해야 하는 지역으로 서비스 권역이 나뉘어져 있는 케이블 TV 사업자에게 거대 통신사와 서로 협조하면서 공존하라는 상생의 논리를 주장하는 것이다.

통신업계 실무자들은 IPTV 사업자에게 과도한 규제를 해서는 안 된다. 이미 통신사업에까지 손을 뻗친 케이블 TV 사업자들은 막상 통신업체가 방송계에 진출하려고 하자 온갖 공공성의 논리를 지적한다. 케이블사업자의 통신사업 진출과 향후 TPS까지 확대하여 거대 통신 공룡을 저가경쟁으로 끌어들일 위험성의 존재한다는 점 등을 생각할 때 이러한 지적이 모두 틀렸다고 생각되진 않는다. 하지만 정보화가 더욱 심화된 통·방 융합환경, 유비쿼터스사회에서 국민의 모든 일상적 삶이 아무런 규제 없이 단순한 시장 경쟁논리에 의해 한두 개의 거대 통신자본에 귀속되는 것에는 반대한다. 왜냐하면 융합된 사회에서 콘텐츠 유통 기반을 소수의 거대자본이 장악할 경우 케이블 TV 산업의 붕괴뿐만이 아닌 2차적으로는 지상파 등의 방송산업의 붕괴까지도 가능하기 때문이다. 또 벽으로 둘러싸인 정원walled garden형태, 폐쇄형태의 융합환경에서는 정보화의 심화에 따른 국민경제의 고른 발전보다는 가치사슬value chain의 왜곡과 정보격차 및 소득격차의 심화로까지 이어질 수 있기 때문이다.

융합의 결과는 네트워크 기반 융합서비스 사업자들은 방송·영상물을 끌어들여 네트워크 기반 사업자들에게는 기회가 보장되지만 콘텐츠 제작자에게도 시장 확대의 결과가 돌아갈 것인가에 대해서는 제고의 필요성이 절실하다.

5 민족 · 종교 · 국가 간 갈등

세계 인구의 절반은 여전히 불평등, 물 부족, 에너지 문제, 낡은 사회구조, 불충분한 사법제도와 자원가격 상승 등으로 인한 사회 불안정 및 폭력에 노출되어 있다. 정치적·환경적·경제적 조건이 악화되는 지역에서는 해외로 이민하는 사람들이 증가할 것으로 예측된다. 기후 변화를 포함해 앞으로 증가할 갈등으로 인해 2050년까지 4억 명의 이민자가 발생할 수 있다는 것이다.

유엔은 인구가 증가하고 경제 규모가 커짐에 따라 천연자원의 유출이 증가하고 사회적 긴장이 고조되며, 오래된 소수민족과의 종교 갈등, 시민 폭등, 원주민 시위, 테러 및 범죄의 복잡한 상호작용이 증가할 것으로 예측하였다.

개인이나 국가의 정체성 측면에서 주요 문명서구, 유교, 이슬람, 힌두교 등과 종교의 중요성이 증가하여 종교적·문화적·역사적 갈등이 지속되고 국지적인 분쟁은 갈수록 격화될 전망이다.

국가 간의 전쟁은 유엔 창립 이후 감소했지만, 국가 내의 내부 민족 분쟁 및 국지전의 증가와 그에 의한 사상자 수가 상승하고 있다. IHME Institute for Health Metrics and

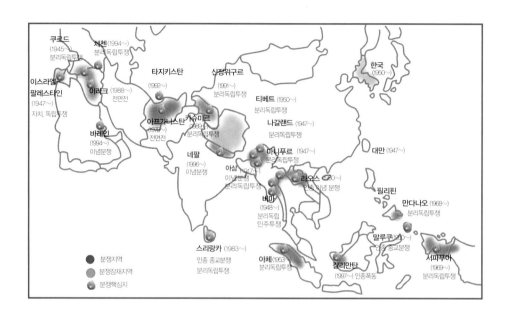

그림 12-4 21세기 세계 주요 민족 분쟁과 이슈

자료: 정문태(2003).

Evaluation의 연구에 따르면, 1955년부터 2002년까지의 전쟁 피해에 의한 사상자 수가 540만에 이르는 것으로 추측되고 있다. 1990년 이래로 150건의 민족 간 충돌이 있어 왔다. 이러한 충돌은 이전의 많은 국제 전쟁과 달리 피해자의 절반이 민간인으로 추정되는 것이 특징이다.

이러한 국지적 충돌의 대부분은 오랫동안 지속되어 자연적으로 쌓여 온 현상으로 현재도 지속되고 있다. 이와 같은 많은 충돌의 원인은 지역과 연방주의에 따른 갈등에서 비롯되고 있다. 민족·종교·국가 간의 갈등의 근본 원인을 분석하고 해결하려는 것으로 개인뿐만 아니라 국가 주권을 보호하기 위한 안보전략의 평화 협정과 환경적 조건들로 예방하여야 할 것이다. **그림 12-4**는 21세기 주요 민족 분쟁과 이슈를 나타낸 것이다.

6 미래 융합사회의 대응전략 전망

미래사회는 과거 · 현재 · 미래의 연장선의 융합시대이다. 미래사회는 공상의 세계처럼 생각에 존재하지 않고 현실 속에서 존재하기 때문에 불확실한 미래를 준비하는 우리는 미래에 대한 뚜렷한 목표의식과 대응전략을 가지고 있어야 한다.

먼저, 미래사회는 현재의 우리의 노력에 의해 만들어지는 사회이다. 더 좋은 미래를 원한다면 우리는 혁신적이고 창조적인 생각과 태도를 가지고 고정관념을 버리고 새로운 실패를 두려워해서는 안 될 것이다.

향후 21세기 신자원 민족주의는 기존 질서 내에서 고유가의 혜택을 더 많이 향유하려는 실용주의적 경향으로 지속될 전망이다. 글로벌 석유시장은 공급증가가 수요증가를 따라가지 못하는 것을 반영하는 것이어서 투기나 일시적 경기변동, 지정학적 불안정 등에 따라 단기적으로 유가가 등락할 수 있는 있어도 장기 고유가 추세 자체는 지속될 것으로 전망된다.

1990년대 중 · 후반으로 접어들면서 이념 대신 자치나 분리 · 독립처럼 현실 접목이 용이한 목표들을 전면에 내세우는 분쟁이 증가했다. 향후 15~20년 사이에 이런 유형의 분쟁 가능성이 예상보다 커질 것이다. 또한 파키스탄, 아프가니스탄, 나이지리아 및 예멘과 같이 청소년층이 급증하고 취약한 경제 토대를 가진 국가에서 이슬람 급진주의가 우세해지고, 미국의 중동지역에 대한 영향력 확대가 갈등을 심화시키는 기폭제 역할을 하고 있어 기독교와 이슬람 문명 간의 대립이 심화될 전망이다. 이 지역은 자국을 엄격한 이슬람 국가로 개조하려는 신근본주의자 또는 강경파 이슬람주의자들의 움직임에 따라 정치적 불안정이 지속되었다. 특히 불안정한 권위주의 정부, 석유 자원 및 서방세계에 대한 이해관계 및 종교 간의 갈등으로 인한 그 충돌 가능성은 향후 지속될 것이다.

2012년 12월 10일 발표된 〈2030년 세계적 추세〉는 "2030년이 되면 아시아가 북미와 유럽을 합친 것보다 더 큰 힘을 갖게 될 것이며, 특히 중국은 미국을 제치고 세계 최대의 경제대국으로 부상할 것"이라고 전망하고 인류의 삶에 결정적 영향을 미칠 메가트렌드megatrends로 다음과 같은 내용을 선정했다.

- 첫째, 개인 권한 신장이다. 전 지구적인 중산층 증가, 교육 기회 확대, 첨단 기술 확산 등에 힘입어 개인의 권한이 급속도로 신장된다.

- 둘째, 국가 권력 분산이다. 국제정치 무대에서 권력이 분산되는 추세이므로 미국이든 중국이든 절대 패권 국가는 될 수 없을 것이다.
- 셋째, 인구 양상 변화: 노령화 시대에 진입한 국가에서는 경제 성장이 둔화되고, 세계 인구의 60%가 도시에서 거주하게 되어 인구의 양상이 바뀐다.
- 넷째, 식량·물·에너지의 연계이다.

이 보고서는 이러한 4대 메가트렌드가 지배하는 2030년의 지구촌 문제를 해결하기 위해서 무엇보다 기술혁신이 필요하다고 강조하고, 향후 15~20년 동안 세계경제 성장을 견인할 기술로 정보기술, 자동화 및 제조기술, 자원기술, 보건기술을 선정했다(이인식, 2014).

지구촌 인구의 증가에 따라 식량·물·에너지의 수요가 증가하는 문제를 해결하기는 쉽지 않을 것이다. 이러한 문제해결방법을 모색하기 위해서는 식량·물·에너지·인간의 욕구를 해결하기 위한 통섭의 시대를 열어 자원의 수요와 공급이 연계될 수 있도록 해야 할 것이다.

방송통신융합이 갖는 추세는 시장에서 상당한 혼란을 가져오고 있다. 그간 수직적 규제체계 아래 별개의 규제기관과 규제체계를 유지해 오던 정책파트에서도 적지 않은 갈등과 혼란이 야기되고 있다. 전문가들은 방송통신융합이 정책추진과정에서 지속적으로 갈등을 유발시킬 가능성이 높다고 인식한다. 지상파 방송의 한 전문가는 심층 인터뷰에서 방송통신융합이 갖는 의미와 갈등 유발 가능성에 대해 다음과 같이 소상하게 설명했다.

방송통신융합은 컨버전스를 번역한 것에 불과하다. 정확히 융합이라 번역하면 안 되겠지만 굳이 의역하자면 결합 내지는 수렴이라고 할 수 있다. 결국엔 합쳐질 수 없는 서비스지만 병치될 수 있고 영역의 한계도 있다. 외국에서 융합의 뜻을 갖는 퓨전(fusion)이라는 단어를 쓰지 않는 것은 두 개의 서비스에 차이가 있음을 알기 때문이다. 외국에서는 콘텐츠서비스가 오디오비주얼(A/V)서비스인가 아닌가만을 본다. 컨버전스가 되지 않는 이유는 이러한 A/V와 non A/V가 얹혀지는 플랫폼망이 비슷해지기 때문이다. 결국에는 망은 그대로인데 망의 사용방식과 품질이 업그레이드되면서 여기 얹혀지는 서비스가 발전해 나가는 것이다.

그러나 여전히 콘텐츠에서의 통합은 이루어질 수 없다. 통신서비스가 자본이나 미디어 겸

▶계속

영을 하는 것에 대해 통신분야에는 규제가 없으므로 방송도 풀려야 한다는 것은 퓨전(fusion)의 영역에서는 가능하나 이런 상황에서 방송규제를 바꾸는 것은 매우 위험한 행위이다. 방송에서 그동안 규제규범이 유지되었던 것에는 충분한 이유가 있다. 예를 들면 여론의 독과점 등을 막기 위함이다.

지금 규제기관에서는 융합의 시대이므로 규제가 완화되어야 한다고 말하지만 그러한 논리는 허구라 생각한다. 컨버전스를 제대로 이해하지 못한 것이다. 사업자와 망은 'converge'가 가능하지만 그 위에 서비스는 합쳐질 수 없고, 합쳐진다면 방송이 존재할 이유가 없다. 국내의 문화창달 기능이 방송의 역할에서 사라지면 국내에서 제작할 필요가 없어진다. 누구나 원하는 서비스만 제공한다면 값싸고 좋은 미드(미국 드라마)를 사오는 게 더 이득일 것이다. 1/40의 가격으로 더욱 호응이 좋은 콘텐츠를 구입할 수 있기 때문이다. 이를테면 2억 원에 제작한 드라마를 500만 원에 구입하는 것이다.

기술의 발전으로 방송과 통신 영역에서의 콘텐츠 전달 인프라의 통합은 가속화되고, 공급 측면에서 서비스 제공기반과 플랫폼이 통합되더라도 여전히 최종적으로 소비되는 콘텐츠 자체의 구분은 지속되고 있다. '방송은 방송, 통신은 통신'의 구분이 가능하다는 것이다. 대표적인 융합매체인 IPTV를 둘러싼 오랜 갈등은 IPTV법이 통과된 이후에도 여전히 방송과 통신 양 영역의 주체 간 이견이 적지 않은 상태이며, 지속적인 갈등요인이 될 가능성이 있다고 전문가들은 인식하고 있다. 심지어 갈등관리의 주체여야 할 정부규제기관이 갈등의 이해 당사자일 수 있다는 인식과, 통합기구자체가 본질적 갈등의 결과라는 의견이 있기 때문에 갈등관리의 방안을 모색하는 데 있어 정부기관의 역할이 제한되지 않을 수 없는 구조임을 보여 준다.

자료: 정보통신정책연구원(2008). 방통융합의 갈등관리를 위한 정책결정 거버넌스 연구.

▶ 방송통신융합의 갈등 원인과 대책을 논의해 보자.
▶ 향후 발생할 융합의 갈등 사례를 분석해 보자.

참고문헌

과학기술정책연구원(2011). 창의적인 과학기술 인재양성. 21(2).

국가과학기술위원회(2012). 제4회 과학기술예측조사(2012~2035). 미래사회 전망과 과학기술
　　예측. 1.

국가정보화전략위원회(2011). 빅데이터를 활용한 스마트정부 구현.

김대현(1993). 학교에서의 통합교육과정 개발. 한국교육. 20.

김영석(2007). 우리말I IT: Convergence: 어울림 전파. Vol. 134. 한국전파진흥원.

김원제(2007). 문화기술 혁신정책 패러다임의 모색. 한국문화콘텐츠기술학회 논문지. 2(1).

김정태(2011). 적정기술과 지식재산권 기술혁신을 넘어 기술창업으로. 적정기술. 3.

김종한(2002). 21세기 '디지털 경제' 하에서 정치경제학의 주요쟁점. 한국사회경제학회 발표논
　　문집.

김진송(2011). **상상력: 세상을 다른 눈으로 바라보는 능력**. tech+.

김진수(2013). **STEAM 교육론**. 양서원.

김태원(2011). 한국적 다문화 연구에 대한 새로운 방향 모색. 인문과학연구, 16.

김태원(2012). 다문화사회의 통합을 위한 패러다임으로서의 유럽 상호문화주의에. **유럽사회
　　문화**, 9.

류석상 외(2013). 창조경제 실현을 위한 ICT의 새로운 역할과 과제. NIA.

류청산(2013). **미래가 보인다: 교육의 미래**. 박영사.

미겔 니콜레리스 저, 이수연 역(2010). **세계적 미래학자 마티아스 호르크스의 위대한 미래**. 한
　　국경제신문사.

박영숙 외(2014). **유엔미래보고서 2040**. 교보문고.

박우서(2002). 지역발전과 민간협력형 거버넌스 운영방안. 국토연구원.

박진(2013). **미래가 보인다: 아시아의 미래와 한국의 역할**. 박영사.

Bir Research group. (2011). 융합형콘텐츠 글로벌 최신 산업 동향.

사무엘 우드 외 공저, 장문선 외 공역(2012). **심리학의 세계**. 학지사.

서울대학교 교육연구소(1994). **교육학 용어사전**. 하우.

신동희(2011). **스마트융합과 통섭** 3.0. 성균관대학교 출판부.

신동희(2014). **창조경제와 융합**. 커뮤니케이션북스.

신중섭(2013). 철학적 관점에서 본 사회통합과 자유주의–국가 주도의 사회통합을 넘어서. 한
　　국경제연구원.

심광현(2009). 예술·인문학·과학기술융복합 또는 통섭의 개념과 방법. 학문 간 융합분과포

럼 발표자료.

심영섭(2013). 창의와 융합 활성화를 위한 규제개혁 방향, 규제연구. 2.

안종배(2013). **미래가 보인다: 미디어의 미래**. 박영사.

오형규(2014). **경제학, 인문의 경계를 넘나들다**. 한국문학사.

융합시대 사회문화트렌드와 UCC 활용전망, 2006-9-16.

이각범 외(2009). **하이트랜드: 디자인과 콘텐츠가 창조하는 기업의 미래**. 21세기북스.

이기현(2010). 디지털융합시대 콘텐츠산업 미래정책 연구. 한국콘텐츠진흥원.

이기현(2013). **미래가 보인다: 글로벌 미래 2030**. 박영사.

이민영(2013). **미래가 보인다: 한국문화의 이해**. 박영사.

이병욱(2012). **미래 디지털 사회를 위한 융합의 이해**. 생능출판사.

이상규(2013). **인문지식정보의 미래**. 박영사.

이상문 외(2013). **컨버저노믹스**. 위즈덤하우스.

이순배, 공명숙(2014). **글로벌시대의 문제해결방법**. 교문사.

이영만(2001). **통합교육과정**. 학지사.

이인식(2014). **융합하면 미래가 보인다**. 21세기북스.

이정모(2012). **인지과학: 학문 간 융합의 원리와 응용**. 성균관대학교출판부.

잉그램 저, 배진수 외 역(1995). **교육과정 통합과 평생교육**. 학지사.

자크 아탈리 저, 편혜원 외 역(1998). **21세기 사전**. 중앙 M$B.

장미혜(2005). 인터넷 사용의 확산과 음악생산소비형태의 변화. 21세기 한국디지털 트렌드 IT
　　가 문화의 생산유통 소비체계에 미치는 영향. 정보통신정책연구원.

전북일보, 전북환경운동연합(2011). 2011 초록 시민강좌: 자연이 내게로 왔다. 6번째 강연.

차원용(2009). **녹색융합비즈니스**. 아스팩국제경영교육컨설팅.

차원용(2009). 지경부-지식경제포럼-학용포럼, 집필원고 중; 제4차 산업융합포럼 발표자료.
　　지경부/한국생산기술연구원(2006. 06.19); 미래ICT 발전전략 및 기술로드맵 작성, ETRI 위
　　탁과제 및 논문작성 중 2009. 10).

차원용(2013), **미래가 보인다: 과학기술의 미래**. 박영사.

최윤식(2013), **미래가 보인다; 세계경제의 미래**. 박영사.

최재천 외(2014). **창의융합콘서트**. 엘도라도.

최재천(2008). 생명의 본질과 지식의 통섭(統攝). 발표자료.

최진묵, 권정옥(2010). 융합보안시장 동향 보고. samsung SDS Journal of IT Services. 7(2).

최철희(2013). **융합적 사고를 통한 사회와 인체의 이해**. 범문에듀케이션.

출입국·외국인정책본부(2012). 출입국·외국인정책 통계월보.

카스텔 저, 박행웅 역(2004). **인터넷갤럭시**. 한울아카데미.

하태정 외(2007). NBIT 컨버전스 연구 개발조직의 발전방안 연구. 과학기술정책연구원.

한국과학기술기획평가원, 국가과학기술위원회(2010). 과학기술예측조사(2012–2035). 미래사회 전망과 과학기술예측 1. 종합조정 2012–037.

한국과학기술기획평가원, 국가과학기술위원회(2012). 과학기술예측조사(2012–2035). 미래사회 전망과 과학기술예측 1. 종합조정 2012–037.

한국교육개발원 한국과학창의재단(2012). 현장 적용 사례를 통한 융합인재교육(STEAM)의 이해, Issue Paper 2. 현안보고 OR 2012–02–02.

한국문화콘텐츠진흥원(2009). 유럽 주요 3개국 문화산업정책 분석; 영국, 프랑스, 독일의 시청각 산업 및 만화산업을 중심으로.

한국산업기술진흥원(2010). 세상을 바꾸는 생각들. 학제간 융합포럼리포트.

한국언론연구원(1993). **매스컴대사전**.

현진권(2013). 사회통합의 필요성과 추진 방향. 한국경제연구원.

현진권, 민경국, 신중섭(2013). 자유주의 사회통합과 간섭주의 사회통합. 경제정책일반.

호세 코르데이로(2012). NBIC 융합 통해 인간 한계 뛰어넘을 것. 중앙일보 인터뷰(2012. 10. 25).

홍성욱, 김정태 외(2010). 적정기술을 활용한 공적개발원조의 효과적 추진방안에 대한 연구. 특허청연구용역.

국외문헌

Bond, James, Suzanne Smith. (1997). The Drivers of the Information Revolution Cost, Computing Power, and Convergence. The World Bank Group.

Converging Technologies for Improving Human Performance-NANOTECHNOLOGY, BIOTECHNOLOGY, INFORMATION TECHNOLOGY AND COGNITIVE SCIENCE, NSF/DOC-sponsored report, Mihail C. Roco and William Sims Bainbridge. (2002), National Science Foundatio(eds.). Converging Technologies-Shaping the Future of European Societies, Alfred Nordmann, European Commission Report, 2004.

DiMaggio, P, E. Hargittai, W. R. Neuman & J. P. Robinson. (2001). Social implication.

Drake, S. M. (1998). **Creating integrated Curriculum**. Corwin Press.

Drexler, K. Eric. (1986). **Engines of Creation: The Coming Era of Nanotechnology**. An-chor Books.

Esser, Hartmut. (1990). Soziologie. Spezielle Grundlagen. Bd. 2. Frankfurt a Main/New York.

Findley, N. J. (2000). Making connections: A case study of fifth-grade learning from two different organizations of curriculum integration. Unpublished Doctoral dissertation, Michigan State University.

Fogarty, R. & Stoehr, J. (1995). Integrating curriculum with multiple intelligences: Teams, themes & threads. Corwin Press.

Gullahorn. J. T., Gullahorn, J. E. (1963). An extension of the U-curve hypothesis. Journal of Social Issues, 19.

Habermas. J. (1989). The structural transformation of the public sphere. Cambridge FMIT Press.

Home Office. (2001). Community cohesion: a report of the independent review team, London: Home Office.

Ingram, J. B, (1979). Curriculum integration and lifelong education. NY: Pergamon Press Inc.

Jacobs, H. H. (1989). Interdisciplinary curriculum: Design and implementation. Alexandria, VA: ASCD.

K. Marx. (1976). Das Kapital.

Kodama, F. (1995). Emerging Patterns of Innovation: Source of Japan's Technological Edge. Harvard Business School Press.

Kwon, H & Lee, H.(2008). Motivation issues in the Science, Technology, Engineering, and Mathematics(STEM) education: A meta-analytic approach. 중등교육연구. 56(3).

Lockwood, David. (1969). oziale Integration und Systemintergration. In: Wolfgang Zapf(Hrsg.): Theorien des sozialen Wandels. Köln/Berlin.

M.K. Aydinol, A.F. Kohan, G. Ceder, K. Cho, J. Joannopoulos, Phys. Rev. B 56 (1997) 1354.

Massey-Burzio. (1999). The Rush to Technology: A View from the Humanists. Birginia, Library Trends. 47(4).

Nonaka, Takeuchi. (1995). The Knowledge-Creating Company.

Oxford Economics(2010). The Economic Impact of UK Film Industry.

Parekh, B, Multiculturalism. (2007). In: J. Baggini and J. Strangroom, eds. What more philosophers think, London: Sage, 130-135.

Pavlik, J. V. and Dennis, E. E.(eds)(1993). Demystifying Media Technology; Readings from the Freedom Forum Center. Mayfield Publishing Company.

Powers, C. H. (1981). Power and Principles of Social Intergratio, Ann Arbor: University Microfilms International.

PWC. (2008). Global Entertainment and Media Outlook: 2008-2012.

PWC. (2009). Global Entertainment and Media Outlook: 2009-2013.

Roco, M. C. & William Sims Bainbridge. (2002). Converging Technologies for Improving Human

Performance: Nanotechnology, Biotechnology, Information Technology and Cognitive Science(Eds). NSF Report.

Rosenberg, Nathan. (1963). Technological Change in the Machine Tool Industry, 1840-1910. Journal of Economic History. 23(4).

Russell, S. & Norvig. (2003). Artificial intelligence A Modern approach (2nd. Ed.). Upper Saddle River, NJ: Prentice Hall. 1(2).

Sanders, M.(2006). A rationale for new approaches to STEM education and STEM education graduate programs. Paper presnted at the 93rd Mississippi Valley Technology Teacher Education Csonference. Nashville, TN.

Sweeney(2003). That's AI?. Carnegie Mellon University, School of Computer Science, Technical Report. CMU-CS-03-106.

UNCTAD(2008), Creative Economy Report.

W. Cogan, J.D, Pfäffle, R.W., Dasen, J.S., Frisch, H., O'Connell, S.M., Flynn, S.E. Dasen J.S. (1994). Primary amenorrhoea and infertility due to a mutation in the beta-subunit.

웹사이트

http://ahaeconomy.com

http://ginfoc.de/EU/eu2.htm

http://ko.wikipedia.org

http://word.tta.or.kr

http://www.bok.or.kr

http://www.cesweb.org

http://www.chnews.ac.kr

http://www.cultureline.kr

http://www.eduhouse.net

http://www.e-journal.co.kr

http://www.jjan.kr

http://www.jungto.org

http://www.korean.go.kr

http://www.m-w.com

http://www.scienceshop.or.kr

http://www.worldbank.org

ㄱ

가상공간 |215

가상현실 |208, 216

가정체험학습 |165

가치사슬 |245

각료회의 |6

간학문적 |146

간학문 통합 |149

감각채널 |206

감성공학 |124

감성적 체험 |159

감수성 |221

개발도상국 |4, 202

개별행위 |3

거미줄형 |150

거버넌스 |62

거번먼트 |61

경로개방성 |104

경로의존성 |104

경제규제 |14

계산적 견해 |225

계열형 |150

고급두뇌 |173

고다마 |29

고대사회 |2

고전물리학 법칙 |152

고착화 |239

공동규제 |71

공동기술혁신현상 |30

공동방위 |8

공동생산 |71

공동조향 |71

공동지도 |71

공유형 |150

공치 |62

공통기반환경시스템 |71

공학수학의 학문적 통합 |157

과도기 |2

과학교육개혁 |165

과학기술인재정책 |172

과학기술정책 |165

과학문화 |203

과학예술 융합형 콘텐츠 |173

과학적 인간 |203

과학적 탐구정신 |203

과학철학 |203

관세 |8

관치 |62

광대역 |215

광속도전 |152

광속초월 |152

교사연구회 |173

교육개선사업 |166

교육과학기술부 |159

교차문화적응 |129

교차문화적 접촉 |131

교차점 |142

교통물류기술 |175

구글 엔지니어링 |208

구조적 통합 |3

구피질 |223

국가 간 공동관리체계시스템 |15

국가경쟁력 |3

국가미래연구원 |98

국가전략과학기술 |128

국립보건원 |53

국립항공우주국 |53

국방부 |53

국부론 |42

국정관리 |62

국제단위계 |196

국제수학 |163
국제표준화기구 |227
국제형사재판소 |227
군중의 지혜 |230
굴뚝산업 |50
권위주의 |239
균형점 |219
그레고리 맨큐 |85
글로벌거버넌스 |15
글로벌콤팩트 |227
급성장 |140
기기도설 |44
기술인문융합창작 |194
기술집행위 |67
기술환경의 변화 |239
긴꼬리 법칙 |83
길포드 |219

ㄴ

나노봇 |208
나노테크놀로지 |176
낡은 정부 |239
남아공 |67
남아선호사상 |238
네비게이션 |104
네트워크 |13
네트워크적 관리 |62
네트워크형 |150
노나카 |44
노동시장규제 |14
노마디즘 |142
노벨상 |110
노빅 |212
뇌과학 |206

뇌-기계 인터페이스 |226
뉴런 |205
뉴버그 |206
니콜레리스 |206
니클라스 루만 |234
닌텐도 |216
닐슨조사회사 |27, 28

ㄷ

다문화가족지원법 |117
다문화시대 |3
다운로드 |135
다중접속기술 |188
다학제 |114, 195
단백질 |209
단일통화권 진입 |5
단일통화적용 |10
단층선 |142
대기업규제 |14
대마불사 |74
대마이면 공영 |74
대만 |162
대외팽창주의 |87
대체현실 |217
데이터베이스화 |194
데탕트 |5
덴마크 |9
독선적 |15
독일 |9
독자노선 |6
독자생존 |4
동서양의학 |202
동심원형 |150
동어반복 |234

듀이 |147
디스플레이 |209
디지털경제 |135
디지털아트 |99
디지털 융합 |183
디폴트 |89

ㄹ

라오 |206
라우팅 |141
러다이트 |88
러셀 |212
레드 콤플렉스 |237
레버리지 |89
로드밸런스시스템 |103
로마조약 |19
로버트 루카스 |103
로베르 슈망 |7
로보틱스 |46
로젠버그 |29
로키드 |155
록우드 |3
롱테일 법칙 |83
루만 |234
루소 |147
르네상스 |54
르네상스시대 |160
리더스쿨 |158, 173
리비히 법칙 |80
리서치 |28

ㅁ

마샬플랜 |7
마스트리히트 조약 |8, 9, 11
만능조립장치 |209
망막 |218
망치 |62
매개기술 |138
매슬로 |95
매시업 |26, 31
멀티터치 |205
메가트렌드 |153, 247
메모리반도체 |152
메카트로닉스 |29
메타트렌드 |35
모라토리엄 |89
모바일 전략 |179
모션인식 |216
모션캡쳐 |216
모티브 |218
몰입형 |150
무한경쟁시대 |22
무형의 자산 |202
문리융합 |55
문명사회 |227
문부과학성 |55
문사철 |228
문화산업의 급팽창 |239
문화소통 |124
문화적 격차 |17
문화적 통합 |3
문화접합현상 |120
문화창조산업 |101
물리적 통합 |5
물상과학 |164
물질만능주의 |238

미국 |9
미국국립과학재단 |53
미디어조사 |28
미디어태블릿 |34
미래과학기술 |181
미래기술예측위원회 |51
미래사회 |2
미래 시그널 |90
미래융합기술 |181
미상핵 |224
미세전극 |209
민간협의회 |168
민족주의적 |6

ㅂ

바이오제약 |193
바이오테크놀로지 |176
반공주의 |237
반도체칩 |209
방송통신융합 |248
방폐장 |109
배타적 |15
백과사전파 |175
범유럽공동체 |6
법률제도 |239
벽으로 둘러싸인 정원 |245
변증법적 |75
보리가드 |224
보조공학법 |112
보편적 미래예측 |139
복지확대 |14
복합 |31
분절형 |150
분화 |196

브레인스토밍 |223
브레인칩 |176
브로드밴드 |101
브루너 |148
브릭스 |86
블랙베리 |28
블록경제 |14
비과학적 |214
비리저항형 |236
비생물체 |203
비즈니스 |241
비핵보유국 |68
비형식과학교육 |164
빅데이터 |99
빌 & 멜린다 |168

ㅅ

사농공상 |119
사이버스페이스 |215
사이버콘텐츠 |151
사이버테러 |241
사이버 펑크 |207
사이보그 |210
사회기반조성 |161
사회신경과학 |225
사회적 통합 |3
사회 전체 |18
사회통합정책이론 |120
삼성경제연구소 |104
상관관계 |2
상대적 박탈감 |240
상호문화주의 |120
상호보완적 |178
색공학 |124

생명과학 |164
생체신호 |204, 205
생체인식기술 |212
생화학 무기 |227
서드파티 |100
서드파티업체 |34
석유화학기술 |193
선각자 |15
선성장 후분배 |238
선순환적 |160
성장결속력 |17
세계경제포럼 |67
세계통합교육과정 |152, 153
세종대왕 |44
세포 |209
센서네트워크 |188
셀프메이커 |21
소비자선택율 |86
소셜네트워크 |13, 121
소셜미디어 |176, 177
소통정치 |77
소프트웨어 |100, 175
속성열거법 |223
손다이크 |147
수량화 |131
수반현상 |138
슈레크 |44
슈망플랜 |7
슈퍼컴퓨터 |176
슘페터 |219
스마트오피스 |111
스마트테크 |210
스마트폰 |28
스탠포드 |194
스토코 |206
스파크 플러그 |187

스펙트럼 |117
스푸트니크 |147
승자독식체제 |128
시너지효과 |4
시뮬레이션 |205, 215, 228
시스템 통합 |3
시신경 |218
시장점유율 |86
시장지배적 사업자 |86
신경경제학 |225
신경미학 |225
신경생리학적 |207
신경세포 |206, 209
신경신학 |225
신경윤리학 |225
신공공관리 |62, 68
신원정보 |204
신탁통치 |18
신피질 |223
실로 펜형 |150
실린더 |187
쌍방소통 |124

ㅇ

아날로그 융합 |183
아날로그형 |235
아시아유럽정상회의 |12
아시아태평양경제협력체 |12
아웃리치 |164
아이튠스 |100
아이튠즈 |34
아이팟 |34
아이패드 |26
아이폰 |26, 34

아인슈타인 |30
아일랜드 |116
아프가니스탄 |81
안드로이드 |28
안보전략 |246
암묵지 |44
애드혹 네트워크 |188
애플 |100
애플리케이션 |44
앨빈 토플러 |76, 97, 139
앱스토어 |34, 100
양극화 |195
양자컴퓨터 |215
에너지 수요 증대 |239
에른스트 슈마허 |112
엔터테인먼트산업 |127
엘리자베스 여왕 |218
엘리트층 |175
역할모델 |227
연결형 |150
영국 |8, 162
예측불허 |176
오디오비주얼 |248
요구폭증현상 |236
요한슨 |141
운송기술 |193
울란바토르 |81
월드뱅크 |30
웹사이트 |164
위성통신망 |215
위치검색 |217
윈도우모바일 |28
윈루즈게임 |232
윈윈게임 |232
윌슨 |40
유교문화권 |119

유네스코 |155
유럽경제협력기구 |7
유럽방위정책 |8
유럽연합 |6
유럽위원회 |51
유럽통합 |5
유비쿼터스 |57, 181, 241
유엔환경계획 |67
유연성 |221
유전자 |209
융합 |2, 196
융합경제 |101 , 102
융합사회 |195
융합신산업발전정책 |53
융합원천기술 |77, 156
융합의 갈등전략 |230
융합인재교육 |145, 159, 173
융합형 인재양성 |159
융합형 콘텐츠 |173
음원서비스 |34
의학기술 |202
이니셔티브 |56
이분법적 |234
이스라엘 |162
인간게놈 |211
인간지능 |214
인공두뇌학 |153
인공물들 |181
인공지능 |212
인력수요 |163
인류문명 |203
인류학적 융합 |202
인신매매 |241
인지공학 |124
인지과학 |28, 205
인지과학기술 |181

인체매질통신 |205
인터넷 월드스탯 |188
인터랙션 사이언스 |228
인터페이스 |205, 206
임마누엘 칸트 |6
잉그램 |148
잉여가치법칙 |73

ㅈ

자기공명영상 |224
자기복제 |210
자기조립 |210
자기조직화 |210
자유방임주의 |86
자체분열 |4
잡스 |226
장 모네 |7
장애인공학관련지원법 |112
장점 · 단점열거법 |223
재산정보 |204
재스민 혁명 |111
적정기술 |112
전두엽 |224
전송망 통합 |113
전자기력 |152
전자칩 |204
전자피부 |204
정보통신기술 |193
정책실천 |161
제국주의 |87
제네바 |68
제롬 브루너 |147
제이콥스 |149
존 듀이 |147

존 커티지 |219
존 호킨스 |92, 93
종합정보체계 |172
중앙처리장치 |206
중재 |232
중추신경 |205
증강현실 |216
지구경제촌 |63
지구온난화 |171, 193
지구촌 |13
지방분권화 |63
지식융합 |225
지역공과대학 |161
지역양극화 |17
지역연구기관 |161
지하수 고갈 |239
직관력 |219
집중 |221

ㅊ

참여방식 |234
창의성 |217
창의적 설계 |159
창조경제 |21
창조적 융합기술 |141
철인왕 |61
첨단기술 |185, 202
첨단제품 활용형 콘텐츠 |173
체제저항형 |236
체크리스트법 |223
체험경제시대 |140
초고속통신서비스 |244
치안 |8

ㅋ

카르텔 |88
카오스의 법칙 |141
칼 마르크스 |72
커즈와일 |208
컴퓨팅 디바이스 |205
케이블사업자 |244
케인즈주의 |74
코르데이로 |211
콘텐츠 |25, 175
크로스오버 |31
크리슈머 |21
크리에이티브 |137
클라우드컴퓨팅 |213
클라우딩컴퓨팅 |190
클론 |210
킬러 애플리케이션 |151

ㅌ

탈냉전 |5
탈학문적 |146, 151
태블릿 PC |190
태쿼치 |44
터치프리 |205
테라 |196
테크놀로지 |185
텔레키네시스 |205
텔레파시통신 |205
토마스 쿤 |31
토머스 사전트 |103
통섭 |2
통신문화콘텐츠 |113
통신업계 |244

통치 |61
통합 |2
통합융합화 |113
통합일 모형 |149
통합진화형 |8
통합형 |150
튀니지 |111
트레이딩존 |41
트렌드 |140
트루먼 독트린 |6
특수주의 |239

ㅍ

파레크 |118
파레토 법칙 |81, 83
파워게임 |88
파이오니어 |158
파킨슨 법칙 |85
팍스 아시아나 |89
패널 |28
패러독스 |234
퍼스낼리티 |129
퍼지 |207
퍼포먼스 |53
페이스북 |100, 180
폐쇄형태 |245
포가티 |150
포화상태 |140
폴라니주 |74
폴트톨러런트시스템 |103
퓨전 |31
프랑스 |10
프로슈머 |21, 112
프로토콜 |208

프뢰벨 |147
플랫폼망 |248
플랫폼 통합 |113
피렌체 |141
피코 |196
피코시대 |196
피터 갤리슨 |41
피터스 |69
핀들리 |151
핀란드 |162

ㅎ

하드웨어 |17, 175, 231
하버트 |147
하얼빈 |47
하이브리드 |31
하이테크 |210
하이퍼세계 |215
한국개발연구원 |104
한국과학재단 |77, 156
한국과학창의재단 |156, 159
한국금융연구원 |104
한국산업기술진흥원 |226
한국학술진흥재단 |77, 156
합리주의 |203
해커빌리티 |34
핵기술 |193
허니문단계 |129
헤게모니 |5
헤드마운트 |217

혁신가 |99
혁신경제 |21
혈액 |209
협력적 통치 |62
협상 |231
협치 |62
형식지 |44
호모 크리에이터 |93
호스팅 |241
호킨스 |94
혼인귀화자 |117
혼조현상 |123
혼합현실 |217
홀로그램 |210
화석연료 |171
화이트칼라 |119
환원주의적 통섭 |38
휘웰 |40
휴머노이드 |210
휴머니타스 |228
휴먼연구시대 |210
휴먼인터페이스 |205, 209
흑백논리 |218

A-Z

e-거번먼트 |71
LUMA과학축전 |168
LUMA센터 |167, 168
MIT 집단지성센터 |230
T-거번먼트 |71

저자소개

이순배

아주대학교 대학원 사회복지학 석사
광운대학교 대학원 행정학 · 사회복지학 박사
국립한경대학교 대학원 외래교수 역임
가천대학교 행정대학원 외래교수 역임
아주대학교 공공정책대학원 외래교수 역임

현재 가천대학교 교양학부 교수(전 IT학부 겸임교수)
　　　 협성대학교 대학원 외래교수
　　　 한국보육교사교육원 교학처장

저서 글로벌시대의 문제해결방법(2014)
　　　 사회복지실천기술론(2011)
　　　 레크리에이션과 민속놀이(2010)
　　　 자연 친환경 프로그램(2008)
　　　 현대인에게 활력을 주는 레크리에이션(2006)
　　　 사회복지실천론(2005)
　　　 월간유아(2006~현재) 그 외 다수

공명숙

한성대학교 교육대학원 교육학 석사
한성대학교 대학원 행정학 박사
한성대학교 교육대학원 겸임교수 역임
한성대학교 행정학과 외래교수 역임
한서대학교 간호학과 외래교수 역임

현재 가천대학교 교양학부 외래교수
　　　 디지털 서울문화예술대학교 상담심리학과 외래교수
　　　 한국보육교사교육원 전임교수

저서 글로벌시대의 문제해결방법(2014)
　　　 (역)성공이 늦어질 뿐 실패는 없다(2010)
　　　 21세기를 사는 부모를 위한 자녀양육지침서(2009)

글로벌시대를 위한 융합의 이해

2014년 9월 3일 초판 인쇄 | 2014년 9월 10일 초판 발행

지은이 이순배, 공명숙
펴낸이 류제동 | **펴낸곳** (주)교 문 사

전무이사 양계성 | **편집부장** 모은영 | **책임진행** 이정화 | **표지디자인** 신나리 | **본문디자인 · 편집** 예감기획
제작 김선형 | **홍보** 김미선 | **영업** 이진석 · 정용섭 · 송기윤 | **출력** 현대미디어 | **인쇄** 동화인쇄 | **제본** 한진제본

주소 경기도 파주시 문발로 116(문발동 536-2) | **전화** 031-955-6111(代) | **팩스** 031-955-0955
등록 1960. 10. 28. 제406-2006-000035호 | **홈페이지** www.kyomunsa.co.kr
E-mail webmaster@kyomunsa.co.kr

ISBN 978-89-363-1430-9 (93340) | 값 18,000원